나의 1·2·3 영어 공부

1일 2시간 3개월의 기적

나의 1·2·3 영어 공부

이성주 지음

차이정원

• • •

저는 열일곱 살에 한국생활을 시작했습니다.

나이는 열일곱 살이었지만, 한국에서의 나이는 겨우 한 살이었습니다.

저는 밑동을 잘라서 옮긴 뿌리 없는 나무와 같았습니다.

그래서 바람 부는 방향에 따라 흔들리기 십상이었습니다.

그때마다 넘어지지 않도록 많은 선생님들과 친구들이

든든한 버팀목이 되어주었습니다.

그들의 도움으로 저는 뿌리를 내릴 수 있었고,

저를 찾고, 꿈을 향해 정진할 수 있었습니다.

저를 응원해주신 많은 분들이 계셨기에 이 책이 나올 수 있었습니다.

진심으로 감사드리며 그분들께 이 책을 바칩니다.

• • •

추천의 글

:: 이성주 씨는 끊임없이 자신의 목표를 향해 움직이는 인상적인 차세대 지도자입니다. 그의 열정과 깊은 일념은 믿기 힘든 역경들을 극복하고 그의 꿈들을 이룰 수 있게 도왔습니다. 지금 무엇을 할지 고민하고 있다면 성주 씨의 이야기가 틀림없이 영감을 줄 것입니다.

— 연아 마틴, 캐나다 상원의원

:: 이성주는 내가 아는 원어민이 아닌 사람 가운데 가장 영어를 잘 구사하는 사람이다. 그의 연설을 들어보면 말하는 순간뿐 아니라 멈추는 순간도 효과적으로 사용하고 있음을 알 수 있다. 영어를 쉼표까지도 정확하게 활용하고 싶은 사람에게 이 책을 권한다.

— 롤랜드 윌슨, 조지메이슨대 교수

:: 이성주는 단지 영어로 말만 잘하는 게 아니라 읽고 쓰는 능력도 출중하다. 언어를 이해한다는 것은 그 언어를 사용하는 세계를 이해하는 것이다. 어떻게 다른 세계를 이해할 수 있었는지, 영어를 모국어로 쓰는 나도 그의 영어 공부법이 궁금하다.

— 배리 데볼린, 전 캐나다 하원 부의장

:: 다양한 경로로 탈북민을 돕고 있는 화가 김지희를 통해 이성주를 처음 만났을 때의 충격과 감동을 아직도 기억한다. 이후 나는 성주가 활동하고 있는 북한인권시민연합의 재중 탈북민 구출 프로젝트에 함께하게 되었고, 이 책의 기획까지 하게 되었다. 부디 독자들이 저자의 놀라운 영어 공부법은 물론이고 그 뒤에 숨은 꿈과 철학까지 발견하게 되기를 빈다. 그리고 저자의 꿈이 반드시 이루어지기를 기도한다. 이 책이 한국과 북한의 미래에 거대한 축복이 되기를 바라며……

— 이지성, 작가

:: 성주는 영어를 정말 자연스럽게 말한다. 배워서 아는 게 아니라 원래 잘했던 느낌이랄까. 그런데 그 비결을 이렇게 친절하게 다 말해준다니, 따라해 보지 않을 이유가 없다!

— 데니안, god 멤버

:: 이성주 작가의 자서전《Every Falling Star》는 내게 큰 충격이었다. 내용에 앞서 북한에서 탈출해 열일곱에 알파벳을 처음 배운 청년이 어떻게 영어로 책을 썼는지가 더 궁금했기에, 이 책이 더욱 반갑다. 동영상과 스크립트만으로 얼마나 영어를 잘할 수 있는지, 작가는 자신의 삶으로 직접 보여준다. 현재 영어 실력이 어떻든지 "할 수 있다"는 자신감으로 책을 펼치길 바란다. 무엇보다 어린 시절 알파벳을 배운 당신의 출발은 이성주 작가보다 빠르다.

— 김지희, 화가

:: 흔히 모국어는 습득하고 외국어는 학습하는 것으로 여겨왔다. 그러나 최근 외국어인 영어도 학습뿐만 아니라 습득할 수 있고, 영어 습득이 학습보다 효과도 크다고 밝혀졌다. 저자 이성주는 수많은 시행착오를 거쳐 영어 습득의 좋은 사례를 만들었다. 영어 영상을 이용하여 자기 나름대로 영어 습득 및 학습 전략을 확립했고, 그 전략을 영어의 듣기와 읽기, 말하기와 쓰기에 적용했다. 영어 문법도 단순히 암기한 것이 아니라 자신의 전략을 개발하여 의사소통 상황과 결부하여 습득하는 방식(즉, 형태 초점Focus on Form 문법)으로 마스터했다. 놀라운 것은 영어 전문가가 아님에도 이성주의 사례는 최신 영어 교육의 이론과 원리를 잘 반영하고 있다는 것이다. 이 책은 영어 때문에 고생하고 있는 사람들에게 좋은 지침서가 될 것이다.

— 이영식, 한국영어교육학회 회장

:: 성주는 국제적인 안목을 가지고 통일을 꿈꾸는 청년으로, 그를 보면 미래 통일 한국의 비전이 보인다. 성주의 통일의 꿈은 영어를 공부할 힘이 되었고 영어는 꿈을 향해 가는 길을 닦아주었다. 성주의 꿈처럼 국제적인 안목으로 통일의 꿈을 꾸는 분들께 이 책을 추천하고 싶다. — 홍양호, 통일신문사 회장 · 전 통일부 차관

:: 우리 때야 중학교부터였지만 요즘은 초등학교, 아니 그전부터 자연스럽게 영어를 공부하잖아요. 그런데 열일곱 살 때 알파벳부터 시작한 영어 공부라니…… 더 궁금해지죠. 마지막장에 나오는 영어로 책을 쓰고 강연을 하는 모습, 부럽지 않나요? 이제 나도, 여러분도 할 수 있어요! 부러워하면 지는 거니까! 영어 하나로 꿈을 꾸고 이룰 수 있는 기회, 놓치지 마시고요. 치열했던 그의 인생도 볼 수 있답니다. 영어는 자신감이에요. 이 책에서 그 비법도 꼭 찾길 바라요. — 김영철, 개그맨

:: 성주 형은 정말 박식하시고 영어도 잘하셔서 항상 부러웠어요. 친해지자고 번호도 여쭤봤어요. 저도 성주 형처럼 영어를 잘하고 싶어요. 세계적인 뮤지션이 되고 싶거든요. 이 책이 저뿐만 아니라 많은 꿈꾸는 분들께 힘이 되길 바랍니다!

— 유재환, 가수 겸 작사작곡가 · 방송인

:: 작가 이성주는 이미 잘하는 사람들의 방법을 따라 하며 자기만의 방식을 발견한다. 영어뿐만 아니라 다른 분야를 공부할 때도 기존 연구부터 분석하지 않나. 그의 접근법은 성실하고 그래서 정확하다. 빠르게 목적지에 도달할 수 있다고 홍보하는 많은 책들 가운데 단연 돋보인다. — 이승률, 동북아공동체연구재단 이사장

:: 어렸을 때 꾸었던 많은 꿈들 중 하나는 미국 무대에서 선수로 활동하는 것이었다. 그 꿈을 위해 영어를 열심히 공부했다. 그리고 마침내 20대에 미국에서 1년 동안 선수로 활동하게 되었다. 만일 10대 시절에 꿈을 갖고 영어를 독학하지 않았다면 어떻게 되었을까? 이국땅에서 참 힘들었을 것이다. 저자의 영어 공부법은 내 영어 공부법과 유사한 면이 많다. 그래서 더욱 믿고 추천할 수 있다고 생각한다. 이 책은 대한민국 영어 필독서의 반열에 오를 자격이 충분하다. **— 차유람, 당구선수 · 방송인**

:: 공부를 잘하게 해준다는 책이 넘쳐나는 요즘, 해도 안 됐던 사람은 어떻게 해야 할까? 왜 안 됐는지부터 알아야 하지 않을까? 이성주 작가의 책은 그 점에서 가치가 빛난다. 이미 시도해본 사람에게는 영어가 안 됐던 이유를 차분하게 짚어주고, 아직 해보지 않은 사람에게는 더 나은 방법을 가르쳐준다. 그동안 영어가 너무 힘들었던 분들께 이 책을 권하고 싶다. **— 김교식, 이주배경청소년지원재단 이사장**

:: 알파벳도 제대로 모르는 사람이 짧은 시간에 영어 공부비법을 터득해서 해외 정상들과 자유롭게 의사소통을 할 수 있는 경우는 극히 드물 것이다. 놀라운 것은 이 책의 주인공이 한국이 아닌 북한 출신이고, 그곳에서 초등학교밖에 나오지 않았다는 것이다. 이 책에는 누구나 바로 적용해볼 수 있는 영어 공부비법뿐만 아니라 작가가 어려움 속에서도 영어 공부를 하며 꿈을 찾고 리더로 준비해온 과정이 잘 드러난다. 다음 세대를 짊어지고 나아갈 아이들과 영어를 잘하고 싶은 사람이라면 누구든지 다독하길 권한다. 이 책에는 영어의 초급부터 고급까지 구사할 수 있는 Why, What, How가 모두 담겨 있기 때문이다. **— 임채종, 드림스드림 대표**

차례

2단계
묻지도 따지지도 않고 따라 하기 : 앵무새 전략 :

3단계
하루 2시간, 3개월이면 OK : 영상 공부법 :

4단계

영어, 나의 자신감이 되다 : 스피킹과 스피치 스킬 :

5단계

영어로 세계와 소통하다

: 연설부터 책 쓰기까지, 영어 완전정복 :

프롤로그

"희망을 잃지 맙시다"

"Hope is never lost."

"희망을 잃지 맙시다"라는 마지막 문장으로 연설을 마치자, 객석에서 열광적인 박수가 터져나왔다. 눈시울이 붉어졌고, 가슴은 알 수 없는 뜨거움으로 벅차올랐다. 2018년 3월 17일부터 18일까지 두바이에서 개최된 '국제교육기술포럼(Global Education and Skills Forum)' 현장이었다. 150개국에서 2천 800명이 넘는 교육자들이 참석하는 이 포럼은 '교육계의 다보스(the Davos of Education)'로도 알려져 있다. 특히 이번 포럼에는 앨 고어 미국 전 부통령과 사르코지 프랑스 전 대통령을 비롯한 글로벌 리더들이 강사와 연사로 참석해 화제를 모았다. 그 엄청난 자리에 내가 서 있었다. 그것도 객석이 아닌 상단에, 박수갈채를 받는 주인공으로서…… 스스로도 믿기 힘든 광경이었다.

더욱이 영어로 진행된 연설이었다. 내 영어가 청중들에게 머리로 이해되고 가슴으로 받아들여지다니, 불과 몇 년 전만 해도 상상할 수 없는 일이었다. 열일곱 살에 처음으로 영어 공부를 시작했다. 영어라고는 ABCD 딱 네 개만 아는 상태였기에 알파벳 암기가 공부의 출발점이었다. 영어를 잘하고 싶다는 절박함에 단어장까지 찢어 먹으며 다소 무모하고 무식하게 공부한 적도 있었다. 방법을 몰라 고군분투하고, 열심히 해도 늘지 않는 실력에 좌절하고, 눈물 콧물 흘려가며 영어와 싸웠던 게 불과 엊그제 같은데 이느덧 수많은 청중 앞에서 연설할 만큼 성장했다니…… 감격스럽지 않을 이유가 없었다.

• • •

두바이에서 연설하게 된 계기는 시간을 거슬러 올라간다. 영국 외무성 쉐브닝(Chevening) 장학생으로 석사과정을 마친 이후 2016년 한영협회(Korea Britain Society)가 주최한 크리스마스 행사에서 유학생활과 쉐브닝 장학금에 대해 스피치를 하게 됐다. 교육의 중요성을 강조하고 싶었던 나는 사마천이 《사기(史記)》 〈화식열전〉에서 쓴 "1년을 살려거든 곡식을 심고 10년을 살려거든 나무를 심고 100년을 살려거든 덕을 베풀어야 한다"를 변형해서 이야기를 마무리했다.

"1년을 살려거든 곡식을 심고 10년을 살려거든 나무를 심고 100년을 살려거든 사람을 교육해야 합니다(To live a year seed a grain, to live

10 years plant a tree, to live 100 years nurture intellects)."

그때 행사장에서 주한 영국대사관 정치과 인턴을 할 때 만났던 브래들리 존스와 조우했다. 브래들리는 나의 스피치에서 영국 악센트를 느낄 수 있었다며 "역시 영어는 영국이 본토지"라고 농담했다. 그는 영국대사관 일을 그만두고 두바이에 있는 젬스 에듀케이션(GEMS Education)의 글로벌 비즈니스 개발팀(Global Business Development)에서 디렉터로 근무하게 되었다고 했다. 젬스 에듀케이션은 인도 출신 사업가 서니 바키(Sunny Varkey)에 의해 만들어진 교육기업이라고 설명하면서, 두바이에서의 생활이 기대된다고 말하는 모습에서 흥분과 설렘이 느껴졌다.

7개월 후 브래들리로부터 메일이 왔다. 매년 두바이에서 개최되는 국제교육기술포럼에 나를 연사로 초대하고 싶다는 내용이었다. 브래들리와 통화하면서 솔직하게 물었다.

"내가 그런 큰 포럼에 설 자격이 있을까요?"

"있고말고. 네가 살아온 경험과 절대 희망을 포기하지 않았던 끈기를 전 세계에서 온 교육자들에게 들려주면 좋겠어."

그는 "교육은 곧 희망이야"라고 이야기하면서 전화를 끊었다. 그토록 큰 무대에 서는 것이 부담스러웠지만, '교육이 희망'이라는 말에 깊이 공감했고 용기를 내어 포럼에 참석하기로 했다.

• • •

포럼은 2018년 3월 17~18일 이틀간 두바이 아틀란티스 더 팜 호텔에서 진행되었고, 올해의 주제는 '2030년과 그 이후의 세계를 위해 청년들을 어떻게 준비시킬까?(How do we prepare young people for the world of 2030 and beyond?)'였다. 수많은 사람들이 모이는 자리에 연사로 서는 것도 영광이었지만, 무엇보다 앨 고어 전 부통령을 만날 수 있다는 사실에 가슴이 떨려왔다. 앨 고어 전 부통령은 대학교 때 세계분쟁에 대한 수업을 들으면서 처음 알게 되었다. 그는 지구온난화의 심각성을 전 세계에 알리고 이를 해결하기 위해 노력한 공로를 인정받아 2007년 노벨평화상까지 받은 인물이다. 이번 포럼은 지구온난화에 의해 발생하는 다양한 갈등, 분쟁과 이를 해결하려는 국제 사회의 노력에 대한 그의 생각을 직접 들을 수 있는 기회였다.

연설을 마치고 연사 대기실에 들어가니 마침 앨 고어 부통령이 있었고 그가 먼저 "감명 깊게 잘 들었다"며 인사를 건네왔다. 우리는 지구온난화로 인한 갈등뿐 아니라 정치·종교·인종에 의한 갈등까지 다양한 주제로 이야기를 나누었다. 두바이 포럼에서 경험한 가장 특별한 배움의 시간이었다. 앨 고어 부통령은 내가 북한에서 태어나서 자랐고 열일곱 살에 한국으로 왔으며 2018년 9월부터 조지메이슨대학교에서 분쟁 분석 및 해결학(Conflict Analysis and Resolution) 박사과정을 시작한다는 이야기를 듣고 "남북의 갈등을 분석하고 해결하는 전문가가 되어 동북아시아, 나아가 세계평화에 기여하라"는 조언도 해주었다.

마음속으로만 동경해오던 글로벌 리더들과 만나 의견을 나눌 수 있었던 것은 영어가 가능한 덕분이라고 생각한다. 하지만 단지 영어만 잘했을 뿐이라면 이들이 소중한 시간을 나에게 할애했을 리 없다. 나는 이루고 싶은 분명한 꿈을 갖고 있었고, 포기를 모르는 열정으로 지금까지 달려왔다. 그리고 그렇게 쌓아온 경험과 지식들이 내 이야기에 진정성과 논리성을 만들어주었다고 믿는다. 포럼에서 한 연설을 통해 앨 고어 부통령은 꿈을 향한 치열한 도전을 느끼고 나와 좀더 대화해보고 싶다고 생각했던 것 같다. 당시 스피치 중 일부를 옮겨보면 다음과 같다.

From personal experience, a person who has hope and dream never gives up. When I was a street boy in North Korea, these were the two things that kept me alive and resilient when so many around me were dying. My hope and dream were to find my parents. Now, my hope and dream are to find my friends. My hope and dream are that we can have a better humanity. My hope and dream are that exploitation of any kind will end. We can create power balances of equality and human rights for

all. United, we can end suffering on this planet. The young who have dreams and hopes can be this bridge to a new and more equitable world.
Respectable teachers, the better future of humanity is on your shoulders. I encourage you to educate young people with hope for a better tomorrow.
Hope is never lost.

저의 경험으로 비추어볼 때 희망이 있는 사람은 절대로 포기하지 않습니다. 북한 길거리에서 주변의 많은 사람이 죽어갈 때 저를 살게 하고 강해지게 만든 두 가지가 있었는데, 그것은 부모님을 만나야 한다는 희망과 꿈이었습니다. 지금 저에게는 북한에서 함께 살았던 친구들을 찾아야 한다는 희망과 꿈이 있습니다. 저의 희망과 꿈은 우리가 더 나은 인간성을 갖는 것이고, 그 어떤 착취도 끝낼 수 있도록 모두에게 공평하고 인권이 보장되는 균형을 함께 만드는 것입니다. 우리가 뜻을 모으면 이 땅의 고통을 끝낼 수 있습니다. 꿈과 희망을 가진 젊은 친구들이 새롭고 더 공평한 세상의 주역이 될 것입니다.
존경하는 선생님들, 인류의 더 나은 미래가 여러분들의 어깨에 달려 있습니다. 더 나은 내일을 위해 희망으로 아이들을 교육하시길 바랍니다.
희망을 잃지 맙시다.

• • •

북한에서 인민학교(초등학교)만 간신히 졸업한 내가 한국에 와서 처음 영어를 시작하게 되었고, 덕분에 대학교에서 정치외교학과 신문방송학을 복수전공하고, 영국에서 석사학위를 받았으며, 이제는 미국 국무성에서 장학금을 받아 조지메이슨대학교 박사과정을 준비하고 있다. 2016년에는 영어로 자서전을 펴내기도 했는데 감사하게도 다양한 상을 수상하는 영광을 누렸다. '미국 학부모협회 권장도서 은상', '시빌스상 청소년 논픽션 부문', '프리먼상 청소년 및 고교 문학 부문'을 수상했으며, '캐나다 온타리오 도서관협회 10대 우수 도서'와 '2017년 미국 주목할 만한 도서 청소년 사회과학 부문'에 선정되기도 했다. 덕분에 북투어를 진행하며 세계 곳곳의 독자들을 만날 수 있었다.

모든 독자와의 만남이 소중했지만 맨체스터도서관에서 진행된 행사에서 만난 한 분이 특히 기억에 남는다. 백발의 영국 신사는 보청기를 사용하는 것 외에는 정정해 보였다. 겉옷 왼쪽 가슴에 영국기와 태극기가 그려진 배지를 달고 있는 차림이 인상적이었다. 무엇보다 앞좌석에 앉아 어린아이처럼 똘망똘망한 눈으로 내 이야기에 집중하는 모습에 저절로 시선이 갔다. 행사가 끝난 뒤 그가 나에게 와서 말을 건넸다.

"책 잘 읽었습니다. 잠시 대화할 수 있을까요?"

이야기를 나누면서 그 어르신이 한국전쟁 때 참전한 영국군 용사라는 것을 알게 되었다. 그는 같이 싸웠던 한국 학도병을 아직도 기억하고 있었다. 당시 학도병의 나이는 열다섯 살이었고 자신은 스무 살이었다고 했다.

"나는 전쟁 중 부상을 당해 본국으로 후송되었습니다. 그 학도병과 연락이 끊겼고…… 그런데 이 책을 읽으면서 그 친구 생각이 나더군요……"

더 이상 말을 잇지 못하는 그의 눈에 눈물이 맺혔다. 혹시 그 학도병의 이름을 기억하느냐고 물었다. 그는 정확히 기억하고 있었다.

"박충길입니다. 박충길."

그리고 나의 손을 꼭 잡으면서 이렇게 이야기했다.

"Remember, freedom is not free."

그와 같은 이들의 도움이 없었다면 지금 내가 한국에서 누리는 평화는 존재하지 않을 수도 있겠다는 생각에 허리를 굽혀 감사를 표했다. 그러자 그도 한국식으로 머리를 숙이며 답례했다. 북투어는 다양한 사람들을 만나고 그만큼 다양한 삶의 가치에 대해 생각해볼 수 있었던 귀중하고 특별한 경험이었다. 영어는 더 넓은 세상과 연결해주는 다리였다.

• • •

두바이 포럼에서의 연설, 앨 고어 전 부통령과의 만남, 영어 자서전

출간과 영국군 참전용사와의 대화…… 이 모든 기적 같은 일이 영어 공부에서 시작되었다. 그리고 그것이 이 책을 쓰는 이유다. 영어로 꿈을 이루고자 하는 사람들, 하지만 도대체 어디서부터 어떻게 시작해야 할지 몰라 막막해 하는 사람들에게 온갖 시행착오와 연습을 거쳐 터득한 나름의 방법을 나누고 싶다.

사람들은 내가 언어적 재능이 있기 때문에 열일곱 살에 뒤늦게 영어를 시작했음에도 빠르게 실력이 늘 수 있었다고 말하곤 한다. 하지만 결코 그렇지 않다. 사실 나는 한글조차 또래 친구들에 비해 늦었다. 아직도 생생히 떠오르는 어린 시절 기억 중 하나는 아버지가 내게 신문을 읽히던 장면이다. 다른 친구들은 여덟 살부터 신문을 술술 읽었는데 나는 열 살이 되어서도 더듬더듬 간신히 읽는 수준이었다. 그래서 늘 아버지 앞에서 큰 소리로 신문을 읽으며 한글을 공부해야 했다.

그러니까 내가 언어적으로 재능이 있었던 것은 아니다. 다만 영어를 공부하는 바른 방법을 찾았을 뿐이다. 목표를 이룰 때까지 절대로 포기하지 않았을 뿐이다. 영어는 재능 없이도 잘할 수 있다. 분명한 목표를 세우고 효율적인 공부법만 실천한다면 말이다. 앞으로 들려드릴 이야기는 내가 처음 영어를 접한 뒤 좌충우돌하고 고군분투했던 처절한 경험담이다. 또 그 과정에서 나름의 공부법을 찾아내고 영어 실력을 갈고닦은 치열한 노력의 기록이다. 영어를 발판 삼아 삶을 펼쳐나가고 있는 도전의 기록이기도 하다. 결국 모든 이야기는 '1·2·3',

즉 '하루 2시간 3개월'이면 누구나 혼자서 영어 할 수 있다는 결론으로 귀결된다. 일명 '1·2·3 공부법'을 개발한 뒤 나의 영어는 놀라운 성취들을 이루어냈다. 여러분의 영어 공부에 나의 방법이 조금이라도 도움이 되길 바란다. 아마 여러분은 분명 해낼 수 있을 것이다. 나조차도 해냈으니 말이다. 3개월 후에 찾아올 기적을 응원한다. 희망을 잃지 않는다면, 분명 기적은 일어날 것이다.

1단계

외우고, 외우고, 또 외우고

: 닥치고 암기 :

"개교 이래 영어 빵점은 네가 처음이다"

나는 열일곱 살에 난생처음 영어를 '봤다'. 이전까지 아는 영어라고는 ABCD, 알파벳 네 개가 전부였다. 알파벳이 총 몇 개인지조차도 몰랐다. 초등학교를 입학하기 훨씬 전부터 영어를 공부하는 요즘 시대에 다소 믿기 어려운 이야기인지도 모르겠지만, 사실이다. 여기엔 그럴 만한 이유가 있다.

북한에서 인민학교를 겨우 졸업한 이후, 한국으로 오기 전까지 학교에 갈 수 없었다. 굶주림의 고통이 공부에 대한 열의를 집어삼켰기 때문이다. 먹고살기도 막막한 처지에 공부라니, 그야말로 언감생심이었다. 그런 내가 한국에서 대학교를 졸업한 뒤 영국에서 대학원 석사과정을 마치고 지금은 미국에서의 박사과정을 준비하고 있다. 탈북민이라는 사실이 창피해 나이와 고향을 속인 채 열일곱 살에 중학교 1학년으로 입학했지만, 결국 1학년도 마치지 못한 채 자퇴하고 방황했던 나다. 그러니까 지금의 모습은 15년 전에는 정말 상상도 할 수 없었다.

내가 이곳까지 올 수 있었던 이유는 오직 하나, 바로 꿈 덕분이다. 10년 전에 발견한 꿈을 소중히 여겼고, 스스로를 그 꿈에 복종시켰고, 절대 포기하지 않았다. 그리고 그 꿈을 현실로 만들어가는 데 결정적인 역할을 한 것이 있다. 바로 영어다. 영어는 나의 꿈에 날개를 달아주었다.

• • •

영어를 처음 본 것은 한국에 도착한 뒤 국정원 조사를 마치고 '하나원'에서 정착교육을 받을 때였다. 하나원에는 청소년들을 교육하기 위한 '하나둘학교'가 있었다. 일반 학교와 마찬가지로 국영수를 중심으로 역사, 과학, 음악, 체육 등을 가르치는 곳이다. 하나원 입소 후 하나둘학교 수업 첫날, 당시 영어를 담당했던 선생님이 열심히 공부하라고 하면서 네 줄이 그어진 노트를 한 권 주었다. 나는 그 노트가 당연히 음악노트인 줄 알았고, 한국에서는 '음악'을 '영어'라고 하는 모양이라고 생각했다. '종합상점'도 '마트' 또는 '슈퍼'라고 하는데, 음악을 영어로 다르게 부르는 것도 신기한 일은 아니라고 여겼다.

하나둘학교는 교실을 옮겨다니면서 수업을 진행했다. 이전 과목 선생님이 수업을 마치며 다음은 영어시간이라고 했고, 문제의(?) 네 줄

노트를 챙겨 친구들과 함께 음악실로 이동했다. 수업을 준비하며 우리는 새로 익힌 단어들에 대한 이야기를 늘어놓았다.

"오징어를 낙지라고 하고, 수지연필을 샤프라고 하고, 원주필을 볼펜이라고 하고, 음악은 영어라고 하고…… 우리가 하나의 조선말을 쓰는 조선민족이 맞는지 모르겠다."

불평처럼 들릴 수도 있겠지만 사실은 각자 새로 알게 된 말을 은근히 자랑하며 낄낄대는 중이었다. 수업시간이 10분이나 지났는데 선생님이 오지 않는 것이 이상하긴 했지만, 북한말과 남한말 비교 삼매경에 빠져 있었던지라 크게 개의치 않았다.

"직승기를 헬리…… 무슨 터, 그리고 축구에서 구석차기를 코너킥이라 하고……"

그때 갑자기 문이 열리더니 선생님의 호통이 들렸다.

"수업 시작된 지가 언제인데, 지금 여기서 뭐하는 거냐? 어서 빨리 영어 교실로 가."

"네? 저희는 영어 교실로 온 것인데요?"

천연덕스러운 대답에 선생님은 더 화를 내시면서 우리를 끌고 다른 교실로 들어갔다. 이미 자리에 앉아 수업을 받던 아이들이 어리둥절한 표정의 우리를 보더니 키득키득 웃음을 터뜨렸다. 칠판을 보니 글자인지 그림인지 알 수 없는 낙서가 잔뜩 적혀 있었다. '대체 이게 뭐지?' 당황한 나는 선생님에게 물었다.

"이게 뭐예요? 글자예요?"

"영어라는 언어야."

"영어?"

그때 자리에 앉아 키득거리던 친구들 중 한 명이 살난 척을 하면서 외쳤다.

"미국놈 말!"

교실은 웃음바다가 됐고 얼굴이 빨개진 나는 영문도 모른 채 따라 웃었다.

"영어…… 아, 그 미국놈 말."

다시 수업이 시작됐다. 선생님은 칠판의 꼬부랑글씨를 가리키며 "에이는 애플, 비는 바나나, 씨는 카……"라고 말했다. 뭔지도 모르면서 그냥 따라 했다. 그리고 그것이 하나둘학교에서의 처음이자 마지막 영어 공부였다.

당시만 해도 한국어를 익히는 게 무엇보다 우선이라고 생각했다. 북한말과 남한말이 많이 달랐기 때문이다. 미국 사람을 만날 일도 없는데 영어를 배울 필요가 있을까 싶기도 했다. 영어시간에 친구들이 'boy'와 'girl'을 외울 때 나는 세종대왕과 이순신 같은 위인들의 이야기를 읽었다. 처음에는 한국어에 익숙해지려는 생각뿐이었는데, 우리 역사에 이렇게 훌륭한 위인들이 있다는 사실에 놀랐고 그들의 업적에 매료되어 손에서 책을 놓을 수 없었다. 이렇게 영어는 나와 점점 멀어져갔다. (참, 나중에 영어노트와 음악노트의 차이를 알았는데, 영어노트는 4선이고 음악노트는 5선이라는 것이다.)

• • •

3개월간의 하나원 정착교육을 마치고 아버지와 함께 살기 시작했다. 하나원을 퇴소하던 날, 아버지가 물었다.

"가장 하고 싶은 게 뭐니?"

"음, 저는 교복을 입어보고 싶어요."

운전하고 있던 아버지의 얼굴이 환해졌다. 아버지는 그길로 나를 교육청으로 데리고 가서 일반 중학교에 등록시키고 바로 교복도 사주었다. 나이로 치자면 고등학교에 가야 했지만 북한에서 인민학교만 마치고 중학교는 다니지 못했기 때문에 곧바로 고등학교에 들어가는 것은 무리였다.

아버지가 그토록 기뻐하며 중학교 입학을 일사천리로 진행했던 이유는 '교복을 입어보고 싶다'는 말을 '공부를 하고 싶다'는 포부로 이해했기 때문이다. 바뀐 환경에 적응하는 것만으로도 벅찰 텐데 공부를 하고 싶어 하다니, 앞으로 크게 될 모양이라고 기대했던 것 같다. 하지만 아버지의 바람과 달리, 사실 나는 그냥 교복을 입고 싶었을 뿐이다. 하나원에서 TV를 볼 때마다 드라마에 등장하는 또래 친구들이 교복을 입고 다니는 것이 정말 부러웠다. 유행인 줄은 알았지만 찢어진 청바지보다는 교복이 훨씬 폼나 보였다. 솔직히 구멍난 옷은 북한에서도 싫증나도록 입었기 때문에 더 이상 입고 싶지 않았다.

등교하기 전날 잘 다려진 교복을 옷걸이에 걸어놓고 한참을 쳐다봤다. 내일이면 교복을 입고 5년 만에 다시 학교에 간다고 생각하니 좀처럼 잠이 오지 않았다. 세 살 어린 친구들과 함께 공부해야 한다니 걱정도 되었지만, 교복을 입고 교실에 앉아 있을 수 있다는 사실만으로도 행복했다.

걱정 반, 설렘 반으로 밤새도록 뒤척이다가 눈을 뜨니 새벽 다섯 시쯤이었다. 그때부터 가방을 챙기고는 교복을 입었다 벗기를 반복했다. 일곱 시가 되어 학교에 가니 교문은 아직 잠겨 있었다. 들뜬 마음에 너무 일찍 도착한 것이다. 잠시 기다리자 교문이 열렸고, 한걸음에 교실로 달려가 중앙 앞자리에 앉았다. 곧 한참 동생처럼 보이는 앳된 얼굴의 아이들이 하나둘 들어왔고, 다들 혼자 앞에 앉아 있는 나를 한 번씩 쳐다본 뒤 자리에 앉았다. 잠시 후 선생님이 들어와서 출석을 부르기 시작했고, 내 이름이 들렸다. 긴장했던 나는 자리에서 벌떡 일어나 대답했다.

"네! 이성주, 여기 있습니다."

북한에서는 선생님이 이름을 부르면 학생은 일어서서 대답하는 것이 예의다. 그런데 내 행동이 뜻밖이었는지 선생님과 아이들이 모두 놀란 표정으로 쳐다봤다. 왠지 부끄러워져서 서둘러 자리에 앉았다.

지금 생각해보니 행동보다는 억양 때문에 다들 놀랐던 것도 같다. 어쨌든 교실에 번졌던 의아한 분위기는 선생님이 교과서를 나눠주면서 곧 사그라졌다. 나 역시 설레는 마음으로 교과서를 받아서 첫 페이지를 열었다. 처음 든 생각은 이랬다.

'흰 것은 종이고, 검은 것은 글자로구나.'

특히 영어 교과서를 보니 멀미가 났다. 알아볼 수 있는 글자라고는 ACBD가 전부였다. 교과서를 보며 혼자 중얼대는 모습을 가만히 지켜보던 옆자리 친구가 어디서 왔냐고 물으며 말을 걸었다. 북한에서 왔다고 말할 수는 없었다. 그때 하나원에서 배웠던 우리나라 민요 〈정선 아리랑〉이 떠올랐다.

"음…… 강원도 정선이 고향이야."

"아아, 강원도. 그래서 말투가 좀 이상했구나."

"많이 이상하니?"

내가 재차 묻자 친구가 고개를 끄덕이며 답했다.

"응. 아주 많이. 한 번도 들어보지 못한 억양이야."

혹시라도 북한에서 온 것이 들통날까봐 서둘러 변명했다.

"우리 동네에서는 다 이렇게 말을 해."

학교를 마치고 집으로 가는 길에 강원도 지도책을 샀다. 혹시나 정선에 대해서 물어보면 대답해줘야 했다. 강원도 지도책을 완벽하게 외우는 것만이 과거를 완전히 숨길 수 있는 방법이었다. 이후 학교에서 나는 '정선 촌놈'으로 통했다. '북한 촌놈'이 아니어서 참 다행이라고 생각했다.

• • •

한번은 짝꿍에게 학교 끝나고 어디에서 공부하느냐고 물었다. 친구는 학원에서 공부한다고 했다. 그 말을 듣고 동병상련의 마음으로 "많이 힘들겠구나"라며 등을 토닥여주었다. 그런데 반응이 이상했다. '뭔 소리야?' 하는 얼굴로 쳐다보는 것이었다. 그때까지도 상황을 파악하지 못한 나는 친구의 귀에 대고 속삭였다.

"나도 어머니가 없어. 우리 앞으로 서로 의지하며 지내자."

친구가 의아하다는 표정을 지으며 입을 열었다.

"나는 어머니 아버지 다 있는데?"

"학원에 간다며?"

"응. 공부하러."

잠시 정적이 흘렀다. 북한에서는 부모가 없는 아이들을 돌봐주는 고아원을 학원이라고 하기 때문에, 당연히 이 친구가 고아인 줄 알았다. 같은 한국말을 쓰고 있지만 서로 전혀 다른 의미로 이야기하고 있었던 것이다. 어색한 상황을 벗어나고자 바로 다른 질문을 던졌다.

"학원에서는 뭘 배워?"

친구는 전과목을 배울 수 있다면서 학원마다 수업료도 달라서 비싼 곳은 엄청 비싸다고 이야기해주었다. 나는 학원비가 없어서 학원에 갈 수 없었다. 그래서 중간고사 기간에는 학교 근처 시립도서관에서 공부했다. 내게 공부란 그저 학교에서 배운 것을 복습하는 수준이었는데, 아무리 열심히 공부해도 영어 실력은 늘지 않았다. 아마 난생처음 접해본 것이라 그랬던 것 같다. 중간고사 전까지 간신히 영어 알파벳과 발음기호만 외웠을 뿐이었다.

그리고 입학 후 처음으로 치른 중간고사. 영어시험을 본 다음날, 선생님이 교무실로 부르더니 컴퓨터용 사인펜을 주면서 OMR 카드에 체크되어 있는 부분을 다시 체크하라고 했다. 무슨 영문인지 몰랐으나 일단 시키는 대로 했다. 다시 체크한 OMR 카드를 리더기에 넣고 컴퓨터 모니터를 보니 점수가 '0'으로 표시되었다. 선생님은 '설마' 하는 표정으로 내 OMR 카드와 정답지를 맞춰보기 시작했다. 나는 숨죽인 채 앉아 손바닥에서 흐르는 땀을 연신 바지에 닦을 뿐이었다. 채점을 마친 선생님이 답안지와 카드를 내려놓으면서 말했다.

"우리 학교 개교 이래 영어 빵점은 네가 처음이다."

그리고 한마디 덧붙였다.

"이렇게 정답만 비껴가는 것도 능력이다."

창피해서 고개를 들 수가 없었다. '다른 시험처럼 번호 하나로 막대기를 세웠으면 빵점은 피할 수 있었을 텐데……' 뒤늦게 후회해봤자 소용없었다. 괜히 짝꿍이 원망스러웠다. 짝꿍은 담임선생님이 영어 선생님이어서 다른 과목은 몰라도 영어시험 답안지에 막대기를 세우면 엄청나게 혼날 거라고 겁을 줬다. 그래서 문제를 푼 것처럼 번호를 마구잡이로 찍었는데 놀랍게도 모두 정답을 피해갔던 것이다. 선생님 말씀대로 정답만 비껴가는 것도 능력일지는 모르겠지만, 쓸모라고는 하나도 없는 부끄러운 능력이었다. 그렇게 나는 '학교 개교 이래 최초의 영어 빵점'이라는 불명예스러운 기록의 주인공이 되고 말았다.

잘근잘근, 단어장을 씹어 먹다

중간고사가 끝난 뒤 담임선생님은 영어 성적을 두고 앞에서 1등부터 3등, 뒤에서 1등부터 3등을 불러줬다. 앞에서 1등과 2등은 문제 하나 차이로 갈렸다. 하지만 뒤에서 1등과 2등은 무려 30점 넘게 차이가 났다. 그리고 그 영광(?)의 꼴등은 바로 나였다. 너무 창피해서 쥐구멍에라도 숨고 싶었다. 그날로 '영어와의 전쟁'을 선포했다. 하지만 굳은 결심과 달리, 어디서부터 시작해야 할지 도무지 알 수가 없었다. 막막하고 답답한 마음에 앞에서 1등인 친구에게 영어를 잘하려면 어떻게 해야 하는지 물어봤다. 한마디도 놓치지 않으려고 노트와 펜까지 준비한 채 친구의 입을 뚫어지게 쳐다봤다.

"영어의 핵심은 단어고, 단어의 핵심은 무조건 외우는 거야."

친구는 중학교 1학년생이 알아야 할 필수 영단어-영숙어장을 보여주며 말했다. '단어를 외우는 것', 비결은 생각보다 간단했다. 그 정도라면 나도 충분히 할 수 있겠다 싶었다. 그날 바로 영단어-영숙어장을 구입해 더듬거리며 외우기 시작했다. 아마 영어를 처음 공부할 때 나들 비슷한 상황이었을 것이다. 뭘 어떻게 해야 할지 모르겠으니 일단 단어, 숙어부터 암기하기 십상이다. 단어를 알면 그래도 읽고 들을 수는 있겠거니 싶은 마음에서다. 그러나 영어는 무작정 외운다고 머리에 남는 것이 아니었다. 기를 쓰고 외운 단어는 고작 며칠 동안 머리에서 맴돌다가, 일주일이 지나면 완전히 사라졌다. 뇌를 지우개로 박박 지우기라도 한 듯 하나도 생각나지 않았다. 외우면 까먹고, 외우면 까먹고를 반복하는 나 자신을 보면서 속상한 마음이 들었다. 다시 영어 1등에게 찾아가 어려움을 토로하자 또다른 조언을 해줬다.

"그럼 쓰면서 외워봐."

'단어를 쓰면서 외우는 것', 그날부터 바로 이 방법을 시행했다. 이전까지 그냥 읽으면서 외우던 방법을 버리고 노트에 쓰면서 암기하기 시작했다. 이전 방법으로 공부할 때보다 덜 피곤했고 더 잘 기억되는 것 같았다. 드라마에서 본 고시생의 노하우도 접목했다. 다 암기한 페이지는 찢어서 먹은 것이다. 매일 단어장을 찢어서 씹어 먹었다. 어느 날은 잘근잘근, 어느 날은 우걱우걱. 기분 탓인지 몰라도 그냥 외울 때보다 머릿속에 영어가 좀더 오래 남아 있는 느낌이었다. 단어장을 먹어서 소화시키니 단어가 완전히 몸에 녹아들어서 영어 실력이 향상되고 있는 것 같았다.

사실 실제로 그렇게 믿었다기보다는 그만큼 영어를 잘하고 싶은 마음이 간절했기에, 무슨 방법이든 동원해보았던 것이다. 그땐 정말 절실하게 영어를 잘하고 싶었다. 어쨌든 그 덕분인지 알파벳과 발음기호는 완전히 통달했고, 머릿속에 남아 있는 단어도 어느덧 30개 정도가 되었다. 역시 영어 1등의 방법과 드라마 속 고시생의 방법은 효과 만점이라는 생각이 들었다. 기말고사가 기다려졌다. 선생님이 "영어 1등 이성주" 하며 이름을 불러주는 행복한 꿈도 꿨다.

• • •

영어단어를 외우면서 소소한 기쁨들이 생겼다. 길거리 광고판 속의 영어가 이해되기 시작하자, 광고 속 영어를 찾는 재미로 등하교가 즐거워졌다. 예전에는 그림인지 글자인지 모르던 것들을 읽을 수 있고 이해할 수 있었다. 그 기쁨에 어디 영어가 적혀 있는 곳은 없는지 적극적으로 찾게 되었다. 그러던 어느 날 학교를 마치고 집으로 오는 골목길에서 광고 전단지를 받았다.

'○○○백화점 폭탄 세일!'

눈이 번쩍 뜨이면서 북한에서 배웠던 자본주의 사회 모습이 떠올랐다. '자본주의 사회는 썩고 병든 사회다. 돈만 있으면 총, 비행기, 탱크를 살 수 있기 때문에 전쟁이 끊이지 않으며 돈이 없는 사람들은 평생

부자들의 노예로 산다'고 배웠다. 그런데 그게 사실이었다니……

전단지의 광고문구 중 이해되지 않는 말은 없었다. 폭탄은 말 그대로 폭탄, 그리고 '세일(SALE)'은 '팔다'. 백화점에서 '폭탄을 판다'는 말이었다. 폭탄 세일을 하는 날은 토요일이었고, 백화점 위치는 친절하게 약도로 안내되어 있었다. 누가 이야기했는지는 몰라도 '아는 것이 힘'이라는 말에 격하게 공감되는 순간이었다. 토요일 아침 일어나자마자 버스를 타고 백화점으로 향했다. 개장 전이었는데도 불구하고 아주머니들이 입구에 장사진을 치고 있었다. 아주머니들이 폭탄에 이렇게 관심이 많은 한국 사회가 이상하게 느껴졌다. 문이 열리자 사람들이 뛰어들어가기 시작했고 나도 질세라 재빨리 뛰었다.

그런데 이상한 일이었다. 아무리 찾아봐도 폭탄이 보이지 않았다. 눈앞에는 폭탄이 아니라 옷밖에 없었다. 다른 백화점에 온 줄 알고 전단지를 다시 봤지만 이곳이 맞았다. 내 눈을 의심하며 백화점 1층부터 꼭대기 층까지 모조리 둘러봤다. 역시 폭탄은 찾을 수 없었다. 결국 점원에게 물어봤다.

"폭탄은 어디서 팔아요?"

그랬더니 장난감이 진열되어 있는 곳으로 안내해줬다. 다시 물었다.

"장난감 폭탄 말고요. 진짜 폭탄은 어디서 팔아요?"

점원은 짜증 섞인 말투로 그건 국방부에 가서 물어보라면서 화를 냈다. 나도 지지 않고 전단지를 보여주며 그럼 왜 거짓말을 했냐고 화를 냈다. 점원은 자기들은 거짓말한 적이 없다며, 전단지에 적힌 대로 오늘 폭탄 세일을 하고 있다고 했다. 더 이상 대화가 되지 않았다. 결국 빈손으로 집에 가야 했다. 저녁에 그날 있었던 일을 이야기하니 아버지가 폭탄 세일은 '싸게 판다'는 뜻이라고 알려줬다.

• • •

기말고사 전까지 중학교 1학년 필수 영단어–영숙어장을 절반 이상 먹어치웠다. 잘근잘근, 우걱우걱. 그리고 마침내 '기다리고 기다리던' 기말고사가 찾아왔다. 다른 과목은 중간고사 때와 마찬가지로 OMR 카드에 막대기를 세웠지만 영어만은 풀어보려고 노력했다. 하지만 문제를 고작 반쯤 풀었을 뿐인데 시간이 5분밖에 남아 있지 않았다. 결국 중간고사의 악몽을 반면교사 삼아 나머지 문제의 답은 4번으로 막대기를 세워야 했다.

기말시험이 끝나고 역시나 선생님이 앞에서 1~3등과 뒤에서 1~3등을 불러주는 시간이 다가왔다. 앞에서 1~3등은 관심이 없었고 뒤에서 1등만 면하면 된다는 간절한 바람으로 긴장하고 있었다. 마침내 발표의 순간이었다.

"뒤에서 3등 ○○○, 2등 ○○○, 그리고 1등은 이성주. 그래도 중간고사 때보다 25점이나 올랐네. 아주 대단해!"

선생님의 칭찬은 들리지 않았다. 그렇게 노력했는데 또다시 꼴등이라니, 절망 그 자체였다. 도대체 뭐가 문제인지 고민해봤다. 시험지와 답안지를 살피며 머리를 싸매고 고민한 결과, 영어단어만 많이 알고 쓰임을 몰랐던 것이 문제였다. 단어와 뜻은 외웠지만, 그것이 문장에 따라 어떤 의미로 쓰이고 활용되는지는 알지 못했다. 백화점에서의 해프닝도 맥락과 상황에 맞춰 단어를 해석하지 못하고 '세일'을 '판다'는 의미 그대로 받아들였기에 벌어진 일이었다. 그러니 시험에 아는 단어가 나와도 틀렸던 것이다.

이번에는 영어 1등 내신 선생님을 찾아가서 영어를 잘하려면 어떻게 해야 하는지 물었다. 선생님은 영어의 구조를 파악하고 외우는 것이 영어 실력을 향상시키는 지름길이라고 알려주면서 책 한 권을 주었다. 해답은 단어가 아니라 구조였다. 그날부터 영어구조를 외우기 시작했다.

여름방학을 맞아 낮에는 아르바이트를 하고 저녁에는 시립도서관에서 영어구조를 공부했다. 먼저 구조를 설명하는 용어를 외우기 시작했다. '주어는 '~은/는/이/가'로 해석된다. 주어의 역할은 명사가 하고, 명사는 사람과 사물을 칭하는 모든 것이다. 형용사는 명사를 꾸며주는 말이고, 대표적인 형용사로 'beautiful' 같은 것이 있다. 부사는 형용사, 부사, 그리고 동사를 꾸며주는 역할을 한다. 동사에는 자동사, 타동사, 규칙 동사, 불규칙 동사가 있다' 등등. 그리고 이들이 문장에서 어떻게 쓰이는지 외우기 시작했다. 이뿐만 아니라 전치사, 동명사,

to부정사, 구, 절 등 외워야 할 용어가 정말 많았다.

방학 동안 영어의 문법과 용어를 집중적으로 파고들었고 1형식 문장, 2형식 문장, 3형식 문장까지 외웠다. 영어는 언어가 아니라 '어려운 용어 총집합'의 학문이었다. 한국어와는 구조가 다르다보니 여간 힘든 것이 아니었다. 그래도 2학기 중간고사 때는 꼭 영어 꼴등에서 탈출하겠다는 목표로 엉덩이에 땀띠가 날 정도로 열심히 공부했다. 이렇게 악착같이 영어에 매달린 이유는 딱 한 가지다. 반 친구들 앞에서 창피를 당하지 않기 위해서였다. 선생님이 영어 외에는 등수를 불러주지 않았기 때문에, 다른 과목은 우선순위에서 밀려나 있었다.

마침내 2학기가 시작되고 중간고사를 봤다. 내 영어 점수는 40점이었고 뒤에 2점 차로 한 명이 더 있었다. 간신히라도 꼴등을 면할 수 있었던 것은 방학 동안 외로움과 싸우고 땀띠가 나도록 공부한 덕분이었다. 하지만 거기까지였다. 계속 구조를 열심히 외웠지만 더 이상 성적은 오르지 않았다. 기말고사 영어 성적은 39점, 다시 꼴등이었다. 1학년 내내 영어 공부에 매진했는데도 밑바닥을 벗어나지 못하는 현실을 보며 스스로 영어에 소질이 없다고 판단했다. 다른 과목 성적이라고 별반 다르지 않았다. 나는 공부 자체에 재능이 없다는 좌절감이 밀려들었다.

가끔씩 주변 사람들이 꿈이 뭐냐고 물으면 없다고 했다. 공부를 잘하는 친구들만 꿈을 꿀 수 있고, 이룰 수 있다고 생각했기 때문이다.

세 살 어린 친구들과 경쟁하면서 성적은 바닥이고, 한국에는 아버지 외에 연고도 없었다. 이런 내가 할 수 있는 일은 없다고 생각했다. 삶과 환경을 원망하기 시작했고 북한에서 태어난 것을 인생의 가장 큰 지주라고 여겼다. '북한이 아니라 남한에서 태어나 체계적으로 공부했다면, 최소한 성적이 바닥은 아니었을 텐데……' 그때는 불평불만이 무관심과 외로움 속에서 나의 존재를 드러낼 수 있는 유일한 수단이었다.

그러던 어느 날, 영어를 완전히 포기하게 된 결정적인 계기가 생겼다. 교회 목사님의 소개로 미국인 선교사를 만났을 때의 일이다. 선교사가 하는 말 중에 "하이"만 들렸다. 나는 "아이 엠 파인. 땡큐, 앤드 유?"라고 답한 뒤 더 이상 말을 잇지 못하고 그저 어색한 악수만 나눴다. (그나마 다행인 것은 선교사의 이름이 '밥'이어서 외우기 쉬웠다는 것이다.) 목사님 없이는 선교사의 말을 제대로 알아들을 수 없었다. 1형식으로 말할지 2형식으로 말할지, 단어는 어떻게 배열해야 할지를 머릿속으로만 생각하느라 입 밖으로는 한마디도 내뱉지 못했다.

그토록 영어를 열심히 공부했지만 정작 필요한 순간에 아무 말도 못하는 벙어리 신세였다. 아마 영어를 공부하는 많은 사람들이 한 번쯤은 겪게 되는 문제일 텐데, '공부하는 영어'와 '말하는 영어'는 전혀 다른 것이었다. 단어와 구조를 외워도 미국인에게 자기소개조차 제대로 하지 못하다니, 그런 영어 공부는 의미가 없었다.

밥을 만나면서 영어의 높은 장벽을 실감했고, 미국 사람보다 영어가 더 싫어졌다. 북한에서는 아이들에게 미국 때문에 남북이 분단되었고, 미국의 봉쇄 때문에 북한이 경제적으로 어려운 것이며, 미국이 북침을 위해 매년 전쟁 연습을 하기 때문에 국방에 많은 자원을 투자할 수밖에 없다고 가르쳤다. 북한이 겪고 있는 여러 어려움이 모두 미국 탓이라는 생각이 주입됐기 때문에 미국을 철천지원수로 여기며 자랐다. 그런데 이제는 미국놈들의 말까지 나를 괴롭히다니…… 결국 영어와의 전쟁에서 백기를 들었다. 할 수만 있다면 그토록 싫은 미국 사람으로 다시 태어나서라도 영어를 잘하고 싶었다. 하지만 그럴 수 없으니, 남은 선택지는 영어를 포기하는 것뿐이었다. 목사님은 영어 공부를 더 열심히 하길 바라는 마음에서 밥을 소개해주었지만 나는 오히려 영어에 작별을 고하고 말았다.

영어 분투기
1

영어의 핵심은 단어고, 단어의 핵심은 암기야!

1) 단어장에 있는 단어 50개를 노트에 쓰고 옆에 뜻을 쓴다.

2) 단어 50개의 뜻을 노트에 쓰고 옆에 영어 스펠링을 쓴다.

3) 보지 않고 쓸 수 있을 때까지 노트에 열심히 쓰면서 외운다.

4) 단어장에서 다 외운 페이지를 찢어서 꼭꼭 씹어 먹는다.

5) 매일 새로운 단어를 50개씩 외운다.

성주's comment

"이건 공부가 아니라 노동이다!"

책을 씹어 먹으며 외웠지만 여전히 영어 성적은 꼴찌. 뭐가 문제였을까요?

문제점 1 예문 없이 외웠다

단어가 문장에서 어떻게 쓰이는지 공부하지 않으면 문장의 의미를 파악하기 어렵습니다. 예를 들어 'change'를 '바꾸다', 'exchange'를 '교환하다'라고만 외웠다면 'I'd like to change my room'이라는 문장과 'I'd like to exchange my room'이라는 문장의 의미를 구분하기 어려울 거예요.

'I'd like to change my room'은 벽지나 가구의 배치 등을 바꿔서 방의 분위기에 변화를 주고 싶다는 뜻이고 'I'd like to exchange my room'은 호텔 등에서 배치된 방이 마음에 안 들어 다른 방으로 바꾸고 싶다는 뜻입니다. '바꾸다', '교환하다'로만 외우면 비슷한 뜻처럼 보이지만 실제로는 전혀 다른 의미예요. 단어를 표현으로 공부하지 않으면 이런 실수를 하게 됩니다.

문제점 2 안 듣고 외웠다

발음을 듣지 않고 스펠링만 외우면 아무리 열심히 외워봤자 들리지 않아요. 자연히 말도 할 수 없게 되죠. 아무렇게나 읽다가 발음이 잘못 굳어지면 나중에 바꾸는 데도 시간이 걸리니까 처음부터 잘 듣는 것이 중요합니다.

문제점 3 재미가 없었다

공부는 당연히 재미없다고요? 하지만 재미가 없으면 영어가 싫어집니다. 영어가 싫어지면 당연히 공부할 마음도 사라지게 되겠죠. 그러니까 재미가 없다는 건 정말이지, 큰 문제입니다!

단어를 외우지 말라는 게 아닙니다. '잘' 외워야 한다는 겁니다. 결론적으로 제가 이 방법을 썼을 때 일주일 내내 외우고도 기억하는 건

고작 열 개 정도였어요. 추천하는 방법은 아닙니다. 단어를 잘 외우는 방법은 뒤에서 소개할 테니 되도록 이 방법은 쓰지 마세요.

(❗ **주의** 사람은 종이를 소화할 수 없고 잉크도 묻어 있으니 단어장은 씹어 먹지 않는 것이 좋겠습니다.)

영어 분투기 2

문제는 구조야, 바보야!

1) 문법용어의 정의를 외운다: 주어, 동사, 명사, 관계사, 조동사, 부정사, 동명사, 시제, 분사 등등.
2) 1형식부터 5형식까지 문장형식을 외운다: 1형식=주어+동사, 2형식=주어+동사+보어, 3형식=주어+동사+목적어 등등.
3) 문법구조를 외운다: 주어 자리에는 명사, 동명사, to부정사가 오고, 동사는 문장형식을 결정한다 등등.

성주's comment

"언제 적 공부를 아직도!"

문장구조, 외운다고 뜻이 보일까요?

문제점 1 **오래 걸린다**

의미를 알면 굳이 어려운 용어를 외울 필요가 없는데, 왜 이걸 외우는데 시간을 낭비해야 하나요? 우리는 '영어'를 공부하고 싶은 것이지, '영어학'을 공부하고 싶은 게 아닙니다. 중요한 건 의미예요. 뒤에서 다시 설명하겠지만 표현을 익히고 문장을 의미로 받아들이면 문법용어를 몰라도 영어로 듣고 말하고 읽고 쓸 수 있어요.

문제점 2 말을 못한다

구조에 집착하면 문법적으로 정확하게 말해야 한다는 강박에 사로잡혀서 몇 형식으로 말해야 할지 고민하느라 정작 입이 안 열립니다. 저는 말을 하면서도 '이게 직접목적어인가, 간접목적어인가'를 생각하고 있었다니까요. 결국 의미를 전달하는 데 실패했죠. 다시 한번 강조하지만 중요한 건 의미입니다. 뭐라고요? 의미!

듣고 말하며 공부할 수단이 많지 않았던 옛날에는 규칙을 발견해서 공부하는 게 최선이었을지 모르겠지만 과연 지금도 그럴까요? 문법용어는 문법책을 쓰고 읽기 위해 필요한 요소일 뿐입니다. 표현을 익힐 영상이 넘쳐나는 요즘, 공부방법도 당연히 달라져야 해요. 가정법 과거, 가정법 과거완료에서 벗어나야 영어가 늡니다!

오래 앉아 있는 연습

이제 나의 중학교 1학년 성적은 전교 꼴등을 향해 달리고 있었다. 그나마 외웠던 영어단어, 문장형식, 문법용어도 어느새 머릿속에서 사라져버렸다. 어차피 공부해도 성적이 오르지 않는데 굳이 열심히 할 필요가 없었다. 책을 구겨서 베개처럼 만든 뒤 엎드려 자는 것이 학교생활의 전부였다. 수업은 듣지 않았지만 대신 역사 속 인물에 관한 만화책은 열심히 읽었다. 이순신, 세종대왕, 장보고, 강감찬 등을 읽었던 기억이 난다. 공부보다 위인들의 이야기가 더 재미있었다.

그때부터 못하는 공부로 친구들과 경쟁하기보다는 잘하는 싸움으로 승부를 걸기 시작했다. 북한에서 나는 열누 살부터 길거리 싸움으로 잔뼈가 굵었다. 싸움은 북한뿐 아니라 한국에서도 나를 지키는 힘이 되리라 생각했고 실제로 자퇴하기 전까지는 나의 존재를 알릴 수 있는 유일한 도구였다. 존재를 알리는 것, 내겐 너무도 간절한 일이었다. 아무리 공부를 열심히 해도 전교 꼴등에서 헤어나지 못했다. 북한 출신인 것을 숨기기 위해 강원도 정선에서 왔다고 거짓말했지만 나보다 나이가 어린 친구들 사이에서 '정선 촌놈'으로 왕따를 당했다. 북한에 있을 때 배는 고팠지만 왕따는 당해본 적이 없었다. 출신도 밝히지 못하고 따돌림마저 당하면서 나를 계속 잃어가고 있었다. 나를 찾고 싶었다. 나를 알리고 싶었다. 공부로 나를 증명하고 싶었지만 당시에는 불가능한 일이었다. 그때 학교에서 소위 잘나간다는 친구들이 눈에 들어왔다. '학년 통'이라는 친구들이었는데, 공부를 잘하든 못하든 상관없이 항상 주위에 많은 아이들이 있었다. 1학년 통을 잡으면 학교에서 스타가 되는 것은 순간이었다.

나의 이름이 학교에 알려진 것은 1학년에서 덩치가 가장 큰 친구를 한 방에 때려눕힌 사건이다. 씨름과 유도를 하는 친구였는데, 초등학교 6학년 때 이미 중학생과 싸워서 이긴 전적이 있을 정도였다. 하지만 덩치가 커서 민첩성이 떨어진다는 약점이 있었다. 학교 구석진 곳에서 우리 둘이 탐색전을 벌일 때 내 과거를 몰랐던 친구들은 '잠시 후면 촌놈은 반죽음이 될 것'이라고 수군댔다. 싸움은 몇 초 만에 끝났고 결과는 친구들의 예상과 정반대였다. 이후 나를 따라다녔던 '정선 촌놈'이라는 별명은 사라지고, 비로소 친구들이 내 이름을 부르기 시작했다. 나는 1학년 짱이 되었다. 마침내 주변에 친구들이 하나둘 모여들었다. 싸움은 나쁜 것이지만 그땐 유일하게 나를 알릴 수 있는 강력한 메시지였다. 당시의 나는 그만큼 간절하게 나를 알리고 싶었고 친구들의 인정을 받고 싶었다.

이후 학급 친구들이 선배들에게 괴롭힘을 당하면 나서서 해결해줬다. 마치 영웅이 된 듯 뿌듯한 나날이었다. 그런데 선배들과의 충돌이 잦아지자 결국 2학년 짱과도 맞붙게 되었다. 그도 1학년 짱과 마찬가지로 덩치가 컸지만, 나보다 두 살 어렸고 실전 경험도 비교가 되지 않았다. 처음 싸울 때보다 더 많은 친구들이 모였다. 다들 아무리 내가 싸움을 잘해도 2학년 짱을 이기는 것은 불가능하다고 생각했다. 싸움은 1분도 안 돼서 끝났고, 결과는 역시 모두의 예상과 정반대였다. 1~2학년을 통틀어 나를 이길 수 있는 사람이 아무도 없다는 사실에 희열을 느꼈다. 집으로 가는 길 친구가 물었다.

"무슨 무술을 배우고 있어?"

"어떤 무술도 배우고 있지 않아."

"진짜? 근데 어떻게 그렇게 싸움을 잘하는 거야?"

북한 길거리에서 싸움을 터득했다고 말할 수는 없었다. 그래서 다른 말로 둘러댔다.

"싸움은 덩치로 하는 게 아니라 정신력으로 하는 거야."

"무슨 무술영화에 나오는 명대사 같다, 야."

그러나 이것은 영화 대사가 아니라 길거리에서 몸소 터득한 진리였다. 나는 공부 때문에 낮아진 자존감을 싸움으로 회복하고 있었다.

• • •

2학년 짱과 싸운 다음날, 무슨 일을 저지른 건지 실감이 났다. 정문에서부터 아이들이 나를 보며 수군댔고, 복도에 들어서는 순간 친구들의 눈빛이 달라졌음을 느꼈다. 자리에 앉아서 짝꿍에게 무슨 일이냐고 물으니, 나에 대한 소문이 학교에 퍼졌고 '원 펀치'라는 새로운 별명이 생겼다고 설명해줬다. '정선 촌놈'보다 '원 펀치'가 훨씬 낫다는 생각을 하며 소문이 영웅담으로 번져가는 상황을 즐겼다. 1~2학년 중심에 내가 있는 것 같았고 앞으로 편안한 학교생활이 보장되었다고 생각했다.

그날 학교를 마치고 정문을 나서는데 누군가 "어이, 정선 촌놈"이라며 불러 세웠다. 3학년 짱과 그의 친구들이었다. 옆에는 어제 싸웠던 2학년 짱도 있었다. 아마도 내게 진 것이 억울해 선배들에게 부탁한 것이리라. 2학년 짱이 비겁해 보였다. 3학년 선배들은 나보다 한 살 어렸지만 덩치는 훨씬 더 컸다. 무리 중 한 명이 시비를 걸어왔다.

"야, 돈 있냐?"

"돈은 있지만 줄 수 없어요."

갑자기 그가 발로 나를 찼고 배에 선명한 발자국이 났다. 아픈 것보다 가장 아끼는 옷이 더럽혀졌다는 사실에 화가 머리끝까지 났다. 그냥 갈 수는 없었다. “잠시만”이라고 말한 뒤 가방에서 체육복을 꺼내 갈아입었다. 다들 어이없다는 듯 비웃었지만 아랑곳하지 않았다. 옷을 갈아입은 뒤 반말로 “어떻게 싸울래?”라고 묻자, 버릇을 고쳐놓겠다며 두 명이 동시에 달려들었다. 나는 길거리에서 배웠던 모든 기술을 동원해서 맞섰다. 한동안 이어진 싸움이 끝나고 가방을 챙겨서 집에 가다가 근처에 주차된 차의 사이드 미러에 얼굴을 비춰봤다. 피와 흙이 엉겨붙어 있었다. 한국에 와서 이렇게 크게 싸운 적은 처음이었다.

집 현관문을 열고 들어가니 아버지가 저녁밥을 만들고 있었다. 내 얼굴을 본 아버지는 싸웠냐고 물었고, 나는 그렇다고 답한 뒤 화장실로 들어갔다. 부은 얼굴을 정리하고 나오자 아버지가 다시 물었다.

“이겼냐?”

“네, 이겼습니다.”

“그래, 맞고 다니는 것보다는 이기는 게 낫다. 앉아라.”

아버지는 더 이상 질문하지 않고 식탁에 밥을 차렸다. 맵고 뜨거운 국이 터진 입술에 닿을 때마다 길거리에서 함께 살았던 친구들이 보고 싶었다. 나는 아버지를 만나서 이렇게 따뜻한 밥과 국을 먹고 있는데, 친구들은 밥은 제대로 먹고 다니는지 지난겨울에 얼어죽지는 않았는지 온갖 생각이 다 들었다. 밥이 목구멍에 걸려 넘어가지 않았다. 그래도 꾸역꾸역 밀어넣는데 초인종 소리가 들렸다. 아버지가 누구냐고 묻자 경찰서에서 나왔다고 했다. 아버지는 다시 무슨 일이냐고 물었고 경찰은 나와 함께 병원에 가야겠다고 답했다. 우리는 바로 숟가락을 내려놓고 옷을 갈아입은 후 경찰차에 올라탔다.

병실에 도착하기 전까지 3학년 짱의 상태를 가늠할 수 없었다. 그런데 침대에 누워 있는 그의 모습은 심각했다. 그 친구의 부모님이 나를 보는 순간 죽일 듯이 달려드는 바람에 경찰과 아버지가 옆에서 말려야 했다. 3학년 짱은 앞니 세 개가 부러졌고 갈비뼈에 금이 갔고 얼굴은 퉁퉁 부어 있었다. 그의 어머니는 치료비와 입원비를 주지 않으면 나를 소년원에 보내겠다고 윽박질렀다. 아버지와 나의 말투와 억양을 듣고는 "중국에서 일하러 왔으면 돈이나 벌어서 꺼져"라고 소리를 지르기도 했다. 잠시 후 아버지는 집에 모아놓았던 비상금을 봉투에 넣어서 가지고 왔고, 그 친구의 부모님 앞에 무릎을 꿇은 채 사정했다.

"아들을 잘못 키운 제 잘못이니 너그러운 마음으로 용서해주십시오. 부탁드립니다."

돈을 받은 그들은 우리에게 "꼴도 보기 싫으니 병실에서 나가라"고 소리쳤다. 잠시 후 경찰이 나와서 합의가 되었지만 서류를 작성해야 하니 같이 가자고 했다. 경찰서에서 나는 싸운 이유에 대해 이야기했고 아버지는 가만히 뒤에 앉아 있었다. 그때 아버지가 아는 경찰을 만났고, 그분이 조사 경찰관에게 우리가 탈북민이라는 사실을 알려줬다.

"북한에서 온 지 얼마 되지 않아 한국 사회를 잘 몰라서 큰 실수를 저지른 것 같네."

조사 경찰관이 건넨 서류에 아버지가 사인을 하자, 그는 "다시는 싸우지 말라"며 엄포를 놓았다.

"이번에는 운이 좋아서 합의를 봤지만 이 정도로 싸우면 감방에 가게 된다."

경찰서를 나와 집으로 걸어가면서 서로 아무 말도 하지 않았다. 이해가 되지 않았다. 북한에서 싸울 때는 현장에서 잡히지 않으면 감방에 가지 않았다. 가더라도 다시는 안 싸우겠다고 서약하고는, 나와서 또 싸울 때도 있었다. 북한은 법보다 주먹이 앞서는 사회였다. 그런데 한국은 주먹보다 법이 앞서는 사회라는 것을 배웠다. '다시는 싸우지 말아야지' 다짐했다. 법이 무서워서 그랬다기보다는 아버지가 다른 사람 앞에서 무릎 꿇게 하고 싶지 않았고, 아버지가 어렵게 번 돈을 나 때문에 의미 없이 쓰게 하고 싶지 않았다. 집에 와서 같이 설거지를 하는데 아버지가 먼저 말을 건넸다.

"공부는 나중에 해도 되니 꿈을 먼저 찾아라."

나는 북한 출신이고 공부도 못하는데 꿈이 어디 있겠느냐며, 그냥 학교를 졸업하면 출신도 성적도 묻지 않는 건설 현장에서 일하겠다고 했다. 가만히 듣던 아버지가 입을 열었다.

"출신이 천하고 공부를 못한다고 꿈도 천할 필요는 없나."

그리고 "사람이 꿈이 있고, 꿈을 이루기 위해 최선의 노력을 하면

이미 꿈을 이루고 있는 것"이라고 말해주었다. 그날 밤은 좀처럼 잠이 오지 않았다.

• • •

다음날 아침, 학교 후문으로 들어가는데 전교생이 나를 영웅처럼 쳐다봤다. 어제 3학년 짱과 싸워서 이긴 소식이 전교에 알려졌음을 짐작할 수 있었다. 수업이 시작되기 전 담임선생님과 함께 교장실로 갔다. 교감선생님과 학생부장 선생님이 교장선생님과 대화를 하고 있다가 내가 들어가자 다들 밖으로 나갔다. 둘만 남게 되자 교장선생님은 "북한에서 왔으면 선생님 말씀 잘 듣고 공부나 열심히 할 것이지, 꼴통 같은 놈이 학교에서 문제만 일으킨다"고 화를 냈다. 꼴통이라는 말에 나 역시 화가 났다. 왜 싸웠는지는 묻지도 않고 다짜고짜 꾸짖기만 하는 선생님들에게 가르침을 받고 싶지도 않았다. 나는 학교의 도움 없이 오직 내 힘으로 꼴통이 아니라는 것을 증명해내겠다고 결심하고 그날로 중학교를 자퇴했다. 학교에 계속 다녀봤자 전교 꼴찌인 지경이니 검정고시를 보는 편이 시간을 아끼는 길이라는 생각도 있었다.

그리고 며칠이 흘렀다. 꼴통이 아닌 것을 증명하는 방법으로 검정고시를 택했지만 어떻게 공부해야 할지 막막하기만 했다. 고민 끝에 아버지와 함께 다녔던 교회에 찾아갔다. 사실 아버지와 달리 나는 신앙이 없었는데, 아버지가 일요일에는 무조건 교회에 가야 한다기에 따라다니고 있었다. 교회 담임목사님은 아버지를 통해 내가 자퇴한 사실을 이미 알고 있었다. 공부를 하고 싶은데 방법을 모르겠다며 도와달라고 부탁했더니, 목사님은 왜 공부하고 싶은지 이유를 쓰라며 종이와 펜을 주었다.

"네가 공부하고 싶어 하는 이유가 합당하면 가르쳐주고, 그렇지 않으면 가르쳐주지 않을 거다."

알고 있는 모든 어휘를 동원해 그럴싸한 이유들을 적었다. 하지만 진짜 이유인 '내가 꼴통이 아닌 것을 증명하고 싶다'는 말은 쓰지 않았다. 창피했기 때문이다. 종이 위에 장황하게 적은 이유들은 모두 사실이었지만 진짜 이유는 적지 않았으므로 거짓말이기도 했다. 물론 절박한 거짓말이긴 했지만 말이다. 결국 열심히 적은 이유들에 모두 줄을 그어 지우고 두 문장만 적었다.

'정말 공부를 하고 싶습니다. 아니 해야만 합니다.'

목사님은 가만히 종이를 보더니 딸을 불러서 중학교 졸업 검정고시 공부를 도와주라고 했다. 누나와 나는 그길로 서점에 가서 검정고시 교재를 구매해 다시 교회로 돌아왔다. 지금 기억으로 당시 검정고시는 과목이 일곱 개 정도였는데 전과목 평균이 70점 이상이면 통과했던 것 같다. 누나는 각 과목의 교재를 펼치면서 얼마나 알고 있는지를 물어봤다. 글은 읽을 수 있었지만 무슨 뜻인지 이해가 되지 않았다. 그래도 영어는 열심히 공부한 덕분에 알파벳은 친근해 보였다. 어쨌든 하나도 모르겠다고 사실대로 말했다. 누나는 나에게 정말 공부를 하고 싶은지 물었다.

"무조건 공부를 해야 해요. 중학교 검정고시에 합격하기 위해서는 무엇이든 할 수 있어요."

내 말을 들은 누나는 옅은 미소를 보이면서 말했다. 검정고시에 통과하고 싶으면 내일부터 아버지가 새벽기도에 나올 때(그때 아버지는 새벽기도를 빠짐없이 나가셨는데, 기도하고픈 것들이 참 많았던 것 같다. 어쩌면 내가 질되게 해달라고 기도했던 긴지도 모르겠다) 같이 나와서 교회에서 세끼 밥을 먹으며 공부해야 한다고, 집에는 밤 열 시 이후에 가야 한다는 것이었다. 만약 하나라도 어기면 공부를 가르쳐주지 않겠다고 했다. 다른 선택지가 없었던 나는 무조건 지키겠다고 다짐했다.

"무슨 일이 있어도 지킬게요. 대신 누나는 나를 꼭 중학교 검정고시에 합격시켜줘야 해요?"

우리는 이렇게 약속을 하고 헤어졌다. 다음날 새벽 다섯 시 아버지가 나를 깨웠다. 한국에 와서 그렇게 일찍 일어난 것은 처음이었다. 잠이 덜 깨 비몽사몽한 상태로 교회에 갔다. 아버지는 앞자리에 앉았고 나는 맨 뒤에 누웠다. 새벽 찬양을 자장가 삼아 자다보니 기도가 끝났고 성도들이 예배당을 나가면서 나를 깨웠다. 눈을 비비고 일어나 교회 식당에서 아침을 먹고 공부방에서 누나와 수업했다.

누나는 다양한 방법을 활용해 교과서를 설명하며 이해시키려고 했지만, 내게는 쇠귀에 경 읽기였다. 결국 누나는 전략을 바꿨다. 매일 각 교과서를 다섯 페이지씩 외우라고 했고, 저녁 여덟 시부터 열 시까지 외운 것을 점검하겠다고 했다. 그날부터 교과서를 외우고 문제와 답을 함께 암기했다. 공부도 어려웠지만 그보다 힘들었던 것은 의자에 오래 앉아 있는 일이었다.

• • •

내가 새벽에 교회에 간 것은 기도가 아니라 공부 때문이었다. 그런데 어느 날 새벽, 권사님이 손을 잡으며 기도시간에 자는 건 좋은데 코는 골지 말라고 했다. 그때 어찌나 창피하던지…… 안 자려고 의자에 앉았지만 성도들이 흔들어서 일어난 것을 보니 깜빡 졸다가 코를 곤 것이 분명했다. 어쨌든 새벽 일찍 교회에 가서 밤늦게 집으로 돌아가는 것은 나의 일과가 되었다. 셀 수 없이 자주 공부를 그만두고 싶은 마음이 솟구쳤지만 포기할 수 없었다. 딱 한 가지 이유, 꼴통이 아닌 것을 증명하고 싶었던 마음 때문이다.

이 간절함을 가지고 100일을 버텼는데 놀라운 일이 일어났다. 피하고 싶었던 공부 일상이 습관이 되었던 것이다. 고통은 점점 견딜 만해졌다. 공부에도 속도가 붙어 검정고시를 보기 전까지 교과서와 문제집, 해답지를 다섯 번 이상 보게 되었다. 엉덩이에는 진물이 나기 시작했다. 이때 공부는 '머리'가 아니라 '엉덩이'로 한다는 것을 깨달았다.

고진감래라고, 검정고시에 합격했다. 점수는 높지 않았지만 어쨌든 꼴통이 아니라는 것을 증명한 순간이었다. 그길로 내게 꼴통이라고 말했던 중학교 교장선생님을 찾아가 자랑스럽게 합격 성적표를 보여 드렸다. 검정고시 공부를 통해 중학교를 졸업한 것도 기뻤지만, 그보다 엉덩이에 진물이 나도록 의자에 오래 앉아 있는 법과 절대 포기하지 않는 끈기를 연습했다는 사실에 스스로 대견했다.

검정고시에 합격하고 목사님과 누나에게 하나님도 믿지 않는 나에게 왜 공부를 가르쳐줬느냐고 물었다. 목사님은 내 눈에서 간절함이 보였다고 했다. 누나는 처음에는 그저 목사님의 말을 따랐을 뿐이었지만 나중에는 금방 포기할 수밖에 없는 시간표를 만들었는데도 의지를 불태우며 애쓰는 나의 모습에서 절박함을 느꼈다고 했다.

그랬다. 학교를 자퇴한 뒤 나는 사막에 던져진 느낌이었고 어떻게든 살아남아야 한다고 결심했다. 북한의 길거리에서, 또 한국에서 벼랑 끝에 설 때마다 절박함이 생겼다. 절박함은 깡을 낳았고 깡은 항상 두 가지 선택을 제시했다. '죽음으로 지금의 역경을 끝낼 것인가, 아니면 역경과 맞설 것인가.' 북한에 있을 때는 항상 후자를 선택했다. 살아남아야 부모님을 다시 만날 수 있다는 희망 때문이었다. 중학교 자퇴 후에도 역시 후자를 선택했다. 그리고 역경에 맞서는 방법으로 검정고시 공부를 택한 것은 억울해서였다. 타인의 말에 억울해서 죽는다면 이 세상에 살아 있을 사람이 없겠다는 생각이 들었기에 더 열심히 살아야 한다고 다짐했다.

목사님은 전교 꼴등이었던 내가 왜 갑자기 그토록 공부하고 싶었던 건지 다시 물었다. 이번에는 솔직하게 교장선생님의 말에 화가 나서 꼴통이 아닌 것을 증명하고 싶었다고 말했다. 목사님이 웃으면서 물었다.

"꼴통이 아닌 것을 증명했으니 앞으로는 무엇을 증명하고 싶으냐?"

"이미 목표를 이루었으니 더 이상 증명할 것은 없습니다."

이후 일요일에는 빠지지 않고 아버지와 교회에 나가려고 노력했지만 평일 새벽에는 더 이상 교회에 가지 않았다.

영어 분투기 3

공부에는 강제력이 필요하다

1) 공부를 하려면 먼저 목표가 있어야 한다. 내 경우에는 중학교 졸업 검정고시에 통과하는 것이었다.

2) 강제로라도 공부할 환경을 만든다. 나에게 공부를 가르쳐주던 누나는 새벽부터 나와서 밤 열 시까지 공부하라고 말했다. 이 약속을 어기면 공부를 가르쳐주지 않겠다고 하니 별 도리가 없었다.

3) 딱 100일 동안만 정해진 시간에 같은 행동을 하면 습관이 생겨서 힘든 일도 어렵지 않게 해낼 수 있다.

성주's comment

"가장 좋은 강제력은 스스로 발휘하는 것!"

아무래도 타인이 나를 강제하는 건 결국 스트레스가 됩니다. 스스로 그 목표를 절실하게 원하지 않는다면, 다른 사람이 아무리 공부하라고 다그쳐도 결국 포기하게 될 거예요. 가장 좋은 강제력은 스스로 발휘하는 것입니다!

누나의 도움을 받기는 했지만 그래도 꾸준히 공부할 수 있었던 것은 제가 그만큼 절실하게 검정고시에 통과하고 싶었기 때문일 겁니다. 그러니까 강제성보다 목표가 더욱 중요하다는 뜻이죠. 확실하고 간절한 목표가 있다면 같은 시간에 알람이 울리게 설정한다든지 하는 작은 행동으로도 내 실천을 유도할 수 있어요. 그리고 100일을 꾸준하게 실천하면 이후에는 힘들이지 않고도 계속할 수 있습니다. 아시죠? 100일은 곰도 사람으로 바꿔놓는 거!

⫸ 꿈은 인생의 방향이자 삶에 대한 예의다

꼴통이 아님을 증명한 순간은 짜릿하고 기쁐지만 그다음에 무엇을 해야 할지, 무엇을 하고 싶은지 알지 못했다. 단기 목표만 세웠을 뿐 큰 그림을 그리지 못한 탓에, 하나의 목표를 달성하고 나니 곧 공허함과 막막함이 밀려왔던 것이다. 검정고시에 합격했을 때는 이미 고등학교 새 학기가 시작된 이후라서 입학하려면 다음해 3월까지 기다려야 했다. 공백이 생기니 고등학교를 가고픈 마음도 점점 사라졌다. 게다가 중학교 경험에 비춰봤을 때 제도권에서 공부하면 보나마나 전교 꼴등이었다. 또다시 꼴등의 좌절과 수모를 겪고 싶지는 않았다. 나중에 고등학교 졸업장이 필요하면 고등학교 졸업 검정고시를 봐야겠다고 생각했다. 검정고시에는 일등, 꼴등이 없고 합격, 불합격만 있었기 때문이다.

시간이 지날수록 공허함과 외로움이 커져갔고 북한에 있는 친구들이 보고 싶었다. 그 무렵 검정고시를 준비하기 전에 자주 가던 피시방을 오랜만에 찾았더니, 아르바이트하는 형이 반갑게 맞아주면서 "토요일에 노가다를 가는데 같이 가자"고 했다. 육체노동으로 몸을 혹사시켜서라도 마음의 괴로움을 잊고자 노가다(일용직)를 시작했다. 검정고시를 준비하면서 몇 달간 햇빛도 잘 보지 못했기 때문에 밖에서 실컷 해를 보고픈 마음도 있었다. 용돈도 필요했다. 아버지에게 계속 받아서 쓰기도 눈치가 보였다.

처음 했던 일은 건설장에서 건물구조를 세우는 데 쓰이는 파이프를 나르는 것이었다. 땀흘려 일한 대가로 7만원을 받았다. 한국에 와서 노동의 대가로 받은 첫 돈이었다. 기분이 좋았다. 게다가 낮에 힘들여 일할 때는 외로움과 공허함을 느낄 시간이 없었다. 돈보다도 마음을 바쁘게 하는 것이 더 좋았다. 일이 끝나면 집에 와서 자고, 아침에 일어나면 다시 나가 하루 종일 일하는 바쁜 생활이 고등학교에 진학해서 전교 꼴등을 하는 것보다 훨씬 더 가치 있는 일 같았다.

막노동을 하며 쌓인 스트레스는 피시방과 당구장에서 풀었다. 현장에서 알게 된 형, 친구들과 어울리며 밤늦게까지 술에 취해 비틀거렸다. 술을 많이 마셔 구역질할 때면 서로 등을 두드려주고 담배도 나눠 피웠다. 청소년으로서 결코 옳지 않은 행동이었지만 그들과 어울리기 위해서는 필요한 일이었다. 나는 그들에게 이 어려운 세상을 함께 싸워나간다는 전우애를 느끼고 있었다. 한번은 술집에서 시비가 붙는 바람에 다른 손님들과 싸우게 되었다. 다행히 합의로 잘 해결되었지만 그 과정에서 미성년자라는 사실이 들통났고, 아버지가 경찰서에 출석해서 나를 집으로 데리고 가야 했다. 아버지는 대화하고 싶어 했지만 나는 방에 들어가서 불을 끄고 누웠다.

아버지에게 화가 났다. 아버지가 북한에서 말실수를 하지 않았다면 온 가족이 추방당하지 않았을 것이었다. 내가 열두 살 때 아버지가 탈북하지 않았다면 어머니가 행방불명되는 일도 없었을 것이고, 그러면 이후 4년간 내가 길거리에서 친구들과 꽃제비(거지) 생활을 하는 일도 없었을 것이었다. 만약 한국에서 태어났다면 다른 친구들처럼 공부도 제대로 했을 것이고, 최소한 북한에서 왔다고 차별받지는 않았을 것이라는 생각도 들었다. 그때는 이 모든 게 전부 아버지 탓인 것 같았다. 그때부터 방황이 시작되었다. 아버지에 대한 원망으로 가출을 밥 먹듯 하면서 하루하루를 무의미하게 보냈다. 그렇게 집밖을 전전하던 어느 날, 아무도 없는 줄 알고 잠시 들렀다가 아버지와 마주쳤다. 식탁에 절반 정도 먹은 밥과 된장찌개가 있었다. 마치 도둑과 집주인이 마주친 것처럼 어색한 기류가 흐르는데 아버지가 먼저 입을 열었다.

"밥은 먹었냐?"

"아니요."

"얼른 씻고 와라. 밥 먹자."

샤워를 하고 나오니 식탁에 반찬과 따뜻한 밥이 새로 차려져 있었다. 내가 밥을 먹는 모습을 가만히 지켜보던 아버지가 조심스레 말을 꺼냈다.

"미안하다."

목이 메어서 도통 넘어가지 않는데도 나는 아무 말도 못한 채 계속 밥을 밀어넣었다. 아버지는 내가 집을 나가고 두 달간 모든 것을 다 잃은 느낌이었다고 했다. 나는 그제야 겨우 죄송하다고 말했다. 밥을 먹으면서 우리는 서로를 이해했고 서로의 소중함을 찾아가고 있었다. 아버지는 내가 3학년 짱과 싸우고 경찰서에 다녀왔던 때처럼 또다시 꿈을 찾으라고 조언했다.

"내가 너에게 꿈을 찾으라고 했던 건, 꿈이 우리 인생의 방향이기 때문이다. 방향이 있으면 옆길로 새더라도 원래의 길로 돌아오게 되어 있어. 친척 하나 없는 한국 사회에서 방황하지 않는 삶을 살기 위해서는 바른 방향이 필요하고, 그게 바로 꿈이다."

그제야 꿈을 찾으라는 말의 진정한 의미가 와닿았다. 성공하라거나 출세하라는 말이 아니었다. 꿈이 인생의 방향이면 공부를 잘하든 못하든 상관없었다. 꿈은 가진 돈과 상관없이 지식의 수준과도 관계없이, 소중한 인생을 허비하지 않기 위해 필요했다. 그렇다. 꿈을 찾는 것은 내 인생에 대한 예의였다.

• • •

더 이상 방황하기 싫었다. 내 인생에 대한 예의를 지키고 싶었고, 그러기 위해선 꿈과 목표가 필요했다. 나는 아버지에게 의사가 되겠다고, 돈을 많이 버는 부자가 되겠다고 이야기했다. 한국에 와서 보니 '사'자로 끝나는 직업(검사, 변호사, 의사, 교사)이 안정적이고 돈도 많이 벌기에 의사를 목표로 삼은 것이다. 목표가 설정되니 주변이 정리되기 시작했고 막노동은 그만두었다.

다시 공부하기 위해 고등학교를 알아보다가 부산에 있는 지구촌고등학교가 생각났다. 2004년 1월 안성에 있는 청소년수련관에서 탈북민 청소년들을 대상으로 3박 4일 수련회가 진행된 적이 있다. 나도 참여했고 그때 지구촌고등학교를 알게 되었다. 수련회에서는 기독교에 대한 이야기를 들었고 활동시간에는 과학선생님의 지도하에 비행선을 만들기도 했다. 그리고 마지막날 저녁 교장선생님이 수련회에 참여한 학생들을 한 명씩 불러 방에서 세족식을 해주었다. 남이 나의 발을 씻겨주기는 태어나서 처음이었다. 두 가지 생각을 했다. '이 사람이 이렇게 친절하게 대하는 이유는 나에게 필요한 것이 있어서'이거나 '그냥 엄청 착하고 배울 점이 많은 사람이어서'다. 그런데 교장선생님이 내게서 얻을 만한 것이 보이지 않았다. 선생님은 발을 씻기면서 이런 말을 해주었다.

"나중에 너와 같은 처지에 있거나 너보다 더 도움이 필요한 사람이 있으면 오늘의 세족식을 기억하고 그들의 발을 씻어주어라."

'이 선생님이라면 많은 것을 배울 수 있겠구나' 하는 생각이 들었다. 그리고 교장선생님과 교장선생님 부인의 전화번호를 받아서 수첩에 적어놓았다. 이 번호가 나를 방황에서 구해낼 숫자가 될 줄은 그때는 몰랐다. 그런데 다시 공부할 결심을 하니 수련회 이후 잊고 지냈던 지구촌고등학교가 생각났고, 예전에 받아둔 전화번호를 찾아 연락하게 된 것이다.

3월부터 지구촌고등학교에 들어갈 준비를 하며 시립도서관에 다녔지만 공부는 제대로 할 수 없었다. 함께 몰려다녔던 형들이 계속 불러내는 바람에 공부하는 날보다 노는 날이 더 많았다. 공부와 형들 중 하나를 선택해야 했다. 일종의 전우애마저 느꼈던 형들이지만 꿈과 목표를 이루기 위해서는, 더 이상 내 삶에 미안해지지 않기 위해서는, 인생에 대한 예의를 다하기 위해서는 공부가 필요했다. 공부를 택한 나는 교장선생님 사모님에게 개학 전이지만 미리 부산에 내려가 공부하고 싶다고 부탁했다. 서둘러 부산에 내려갈 수밖에 없는 사정을 들은 사모님은 자신의 집에서 먹고 지내며 공부하라고 했다. 이런 이유로 부산에 내려가겠다고 하자 아버지도 흔쾌히 허락했다.

다음날 아버지는 나를 기차역으로 바래다주면서 준비하는 과정도 꿈이니 명심해서 공부하라고 했다. 꿈을 이루기 위해 준비한다면, 이미 꿈과 함께 살고 있는 것이라는 말이었다. 준비하지 않고 꿈을 이룰 수 없듯이 꿈과 준비는 하나였던 것이다.

• • •

기차를 타고 가는 길, 덜컹거리는 무궁화호처럼 나는 불안하고 불안정했다. 새로운 환경에 적응할 일보다 공부를 잘해낼 수 있을지에 대한 두려움이 컸고, 불안을 잠재우기 위해 담배가 생각났다. 부산에 도착하자마자 담배와 라이터를 샀다. 옷차림 때문인지 다행히도 신분증을 보여달라고 하지 않았다. 흡연구역으로 가서 담배를 입에 물고 불을 붙이려는 순간, 아버지와 한 약속이 생각났다. 전날 아버지는 술과 담배를 권하며 "지금 피우는 담배와 마시는 술이 네 인생의 마지막 담배와 술이었으면 좋겠다"고 했고, 나는 그러겠노라 약속했던 것이다. 몸은 담배를 간절히 원했지만 머리는 약속을 지켜야 한다고 경고했다. 결국 의식이 몸을 지배했고 담배와 라이터를 쓰레기통에 버린 뒤 껌을 사서 한번에 서너 개를 입에 넣었다. 얼마나 오래 씹었던지 지하철을 타고 학교에 도착하니 턱이 아팠다.

교장선생님 댁은 학교 뒤에 있었다. 사모님을 만나서 이야기를 나누며, 열심히 공부해서 의사가 되겠다고 당당하게 포부를 밝혔다. 사모님은 의사가 되어서 무엇을 하고 싶으냐고 물었다. 훌륭한 의사가 되어서 아픈 사람들을 치료하고, 통일이 되면 북한에 가서 슈바이처처럼 봉사하고 싶다고 답했다. 하지만 진실이 아니었다. 내가 의사가 되고 싶었던 것은 돈을 많이 벌고픈 마음이 가장 컸으니 말이다. 사모님을 속이는 것 같아 죄송한 마음이 들었지만, 있는 그대로 솔직하게 털어놓을 수는 없는 노릇이었다.

그날 저녁, 식사를 하면서 교장선생님은 지구촌고등학교에 오면 공부를 열심히 하고 선생님의 말씀을 잘 들어야 할 뿐만 아니라 신앙생활도 충실히 해야 한다고 했다. 나는 당연히 그렇게 하겠다고 했다. 북한 길거리에서 4년을 살면서 또래 친구들이 갖지 못한 상황판단 능력과 적응력을 체득했다. 지금은 '예스맨'이 되어야 하는 상황이었다. 식사가 끝나니 몸은 담배를 간절히 원했지만 피우지 않았다. 이후 금단 증세가 나타날 때마다 턱이 빠지도록 껌을 씹었고 숨이 막히도록 운동장을 뛰고 또 뛰었다. 아버지와의 약속을 지키기 위한 나와의 싸움이었다. 여기서 진다면, 열심히 공부해서 성공하는 일도 불가능할 것이라 생각했기에 엄격히 스스로를 다스렸다.

교장선생님 댁에서 생활하면서 한국의 가정생활과 아버지 어머니의 역할, 자식의 역할을 배웠다. 열두 살부터 친구들과 길거리에서 살았고 이후 한국에서도 아버지와 단둘이 지내면서 오랫동안 일반적인 가정의 모습을 경험하지 못했던 나에게는 그야말로 산교육이었다. 처음에는 적응하기 힘들어서 실수도 여러 번 했고 불리한 순간을 모면하기 위해 거짓말도 참 많이 했다. 그럴 때마다 교장선생님과 사모님은 모르는 척하며 속아주고 때로는 호되게 꾸짖기도 하며, 내가 바르게 성장할 수 있도록 돌봐주었다. 교장선생님 집에는 나보다 어린 아이가 두 명 있었다. 첫째는 나보다 한 살 어린 여자아이였고 둘째는 나보다 다섯 살 어린 남자아이였다. 나는 남자아이와 같은 방을 쓰면서 형 동생이 되었다.

• • •

지구촌고등학교에 입학하기 전 같은 재단인 이사벨중학교 3학년 수업을 청강했다. 졸업반이어서인지 수업시간에 자거나 떠드는 아이들이 많아 공부하는 데 방해가 되었다. 그래서 떠드는 아이들에게 조용히 하라고 잔소리하기도 했다.

검정고시 공부를 하면서 외웠던 지식은 이미 시험장에서 모두 쏟아냈고, 그 후로 책을 멀리해서인지 원점부터 다시 시작해야 했다. 알파벳은 잊지 않았지만 순서가 헷갈렸다. 검정고시에는 합격했지만 머리에 남아 있는 것이 없었다. 나는 스스로 석두라고 인정했다. 인정하고 나니 오히려 마음이 편했고 공부를 대하는 마음가짐도 바뀌었다. 전에는 조급한 마음으로 요령을 피우며 공부했다면, 후에는 돌에다 글을 새기는 마음으로 공부에 임했다. 돌에다 처음 글을 새길 때는 시간이 오래 걸리지만 한번 새기면 절대 지워지지 않는다는 믿음으로 공부했다. 2개월간의 중학교 청강은 실력을 키우는 시간이 아니라 공부를 대하는 태도를 연습하는 시간이었다.

영어 분투기
4

쉽고 가까운 것부터 어렵고 먼 것까지, 단계별 목표 설정

1) 작은 목표 하나를 달성했을 때 '다음'이 없으면 방황한다. 쉽고 가까운 것부터 어렵고 먼 것까지, 단계별로 목표를 설정해야 한다.
2) 차근차근, 쉬운 목표부터 하나씩 달성한다.
3) 하나가 이루어졌다면 조금 더 어려운 목표에 도전한다.
4) 혹시 중간에 좌절을 겪는다면, 다시 앞으로 돌아가거나 뒤에 있는 목표 중 이루기 쉬운 것부터 도전해본다.
5) 하나씩 이뤄가다보면 어느새 큰 목표에 바짝 다가서 있을 것이다.

성주's comment

"작은 것부터 천천히! 그러다보면 커집니다!"

검정고시에 통과하고 나서는 다음 목표가 없었어요. 목표가 없으니 자연히 방황하게 되더군요. 목표가 있을 때는 정말 열심히 공부했는데, 그러면서 습관도 잡혀 공부가 그리 힘들지 않았는데 말이죠. 이래서 인생에는 큰 그림이 필요하겠더라고요. 꿈이라고 부를 수도 있겠죠.

대단한 게 아니어도 좋아요. '나는 아프지 않고 오래 살 거야!'라는 꿈을 가진다면 앞으로 한 달간 일주일에 한 번 1시간 이상 운동한다든지, 인스턴트식품은 일주일에 한 번만 먹겠다든지 하는 작은 목표를 세울 수 있을 거예요. 차근차근 조금씩 나아가면서, 약간씩 더 어려운 실천을 해보세요. 더 빨리 다음 목표에 닿고 싶어서 더 열심히 하는 나를 발견하게 될 거예요! 그리고 아까도 말했지만 100일만 버티면 힘들이지 않고 할 수 있다는 것, 잊지 않으셨죠?

2단계

묻지도 따지지도 않고 따라 하기

: 앵무새 전략 :

공부는 습관이다, '절대시간의 법칙'

열아홉 살의 나이로 고등학교 1학년에 입학했다. 중학교에 들어갔을 때와 달리, 북한에서 왔고 나이도 많다고 솔직하게 밝혔다. 다행히 학우들은 나를 형으로 대해주었고 나도 동생들에게 본을 보이기 위해 노력했다. 무엇보다 교장선생님과 사모님께 절대 누가 되지 않으려고 애썼다.

문제는 공부였다. 검정고시로 간신히 중학교를 졸업한 실력이다보니 고등학교 정규과정을 따라가기는 어려웠고 어린 친구들이 나보다 공부를 잘하는 모습을 보면서 상대적 박탈감을 느끼기도 했다. 시중에 나와 있는 효과적인 공부법에 대한 책을 수없이 읽었지만 공부에 대한 '요령'만 늘 뿐 '실력'은 쌓이지 않았다. 요령을 토대로 한 공부는 지식의 깊이를 만들지 못했다. 모래 위에 집을 짓는 것이나 마찬가지였다. 특히 나처럼 기초가 부족한 상태에서는 아무리 효율적인 공부법이라고 해도 소용이 없었다. 기초가 없다면 기술은 의미 없다. 일단은 우직하게 기초부터 탄탄히 다지는 작업이 중요하다. 생각해보니 중학교 시절 아무리 열심히 공부해도 영어 성적이 제자리였던 이유 역시 여기에 있었다. 기초가 없는 상태에서 무작정 좋다는 방법만 따라 하다보니 발전이 없었던 것이다.

기초를 쌓기 위해선 배운 것을 지속적으로 반복하는 '절대시간'이 필요했다. 절대시간은 그날 배운 것을 전부 숙지하는 데 걸리는 시간이었다. 공부할 시간을 더 많이 확보하기 위해서는 잠을 줄일 수밖에 없었다. 검정고시를 준비하면서 '오래 앉아 있는 연습'을 해둔 것이 그나마 다행이었다. 학우들이 잘 때도 나는 앉아서 공부했다. 첫 학기에는 스스로에게 5시간 이상의 수면을 허락하지 않았다. 잠이 부족하다 보니 피로가 쌓여 수업시간에 코피를 흘린 적도 여러 번이다. 하지만 몇 개월이 지나자 몸도 적응됐는지 더 이상 코피가 나지 않았다.

수업 내용을 알아듣기 어려울 때는 쉬는 시간마다 친구들에게 물어봤다. 어느 정도 실력이 쌓인 후에는 내가 친구들을 도와주기도 했다. 이해되지 않는 내용을 확실히 복습하는 동시에 친구들과 친해지기까지 했으니 그야말로 일석이조였다. 필요한 절대시간은 사람에 따라 다르겠지만 나의 경우 한 학기 정도의 시간이 지나자 절대시간이 점점 줄어들었다.

• • •

절대시간이 줄어들고 상대적으로 여유가 생기면서 예습을 시작했다. 공부법 책들에는 복습과 예습이 필수라고 나와 있었지만 한 학기 동안은 복습만 했다. 내가 공부하면서 경험한 바에 따르면 복습을 충분히 하지 않고는 예습을 해봐야 혼란스럽기만 할 뿐이었다. 무엇보다 예습을 핑계로 복습을 게을리하기 쉽다는 것이 문제였다. 배운 것을 다시 공부하니 지겨운 마음이 들게 되고 그래서 다른 곳으로 눈을 돌리게 되는 것이다.

수학시간에 배운 방정식을 복습하다가 같은 내용을 또 보는 일이 지겨워 다음날 배울 내용을 미리 공부한 적이 있었다. 예습할 때는 어려운 내용이 없었는데 정작 수업시간이 되자 문제를 풀 수 없었다. 전날 배운 개념을 충분히 복습하지 않은 상태에서 다음 진도를 나갔기에 일어난 일이었다. 결국 문제를 풀기 위해 방정식의 개념을 다시 공부해야 했다. 복습만 제대로 했다면 굳이 이런 시간낭비를 하지 않아도 됐을 텐데 말이다. 이 일을 계기로 예습보다 더 중요한 복습의 힘을 깨달았다.

나의 복습은 80퍼센트가 노트 정리였고 20퍼센트는 숙제였다. 모든 수업을 공들여 필기했고, 수업이 끝난 후 다시 노트를 정리하면서 공부하는 습관을 체계화했다. 선생님 말씀을 빼놓지 않고 적기 위해서는 집중, 또 집중해야 했기에 잡담을 나누는 친구들이 있으면 조용히 해달라고 부탁했다. 공부는 하지 않고 장난치며 떠드는 친구들에게 미안하게도 차라리 엎드려 자라고 한 적도 있는데, 그만큼 수업시간이 소중하고 절실했기 때문이다. 대신 시험기간에 내 노트를 필요로 하는 친구들에게 빌려주는 방법으로 미안한 마음을 표현했다.

혹시라도 선생님 말씀을 놓치면 손을 들고 다시 설명해달라고 하면서 모조리 적었다. 어찌나 열심히 받아썼는지 수업이 끝나면 손바닥에 땀이 흠뻑 났고 손은 덜덜 떨렸다. 다행히 쉬는 시간에 화장실에 가서 흐르는 물에 손을 식히면 괜찮아졌다. 시간이 지나면서 손이 필기에 서서히 적응했고 나중에는 오히려 수업시간에 필기를 하지 않으면 공부를 한 것 같지 않은 느낌까지 들었다. 이렇게 공들인 노트 정리법을 정리해보자면 다음과 같다.

노트의 왼쪽 페이지에는 날짜와 요일을 쓰고 모든 수업 내용을 최대한 받아 적었다. 오른쪽 페이지에는 자습시간에 그날 배운 내용을 복습하면서 다시 정리했다. 노트 정리는 나중에 봐도 잘 이해할 수 있도록 자신에게 맞는 방법으로 하면 된다. 글씨를 예쁘게 쓸 필요도 없고, 여러 가지 색을 지나치게 많이 사용하는 것은 오히려 시간만 많이 들며 본질을 놓칠 수 있다. 나는 노트를 정리할 때 주로 세 가지 색을 사용했다. 검정색은 전체 내용 정리, 빨간색은 용어 정리, 파란색은 핵심 내용 정리에 사용했다.

자투리시간(점심시간, 학교 끝나고 저녁식사 전, 자습시간 전)을 이용해 과목별로 정리된 노트를 3일마다 반복해서 봤고, 이해되지 않는 부분이 있으면 선생님을 찾아가서 다시 질문했다. 매주 토요일에는 한 주 동안 배운 내용을 A4 용지 한 장에 도식을 그려가며 과목별로 정리했다. 한 과목을 3일마다 반복해서 복습하고 일주일마다 총정리한 덕분에 시험기간에는 열 장 미만의 종이들만 훑어보면 충분했다. 나는 이것을 '1－3－7 전략'이라고 불렀는데, 한 과목을 3일마다 반복해서 보고 7일마다 총정리했다는 의미에서다. 이 '1－3－7 전략' 덕분에 시험공부에 필요한 시간이 줄어들었고 벼락치기를 할 필요도 없었다. 밤을 새워가며 머리가 터지게 외울 필요도 없었다.

• • •

왜 이렇게 악착같이 공부했냐면, 돈을 많이 버는 의사가 되고 싶었기 때문이다. 한국에서 초등학교와 중학교 정규교육을 받지 못했는데 고등학교에서라도 제대로 하지 않으면 의대에 갈 수 없다고 생각했기에 최선을 다할 수밖에 없었다. 나는 '남들이 다 하니까 나도 한다'는 마음가짐으로 공부하지 않았고, '그냥 해야 하니까' 하지도 않았다. 남들이 다 하기 때문에, 그냥 해야 하니까 하는 공부만큼 손해인 것은 없다. 공부는 목적을 가지고 하는 '장기 투자'다. 그런데 목적이 분명하지 않다면 그 시간에 차라리 아르바이트를 해서 돈을 버는 것이 더 이익일 수 있다. 다소 이기적으로 보일 수도 있지만 나는 철저히 나를 위한 공부를 했다. 공부를 통해 돈을 많이 버는 의사가 되고 싶었다. 한국에 온 후 드라마를 보면서 하얀 가운을 입은 의사들이 안정된 직업과 가정을 가지고 생활하는 모습이 부러웠다. 또 열정적으로 환자들을 치료하는 모습에 깊은 감명을 받기도 했다. 하지만 그런 이유만으로 많고 많은 '사'자 직업 중에서 굳이 의사를 택한 것은 아니었다.

북한에서 길거리 생활을 할 때 병원에 간 적이 있었다. 하지만 돈이 없어서 치료도 제대로 받지 못한 채 쫓겨나듯 병원을 나왔다. 나는 치료가 필요한 사람들을 내쫓는 의사가 아니라 도와주는 의사가 되고 싶었다. 외할아버지는 북한에서 의사로 일했는데, 어렸을 때 외할아버지와 잠시 함께 살았던 때의 경험도 의사를 꿈꾸는 동력이 되었다. 할아버지와 산에서 약초를 캐고 왕진을 다니면서, 할아버지에게 고마움을 표하는 사람들을 많이 만났다. 거리에서 살면서 천대받았던 나는 할아버지처럼 사람들의 존경을 받고 싶었다. 그때 품었던 바람이 의사라는 꿈의 불에 기름을 부었던 것이다.

그렇게 꿈을 토대로 철저히 나를 위한 공부를 하면서 공부에는 목적이 있어야 하고, 또 올바른 습관이 있어야 한다는 사실을 알게 되었다. 목적은 어려움에 봉착할 때 극복할 수 있는 힘을 주고 게을러지면 채찍질하기도 하는, 피할 수 없는 마음의 선생님이었다. 올바른 습관이란 자신에게 가장 잘 맞는 학습법으로, 효과적이고 능률적으로 공부할 수 있게 돕는 도구였다. 나는 공부를 해야 하는 분명한 목적이 있었기에 시행착오를 거치는 동안에도 좌절하지 않을 수 있었고, 또 나에게 맞는 올바른 습관을 찾으면서 전략적이고 치밀하게 공부할 수 있었다. 그 결과, 1학기 성적은 상위권이었다. 중학교에서 전교 꼴등이었고 간신히 검정고시를 통과했던 내가 고등학교에서 상위권을 차지한 것은 기적이었다. 모두 내게 맞는 공부법을 찾고 습관화한 덕분이었다.

'세 살 버릇 여든까지 간다'는 속담처럼 습관은 '제2의 천성'이다. 바른 공부습관을 잡기 위해 나는 의지와 노력, 그리고 시간을 투자했다. 힘든 훈련의 시간이었고, 중간중간 포기의 유혹이 끊임없이 찾아왔다. 가장 설득력 있는 유혹은 '이렇게 열심히 안 해도 먹고살 수 있는데 굳이 이렇게까지 할 필요가 있나?'와 '인생에 공부가 전부는 아닌데……'였다. 이런 생각이 머리를 휘저을 때면 다른 생각으로 맞받아쳤다.

'열심히 안 해도 먹고는 살겠지만 한 번뿐인 인생, 최선을 다해 살지 않으면 분명히 후회할 거야.'

'인생의 전부가 아닌 공부도 극복 못하면서 어떻게 인생의 전부를 제대로 살아낼 수 있겠어?'

이렇게 스스로를 세뇌하며 강력한 유혹에도 굳건히 버텼다. 이런 모습은 주변에 성실함과 끈기로 비춰졌고 선생님들의 도움을 이끌어냈다. 특히 어려울 때 나를 가장 많이 응원해준 사람은 교장선생님과 사모님이었다. 고등학교 생활이 시작되면서 학교 기숙사에서 지냈지만 방학 때는 여전히 교장선생님 댁에 머물렀다. 시간이 지나서 나를 도와준 선생님들께 여쭈어보자 "공부를 포기하지 않으려고 아등바등하는 모습이 대견해서 도와주지 않을 수가 없었다"고 했다. 나는 석두였기 때문에 돌에다 글을 새기려면 남들보다 더 노력해야 했다. 하지만 포기로 노력을 배신하지 않는 한, 노력은 절대로 나를 배신하지 않고 하늘도 스스로 돕는 자를 돕는다는 것을 깨달았다.

영어 분투기

5

돌에 글씨를 새기는 마음으로 '바보의 공부법'

1) 목표를 다시 한번 생각해본다.

2) 나를 다른 사람이라고 가정하고 객관적으로 현재의 내 모습을 바라본다.

3) 이 사람이 얼마나 노력해야 목표를 이룰 수 있을지 판단해본다.

4) 다시 나의 상황으로 받아들인다.

5) 느리게 가더라도 꾸준히 간다.

성주's comment

"종이에는 펜으로 글을 쓰지만 돌에는 정으로 글을 새긴다!"

저는 의사가 되고 싶었습니다. 그럼 그때의 저를 한번 들여다볼게요. 나이는 같은 반 친구들보다 세 살이 많았고 공부는 그보다도 3년은 뒤처진 것 같습니다. 고등학교를 졸업하기 전까지 친구들을 따라잡으려면 세 배는 노력해야겠죠. 기초가 없으니 빨리 가려고 해봤자 실패할 게 빤하고요. 싫지만 인정하고 받아들이기로 했습니다. 그러자 갈 길이 분명해졌습니다. '벼락치기는 그만두고 좋은 습관을 기르며 평소에 열심히 하자. 어차피 빨리는 못 갈 테니 조급함을 버리고 느리더라도 꾸준히 가자'라고요. 사실은 저도 급하게 공부했던 중학교 검정고시 내용을 깡그리 잊어버리고서야 얻은 깨달음이었어요.

조선시대 뛰어난 시인이자 유명한 둔재인 김득신의 아버지는 "학문의 성취가 늦다고 성공하지 말란 법이 없다"고 아들에게 말했습니다. 객관적으로 판단한 내 모습이 성에 차지 않더라도 포기하지만 않으면 결국은 성취에 가닿을 수 있는 법입니다!

회화의 시작은 '앵무새'다

지구촌고등학교에는 영어독해반과 영어회화반이 있었다. '1-3-7 전략'으로 공부한 덕에 영어독해 점수는 중간은 되었지만, 문제는 회화였다. 독해는 단어와 숙어만 외우면 어느 정도 점수가 나왔지만, 회화는 상대의 말을 이해하고 답하는 것이 포인트였기에 암기만으로는 해결되지 않았다. 회화시간에는 한마디도 못하는 날이 많았다. 무엇을 말해야 할지 알기는 했지만 입으로 나오는 데까지 걸리는 시간 때문에 타이밍을 놓치기 일쑤였고, 수업이 끝나면 항상 뒤늦은 후회가 밀려왔다. 말하는 영어에 익숙하지 않은 탓이었다. 1-3-7 전략은 노트 정리와 복습을 위주로 한 공부법이었기에 아무래도 쓰기와 시험에 집중돼 있었다. 하지만 회화는 작문과 지문 독해만으로는 당연히 불가능했고, 이제 다른 전략이 필요하다는 판단이 들었다.

새롭게 선택한 전략은 '앵무새 전략'이었다. 인간과 새를 비교하는 것은 우스운 일이지만, 초기 영어 공부 전략은 앵무새처럼 따라 하는 습관을 들이는 것이었다. 나와 앵무새의 차이점이 있다면 자발성의 유무뿐이었다. 앵무새는 주인의 즉각적인 칭찬과 보상의 반복적 훈련을 통해 특정 상황에 맞는 언어를 습득한다. 하지만 나는 그 누구의 칭찬이나 어떤 보상도 없이 자발적으로 영어를 습득했다. 그리고 또 한 가지 차이라면, 앵무새는 주인의 말을 따라 하지만 나는 선생님의 말을 따라 했다는 것이다.

학교에 가면 영어를 가르치는 에이미 선생님을 제일 먼저 찾아갔다. 선생님이 영어로 이야기하면 한국말로 받아 적은 후 종일 입으로 소리 내면서 연습했고, 다음날 인사와 함께 연습했던 말을 그대로 건넸다. 수업시간에도 뜻을 알든 모르든 선생님의 말을 무조건 받아 적었고 입으로 익힌 다음 다시 선생님에게 그대로 말했다. 처음에는 선생님의 말을 앵무새처럼 따라 하는 내 모습에 당황한 듯했지만, 계속 반복되는 상황에 그것이 나의 공부법이라는 사실을 눈치챈 후 선생님도 적극적으로 도와줬다. 이후 내가 인사할 때마다 선생님은 어린아이에게 하듯 또박또박 천천히 답해줬고, 틀린 억양과 발음도 하나하나 상세히 교정해줬다.

내가 입으로 가장 먼저 완벽하게 익힌 문장은 "I don't know"와

"Could you explain what it means?"였다. 이것만 말하면 새로운 것을 배울 수 있었다. 마치 어린아이가 처음 말을 익힐 때 부모의 말을 그대로 따라 하듯이 선생님의 말을 계속해서 반복했다. 상황에 대한 고려도 잊지 않았다. 회화는 상황에 맞는 이야기를 하는 것이 포인트고, 그러기 위해서는 살아 있는 표현들을 익혀야 했다. 그래서 에이미 선생님의 말을 받아 적을 때 그 말이 어떤 상황에서 나왔는지도 빠짐없이 적었다. 그리고 비슷한 상황이 발생하면 암기한 문장과 표현을 사용했다. 시간이 지나면서 영어와 상황이 서로 연결되기 시작했고, 특정 상황 또는 물건을 보면 나도 모르게 영어가 입 밖으로 튀어나왔다.

• • •

앵무새는 틀리는 데에 두려움과 창피함을 느끼지 않는다. 하지만 앵무새 전략을 구사하면서 내가 가장 극복하기 어려웠던 것은 실수에 대한 두려움과 창피함이었다. 영어를 공부할 분명한 목적을 설정했다면 다음 단계는 두려움과 창피함을 극복할 의지를 키우는 일이다. 그때 내가 도입한 것이 이른바 '철판 전략'이었다. '내 얼굴은 철판이다', '나는 아무것도 부끄럽지 않다'라고 스스로에게 주문을 걸곤 했다. 주변의 시선을 개의치 않고 아침에는 무조건 에이미 선생님을 찾아갔고, 수업시간에도 모르는 것이 있으면 끊임없이 질문을 던졌다. 처음에는 선생님과 학우들 모두 얼굴을 찌푸리며 불편해했다. '어떻게 저 것도 모르지?'라는 생각이 표정에 그대로 드러났다. '창피한 줄도 모르고 자기가 궁금한 것을 물어보는 이기적인 사람'이라고 뒤에서 수군거리는 친구들도 있었다.

나로 인해 수업시간이 길어지거나 진도가 더디게 나갔으므로 당연히 친구들에게 미안했다. 하지만 창피하진 않았다. 배움에는 창피함이 없다고 스스로를 합리화했다. 모르는 것이 창피한 것이 아니라 모르는데 알려고 하지 않는 것이 진짜 창피한 일이라고 생각했다. 하지만 원활한 수업 진행을 위해 질문은 쉬는 시간에 하라는 선생님 말씀에 동의했고, 이후 되도록 수업시간에는 질문을 삼갔다. 대신 선생님께 양해를 구해 수업을 녹음한 뒤 저녁에 기숙사에서 반복해서 들었다. 다행히 시간이 지나면서 친구들과 선생님은 영어에 대한 욕심과 노력을 열정으로 봐주었고 때로는 나를 도와주기도 했다. 만약 실수가 두렵고 창피해서 소극적으로 굴었다면 영어 실력은 제자리에 머물렀을 것이다.

하지만 얼굴에 철판을 깔아가며, 다른 친구들에게 미안함을 느끼면서까지 열심히 공부했는데도 한동안은 영어에 별다른 발전이 없었다. 정확히 표현하자면 '성적'은 올라갔지만 '실력'은 그대로였다. 솔직히 처음에는 영어시험에서 100점을 맞는 것을 목표로 세웠고, 실력 향상은 뒷전이었다. 오직 좋은 점수를 받기 위해 공부할 때는 머리가 터지게 외우는 것이 답이었다. 덕분에 높은 점수를 받았지만, 문제는 시험이 끝남과 동시에 힘들게 외운 단어와 문장이 마법처럼 머릿속에서 사라졌다는 것이다. 그때 점수가 실력을 대변하는 것은 아니라는 사실을 깨달았다.

'어떻게 영어 실력을 향상시킬 수 있을까.' 1학기 중간고사가 끝난 후 최대 고민이었다. 친구들에 비해 상대적으로 높은 영어 점수를 보면서 선생님들은 "네 고민은 영어에 대한 지나친 집착"이라고 이야기하기도 했다. 주변에서는 이 정도면 우수한 성적으로 고등학교를 졸업할 뿐만 아니라 서울에 있는 좋은 대학도 갈 수 있을 것이라고 했다. 하지만 만족할 수 없었다. 점수만 높은 것은 의미가 없었다.

단순히 시험에 통과하는 것이 목적이라면 그저 시험에 필요한 지식과 요령을 익히면 된다. 그러나 교실과 시험장에서만 통하는 영어가 아니라 외국인을 만나도 당황하지 않고 자유롭게 이야기할 수 있는 영어를 원한다면 요령이 아니라 실력을 쌓아야 한다. 선택은 내가 하는 것이었다. 시험을 위해서만 공부할 때 나는 외국인을 만나면 얼굴이 빨개져서 서둘러 자리를 피하려고 했다. 그러나 영어 실력 향상을 목적으로 공부하니 어느 순간부터 그 자리를 즐기고 있었고, 결국엔 대학생 때 적은 시간을 들였음에도 토플과 아이엘츠에서 좋은 성적을 받았다. 하지만 실력 향상을 위한 공부법을 터득한 것은 나중의 일이고, 이때는 그저 앵무새 전략의 습관화를 매일 실천하면서 영어 성적과 실력이 차이나는 이유를 찾으려고 했지만, 좀처럼 알 수가 없었다.

• • •

설상가상으로 에이미 선생님이 1학기를 마치고 미국으로 귀국한다는 이야기를 들었다. 이제 짓기 시작한 나의 '영어 집'이 채 완성되기도 전에 무너지는 기분이었다. 선생님을 만날 때마다 "Teacher, don't go back to the United States"라고 이야기했다. 선생님은 웃으면서 미국에 돌아가야 한다고, 하지만 한국에 다시 돌아올 것이라고 했다. 마침내 에이미 선생님이 귀국하는 날이 찾아왔다. 선생님은 떠나기 전 내게 영어 애니메이션 DVD를 선물로 주셨다. 〈슈렉〉, 〈알라딘〉, 〈라이언 킹〉, 〈니모를 찾아서〉였다.

"이걸 매일 보면서 애니메이션 속에 등장하는 캐릭터가 되는 연습을 하렴."

영어를 공부하다가 모르는 표현이 있으면 매일 아침 선생님에게 물어봤던 것처럼, 영화 속 대사를 노트에 받아 적고 매일 연습하라고 했다. 그리고 한마디를 덧붙였다.

"영어를 정복하고 싶으면 무엇보다 자기 자신을 믿어야 해. 절대로 포기하지 마."

물론 이 이야기들은 선생님이 영어와 한국어에 몸짓을 섞어가며 전해준 것이다. 매일 아침 선생님과 인사했지만 이처럼 진지하게 오랫동안 이야기한 적은 없었다. 선생님과 헤어지는 일도 슬펐지만, 그보다 이제 영어를 연습할 수 있는 대상이 없다는 사실이 나를 더 슬프게 했다. 하지만 아무리 슬퍼한다고 해도 현실은 바뀌지 않았다. 앞으로 어떻게 공부할지 고민하다가 선생님과 대화하면서 메모한 노트를 펼쳤다. 선생님의 말을 다시 한번 정리해보면 이랬다.

'매일 영어 공부를 해라. 영화 속 캐릭터가 되어라. 노트에 정리해라. 그리고 절대로 포기하지 마라.'

이 말을 마치 유언과도 같이 비장하고 중요하게 생각하고 지키리라 다짐했다. 그날부터 학교 수업이 끝나면 컴퓨터실로 달려가 선생님이 선물해준 애니메이션을 보기 시작했다. 하지만 캐릭터의 대사를 따라 하려고 시도해도 말이 빨라서 쉽지 않았을 뿐 아니라 주변에 친구들도 있어서 입속으로만 중얼거렸다. 0.5배속으로 느리게 재생해도 빠르게 느껴졌고, 그보다 더 느리게 재생하면 이번엔 말이 너무 늘어져서 알아들을 수가 없었다.

모르는 표현을 노트에 적으려니 애니메이션 전체를 적어야 했다. 다른 과목도 공부해야 하는 상황에서 이 방법을 계속하는 것은 현명한 선택이 아니었다. 우선 에이미 선생님이 말해준 영어 공부의 첫 번째 원칙 '매일 영어 공부를 하라'를 지키기 위해 일주일간 영화들을 모두 봤다. 한글자막 덕분에 내용은 이해했지만 영화 속 영어 표현은 머리에 남아 있지 않았다. 영어를 공부하는 것이 아니라 그냥 영화를 시청하는 느낌이 들었고, '이렇게 계속 영어 공부를 해야 하나' 하는 의구심이 피어올랐다.

결국 영화로 영어를 공부하는 것은 포기했고, 대신 단어장과 문제집을 사서 열심히 외우고 풀었다. '영화 속 캐릭터가 되어라'라는 선생님의 조언은 지키지 못했지만 '매일 영어 공부를 해라', '노트에 정리해라', '그리고 절대 포기하지 마라'라는 말은 반드시 지키리라 다짐했다. 하루도 빠짐없이 매일 영어 공부를 했고, 나만의 영어노트를 만들어서 모르는 내용을 정리했다. 사실 영어 공부를 매일 하는 것은 쉽지 않았다. 더욱이 이것은 나와의 약속이었기 때문에, 공부를 하다가 힘들 때면 '나와의 약속은 어겨도 어떤 불이익도 없잖아'라는 생각이 들면서 포기의 유혹이 강하게 밀려들었다. 하지만 곧 생각을 고쳐먹었다. 나와의 약속을 어겨 스스로에 대한 신뢰를 잃는다면, 타인에게 신뢰를 얻는 일은 아예 불가능하다는 생각이 들었기 때문이다. 무엇보다 한국에서의 유일한 가족인 아버지와도 떨어져 부산에서 혼자 공부하는 내가 스스로에게 실망감을 안긴다면, 그것은 가장 큰 후원자이자 지지자를 잃는 일이었다.

이제 나와의 약속은 그 누구와의 약속보다 중요하고 소중한 것이 되었다. 나는 스스로에게 부끄럽지 않기 위해, 나를 실망시키지 않기 위해 매일 책상 앞에 앉았다.

• • •

여담이지만 에이미 선생님을 생각하면 늘 떠오르는 장면이 있다. 내가 지구촌고등학교에 입학하기 위해 영어면접을 볼 때의 일이다. 몇 개월간《성문 영어》로 공부했지만 영어로 면접을 볼 정도는 아니었다. 순서를 기다리면서 미리 외워둔 인사와 소개를 중얼거리며 쉴 새 없이 연습했다. 하지만 막상 차례가 되어서 원어민 선생님을 보자 그대로 굳어버렸다. 머릿속이 백지가 된 느낌이었고 입은 열리지 않았다. 예전에 만났던 미국인 선교사 밥과의 악몽이 떠오르면서 다리가 떨렸다. 선생님이 다가와서 나를 의자에 앉히고 질문하기 시작했다.

머리를 푹 숙인 채 "헬로우 티처, 마이 네임 이즈 이성주. 홈타운 이즈 노스 코리아. 아이 라이크 사커. 아임 슈트던트" 등 아는 단어와 문장을 나열했다. 선생님이 펜으로 책상을 똑똑 두드리더니 영어로 뭐라고 했지만 잘 들리지 않았다. 그저 "예스"와 "땡큐"를 반복할 수밖에 없었다. 갑자기 선생님이 한국어로 "머리 들어. 영어면접 안 돼"라고 했다. 그리고 완벽하지는 않지만 이해할 수 있는 한국어로 "이름은 에미이고 지구촌고등학교 영어 선생님"이라고 했다. 이름이 웃겨서 피식 웃음이 새어나왔다. 에미는 북한에서 어머니를 낮추어 부르는 속어였기 때문이다. 전에 만났던 선교사 밥도 그렇고, 앞에 앉아 있는 선생님 에미도 그렇고 미국 사람들의 이름은 왜 이렇게 웃기냐고 물었다. 선생님은 별다른 설명 없이 그저 웃기만 할 뿐이었다. 도저히 영어로 면접을 진행할 수 없었던지 에미 선생님은 “끝 면접”이라고 했다. 10분도 안 되는 시간이었지만 10년처럼 느껴졌고, 면접장을 나오면서 비로소 해방의 기쁨을 느꼈다.

저녁에 교장선생님 부부와 밥을 먹으면서 면접에 대한 이야기를 나누었다. 에미 선생님의 이름이 제일 재미있었다고 했더니 사모님은 ‘에미’가 아니라 ‘에이미(Amy)’라고 알려줬다. 에이미든 에미든 나한테는 비슷하게 들렸지만 말이다. 고등학교 입학이 결정되고 얼마 뒤 학교 정문에서 우연히 에이미 선생님을 만났다. 피하고 싶었지만 선생님이 나를 불러 세웠기에 웃으면서 “헬로우”라고 했다. 선생님은 “영어 공부, 열심히 하고 있어?”라고 물었고 나는 “예스”라고 답했다. 그리고 앞에서 말했듯 에이미 선생님은 내가 학교에 입학한 이후 영어 공부를 물심양면으로 도와주었다. ‘절대 포기하지 마라’는 선생님의 조언은 그 뒤로도 영어를 공부하면서 난관에 부딪힐 때마다 나를 지탱해준 힘 중 하나였다.

영어 분투기 6

앵무새 전략 버전 업! 대세는 영상이다

1) 영어 영상과 노트를 준비한다. 처음에는 쉬운 애니메이션을 선택하길 권한다.
2) 한글자막으로 영상을 보면서 캐릭터의 대사를 따라 말한다.
3) 속도가 너무 빨라 따라 할 수 없다면 재생속도를 늦추어서 시도해 본다. 이때 0.5배속보다 더 느리게 하면 알아들을 수 없을 정도로 발음이 늘어지니 주의해야 한다.
4) 따라 말할 수 없는 표현을 모조리 노트에 받아 적는다.
5) 좋은 표현은 노트에 별도로 정리해 반복적으로 따라 말한다.
6) 영상 속 영어를 모두 따라 말할 수 있을 때까지 매일 연습한다.

성주's comment

"하루 종일 영어만 할 거니?"

결론부터 말하자면 결국 포기한 방법입니다. 왜 그랬을까요?

문제점 1 처음부터 따라 말하려고 했다

저는 아는 영어 표현이 거의 없었기 때문에 0.5배속으로 애니메이션을 보는데도 따라 말할 수 있는 대사가 없었어요. 게다가 내용도 모르는 영상이었죠. 처음부터 따라 말할 수 있을 리 없었던 겁니다. 수준에 안 맞게 높은 목표를 세운 셈이죠.

문제점 2 한글자막으로 영상을 봤다

알아들을 수 없는 영어 표현과 잘 읽히는 한글자막, 어디에 집중하게 될까요? 당연히 한글자막이겠죠. 한글자막으로 영상을 보면 자막에 집중하게 됩니다. 결국 그냥 영화를 보는 거나 마찬가지예요. 영화만 본다고 영어가 는다면 그동안 봐온 할리우드 영화만으로도 우리는 모두 영어 천재가 되었을 겁니다.

문제점 3 시간이 오래 걸렸다

전 하루에 애니메이션 한 편을 봤고 모르는 표현을 전부 썼어요. 아는 게 없었으니 한 편을 통째로 써야 했죠. 4시간을 받아써도 다 적을 수 없었습니다. 오래 공부하면 좋은 거 아니냐고요? 소득 없이 오래만 하면 지칠 수밖에 없습니다. 지치면 포기하게 됩니다. 그럼 답이 나오죠. 터무니없이 오래 걸리는 것도 문제 중의 문제입니다!

처음에는 실패했지만 나중에는 영상으로 영어를 공부하는 최적의 방법을 찾아냈습니다. 곧 소개할 테니 조금만 기다려주세요!

'그다이 마잇', 책으로 배우는 영어의 한계

처음으로 영어권 나라에 나가본 것은 고등학교 2학년 겨울방학 때였다. 지구촌고등학교는 호주에 있는 학교와 방학마다 '교환학생 프로그램'을 진행했는데, 그해에는 감사하게도 내가 선발되었다. 설레는 마음으로 인천공항에서 수속을 마치고 비행기에 올랐다. 내 자리는 창가 쪽이었고 그 옆에 이미 백인 여성이 앉아 있었다. 호주까지 가는 동안 영어 연습을 할 수 있겠다는 생각에 기뻐서 인사를 건넸다.

"Nice to see you."

영상으로 영어를 공부하는 것은 포기했지만, '지문을 읽고 문제를 푸는 영어'보다 '말하는 영어'가 중요하다는 점은 이미 절실히 깨달은 때였다. 그래서 기회만 생기면 짧은 실력으로나마 영어를 사용해 말하고자 노력하고 있었는데, 비행기에서 우연히 외국인을 만났으니 반가운 마음에 덥석 인사를 한 것이다. 그런데 그녀는 놀란 표정을 지으며 자기를 아냐고 물었다. 나는 당연히 모른다고 답했다. 그녀의 반응이 이상해 생각해보니 'Nice to meet you'라고 해야 했는데 급한 마음에 'Nice to see you'가 나오고 말았던 것이다.

한동안 정적이 흘렀다. 기내식을 먹으면서 다시금 용기를 내어 "This is delicious"라고 말을 건넸고 그녀는 가만히 고개를 끄덕였다. 식사가 끝나고 다시 정적이 흐르려는 찰나, 재빨리 나를 소개했다.

"My name is Sungju Lee, I am 21 years old. I am Korean and now going to Australia."

기억을 되살려보니 이렇게 더듬더듬 소개한 생각이 난다. 그녀도 자기를 소개했고 웃으면서 호주에 가는 것은 당연히 안다고 말했다. 호주행 비행기를 타고서 호주에 간다고 말하다니, 아마도 퍽 긴장했던 모양이다. 그리고 더 이상 할 말이 없어서 몇 살이냐고 물었다. 그때까지만 해도 서양에서 상대의 나이를 묻는 것이 실례라는 사실을 몰랐다. 그녀는 피곤하다며 고개를 돌렸고 그렇게 대화는 끝나고 말았다.

• • •

호주에 도착하니 아침이었다. 공항에는 60대 초반의 아저씨가 내 이름이 적힌 종이를 들고 기다리고 있었다. 다가가서 인사하려는 순간, 아저씨가 먼저 나를 알아보고 성주냐고 물었다. 앞으로 호주에서 머물 집의 주인아저씨였다. 차를 타고 집으로 향하는 길에 몇 마디를 주고받았다. 홈스테이 주인아저씨는 손으로 밖을 가리키며 열심히 이야기했지만 거의 알아듣지 못했다. 그래도 이해한 척 고개를 끄덕이면서 "I see"만 반복했다.

호주의 뜨거운 공기뿐 아니라 둘이서 타고 있는 차 안의 불통으로 인해 숨이 턱턱 막혔다. 인천공항에서 설렜던 마음은 어느덧 사라지고 '언어도 통하지 않는데 앞으로 한 달간 살아남을 수 있을까' 걱정되었다. 홈스테이로 머물 집은 브리즈번 외곽에 위치한 단독저택이었다. 앞마당이 축구장만 했고 뒤로 나무와 개울도 있었다. 집 오른쪽에는 용과밭이, 왼쪽에는 패션프루트밭이 있었다. 홈스테이 아저씨와 아주머니는 은퇴 후 취미로 농작물을 키우고 있었다. 가끔씩 손주들도 집에 놀러와서 앞마당에서 공을 차며 같이 어울렸다.

학교는 집에서 통학버스를 타고 1시간 반 정도 가면 있었다. 등교할 때는 제일 먼저 버스에 오르고 하교할 때는 제일 마지막으로 버스에서 내렸다. 나는 주로 중국과 일본에서 조기유학을 온 친구들과 ESL(English as a Second Language) 교실에서 영어를 공부했다. 대부분 나보다 네다섯 살 어린 친구들이었다. 자기소개를 하는 시간에 "My name is Sungju Lee, and I am from Korea"라고 하자, 한 친구가 손을 들면서 "Which Korea?"라고 질문했다. 순간 답을 할 수 없었다. 질문을 이해하지 못해서가 아니라 북한(North Korea)인지 남한(South Korea)인지 판단이 서지 않았기 때문이다. 내가 머뭇거리자 교실에는 정적이 흘렀고 친구들의 이목이 집중되었다. 잠시 고민하다가 마침내 입을 열었다.

"Both Korea."

그러자 친구들은 "그런 Korea가 어디 있냐"고 물었고 나는 '왜 Both Korea인지' 더듬더듬 설명했다. 태어나서 처음 영어로 북한과 남한을 연결해서 이야기했다. 남한과 북한은 현재 분단되어 있으며, 나는 열여섯 살까지 북한에서 살다가 그곳의 어려운 경제사정 때문에 탈북해서 지금은 대한민국 국민으로 살고 있다고 했다. 어려서 자란 곳은 북한이고 지금 살고 있는 곳은 남한이기 때문에, 북한도 남한도 내 나라라고, 그래서 'Both Korea'라고 설명했다.

단어와 문장이 생각나지 않아 잠시 천장을 쳐다보기도 하고, 친구들의 호기심 어린 시선이 부담스럽게 느껴질 때면 '그냥 South Korea라고 했으면 좋았을 것을 사서 고생한다'고 후회하기도 했다. 그러나 말을 하고 나니 오히려 속이 시원했다. 수업이 끝나고 놀라운 일이 벌어졌다. 친구들이 내게 몰려들어서 어떻게 북한에서 살았는지 그리고 어떻게 탈북을 했는지 등 다양한 질문을 던졌다. 북한에서 왔다는 이유로 관심 대상이 된 것이다. 친구들의 질문을 제대로 다 이해하지는 못했지만 가능한 최선을 다해 답해주었다.

그때 영어는 '관계'라는 생각을 했다. 아직 영어가 능숙하지 않은 상태에서 상대에게 생소한 이야기를 설명하는 일이 쉽지 않았다. 두서없이 되는대로 말할 수밖에 없었고, 당연히 전달하고픈 메시지를 제대로 전할 수 없었다. 정확히 어떤 이야기를 나누었는지는 잘 기억나지 않지만, 친구들로부터 "네가 살아서 북한을 탈출해 지금 호주에서 영어를 배울 수 있어서 감사하다"는 말을 들은 것은 분명하게 생각난다. 그 외에도 다양한 이야기를 해줬지만 거의 이해할 수 없어서 그냥 "Thank you"라고만 했다. 그러면서 영어는 다양한 사람들에게 나를 표현하는 도구라는 사실을, 깊은 관계를 맺어가려면 나를 풍부하게 표현할 수 있어야 한다는 사실을 절실히 깨달았다. 이제 '관계로서의 영어'라는 새로운 화두가 주어진 것이다.

학교가 끝나고 버스를 타고 집으로 가는 길, 한국 사회에 정착하면서 고민하고 있었던 나의 존재에 대해 더 깊이 생각했다. 종일 친구들과 나누었던 남과 북의 이야기가 머릿속에 잔상으로 남아 있었고, 그들에게 나는 남북을 모두 알고 있는 사람이었다. 그렇다면 언젠가 남과 북을 연결하는 다리가 될 수도 있겠다는 생각이 스쳐지나가면서, 북한과 한국에 있을 때는 모호하기만 했던 나의 정체성이 조금씩 뚜렷해졌다. 나는 북한 사람인 동시에 한국 사람이다. 그리고 남과 북을 합치면 한반도가 된다. 그렇게 '한반도인'이라는 새로운 정체성을 찾을 수 있었다.

이전까지 '나는 누구인가'라는 질문과 싸워왔다면 이제 '나는 무엇을 해야 하는가'라는 고민을 시작할 때였다. 한반도인이라면 무엇을 해야 하는지에 대한 고민은 곧 꿈에 대한 고민으로 확장되었다. 지금까지 열심히 공부해 의사가 되겠다는 목표만 생각했는데 이제는 인생의 궁극적인 방향인 꿈을 점검하고 설계해야 했다. 나를 제대로 발견하기 전과 후의 인생의 무게가 다르게 느껴졌고 두려웠다. 영어를 배우러 호주에 왔는데 그곳에서 나를 발견할 줄은 생각도 못했다. 버스 기사 아저씨가 옆으로 와서 어깨를 툭 치며 내리라는 손짓을 해서야 집에 도착했다는 사실을 알았다.

저녁식사 후 홈스테이 가족과 차를 마시며 북한에서 어떻게 살았는지 이야기했다. 주인 부부는 귀국 전에 한 번 교회에서 나의 이야기를 들려주면 어떻겠냐고 물었다. 아직 많은 사람들 앞에서 이야기할 영어 실력이 아니라고 사양했다. 하지만 부부는 "매일 저녁 그냥 편하게 이야기해주면 사람들 앞에서 말할 수 있도록 도와줄 테니 생각해보라"고 했다. 복잡한 생각으로 잠이 오지 않았다.

• • •

다음날 버스에 오르면서 기사에게 "굿모닝"이라고 인사했다. 버스 기사는 윙크를 하면서 "그다이 마잇"이라고 했다. 무슨 뜻인지 몰라

멋쩍게 웃고 자리에 앉았는데, 아이들도 버스에 오르면서 "그다이 마잇"이라고 말하는 것이었다. 나중에 찾아볼 요량으로 영어노트에 '그다이 마잇'이라고 적었다. 교실에 들어서니 같이 수업을 듣는 친구들도 "그다이 마잇"이라고 했다. 사전을 찾아봐도 뜻을 알 수 없어 옆에 앉은 친구에게 '그다이 마잇'이 무슨 말이냐고 물어봤다. 친구가 "긋다이 마잇"이라고 천천히 또박또박 이야기해주었지만 여전히 이해가 되지 않았다.

사전에서 비슷하게 발음되는 단어를 찾아서 조합하니 'good die might'이었다. 직역하면 '좋은 죽다 힘'이었다. 근데 왜 아침에 '좋은 죽다 힘'을 이야기하는지 알 수 없는 노릇이었다. 혹시 '메리 크리스마스'처럼 특별한 날에 건네는 인사인가 싶어서 친구에게 오늘 무슨 날이냐고 물어봤더니 그저 요일을 이야기해줄 뿐이었다. 특별한 날은 아니었던 것이다. 끝내 무슨 뜻인지 알아내지 못한 채 하루를 보냈다.

집에 가서 호주 만화를 보는데 거기에도 '그다이 마잇'이 나왔다. 주인 부부와 저녁에 이야기하면서 '그다이 마잇'의 스펠링을 물었다. 'good die might'이 아니라 'good day mate'였다. 부부는 이것이 '좋은 아침'과 같은 캐주얼한 인사라고 알려주었다. 교과서를 통해 배운 인사는 '헬로우, 하이, 굿모닝, 굿애프터눈, 굿이브닝' 등이 전부였다. 책에는 친구들 사이에서는 '하이'를 많이 쓰고 윗사람에게는 주로 시간에 따라 '굿모닝, 굿애프터눈, 굿이브닝'을, 혹은 시간과 관계없이

'헬로우'를 사용하면 된다고 나와 있었다. 그런데 사람들이 일상적으로 사용하는 다른 표현이 있다니, 신선한 충격이었다. 같은 영어인데도 지역에 따라 발음과 쓰임이 다를 수 있다는 것을 알게 되면서 교실과 책 속에서 배우는 영어의 한계를 피부로 느꼈다.

• • •

책으로만 배우는 영어의 한계를 깨달은 후, 실전을 통해 실력을 키우고자 했다. 실제로도 학교 ESL시간보다 집에서 만화를 보고 홈스테이 주인 부부와 이야기하는 시간이 훨씬 큰 도움이 되었다. ESL을 함께했던 친구들도 영어를 배우는 입장이었기 때문에, 실용적이고 정확한 영어 표현은 잘 몰랐고 수업을 듣는 것만으로는 회화 실력을 키우는 데 한계가 있었다. 학교가 끝나면 바로 집에 와서 만화를 봤다. 주인 부부의 손자손녀들이 놀러오면 함께 소파에 앉아서 과자를 먹으며 시청하기도 했다. 일고여덟 살인 아이들보다 스물한 살인 내가 더 집중해서 봤다.

그때 즐겨봤던 것들이 〈X-Men: Evolution〉, 〈Sheep in the Big City〉, 〈Harvey Birdman〉, 〈Attorney at Law〉와 같은 만화였다. 자막이 없어 처음에는 잘 들리지 않았지만 그냥 봤다. 다행히 만화는 단순한 상황이 전개되는 경우가 많아서 내용 파악이 어렵지 않았고, 등장인물들이 쓰는 표현들도 조금씩 귀에 들어왔다. 만화를 보다보면 비슷한 표현들이 자주 반복되어서 몇몇 표현은 굳이 외우려고 하지 않아도 자연스럽게 익힐 수 있었다. 그래도 이해되지 않는 내용이 있으면 홈스테이 아주머니에게 물어보곤 했다. 대화가 끝나면 아주머니는 내가 본 만화의 스크립트를 프린트해서 주었다. 만화 내용 전체가 이해되지 않았기에 품었던 궁금증이 오히려 스크립트를 더 열심히 보게 하는 계기가 되었다.

매일 저녁마다 주인 부부와 북한에서의 경험에 대해 이야기하고, 잠자리에 들기 전에는 스크립트를 큰 소리로 읽으면서 따라 적었다. 에이미 선생님의 말이 생각났다. "만화 속 캐릭터가 되어라." 예전에는 시도했다가 포기한 방법이었지만 지금이라면 할 수 있겠다는 생각이 들었다. 나는 만화 속 캐릭터를 열심히 흉내냈다. 등하굣길 버스 안에서 사람들이 있을 땐 조용히 스크립트를 읽었고, 아무도 없으면(물론 운전기사는 있었지만) 감정을 실어서 큰 소리로 읽었다. 처음에는 내가 괜찮은지 백미러로 힐끔힐끔 쳐다보던 운전기사가 나중에는 "You'd become a great actor"라고 이야기하면서 엄지를 들어주었다. 수업시간에는 아는 표현만 써가며 눈치와 몸짓으로 친구들과 대화하기 일쑤였다. 그런데 스크립트를 통해 새로운 표현을 배우고 발음도 교정하니 영어가 훨씬 늘었다. 수업시간에는 눈치가 늘었고, 만화 시청, 홈스테이 부부와의 대화를 통해서는 회화가 늘었다. 이제 나는 '외우는 영어 공부법'에서 서서히 탈출하고 있었다.

영어 공부는 전신 운동이다?!

호주에 온 지도 어느덧 4주가 지났고 귀국이 일주일 앞으로 다가왔다. 그날도 만화를 본 뒤 이야기를 나누는데 주인아주머니가 A4 용지 한 장 분량의 글을 주었다. 읽으면서 놀랐다. 4주간 내가 부부에게 들려준 이야기를 정리한 것이었다. 아주머니는 읽다가 잘못된 부분이 있으면 고쳐줄 테니 표시해달라고 했다.

아주머니가 글을 써준 이유를 짐작할 수 있었다. 3일 후면 호주에서의 마지막 일요일이었고 전에 권했듯이 북한에서의 삶에 대해 사람들 앞에서 말해줬으면 좋겠다는 것이었다. 아주머니는 자신들에게 이야기한 것처럼 담담하게 말하면 된다고 했다. 3일간 한 장으로 정리된 나의 이야기를 읽고 또 읽었다. 북한에서 어떻게 살았고, 북한을 탈출한 뒤 아버지와 한국에서 만나 어떻게 살고 있는지가 이야기의 중심이었다. 또 북한에 있을 때 교회와 선교사에 대해 배운 내용들도 서술돼 있었다. 실제로 인민학교 교재에는 북한에 들어온 선교사에 대한 이야기가 나온다. 한 굶주린 아이('명섭')가 선교사('허시몬') 집 사과나무에서 떨어진 사과를 주워먹다가 적발되었는데, 선교사가 소년을 나무에 묶고 이마에 청강수(염산)로 '도적'이라고 썼다는 이야기다. 그래서 북한 사람들은 기독교와 같은 종교를 나쁘게 보고 특히 선교사를 사람의 탈을 쓴 악마라고 가르친다고 이야기했었는데, 아주머니는 그 내용도 빼놓지 않고 정리해놓았다.

'이 이야기들을 모두 영어로 실수 없이 전할 수 있을까' 두렵고 걱정되는 마음에 읽고 또 읽었다. 발음이 잘되지 않는 부분은 아주머니에 물어보면서 수없이 반복해 연습했다. 호주에는 남북한이 갈라져 있다는 사실은 고사하고 한국이 어디에 있는지조차 모르는 사람도 있었다. 당연히 북한에서 많게는 300만 명의 사람들이 굶어죽는다는 사실도 대부분 몰랐다. 심지어 내가 북한에서 남한으로 '이민'을 갔다고 이해하는 사람도 있었다. 이들에게 한반도의 현실을 이야기하고 이해시키기에 나의 영어 실력이 너무 부족하다는 생각이 들었다. 불안해할 때마다 주인 부부는 "한국 사람들과 일본 사람들은 사람들 앞에서 영어로 말하기를 어려워하는 경향이 있다"고 하면서 "하지만 언어를 배우기 위해서는 자신감이 중요하다"고 다독였다.

"많은 사람들 앞에서 이야기하면 자신감이 생길 거야. 그러면 영어를 더 빨리 배울 수 있어."

그리고 일요일 아침, 예배가 끝난 뒤 특별시간이 나에게 주어졌다. 강단으로 올라가는데 온몸이 덜덜 떨렸다. 손에 난 땀 때문에 원고 곳곳이 젖어 있었고, 설상가상으로 글자가 지워져서 잘 보이지 않는 부분도 있었다. 큰일이었다. 용기란 용기는 모두 짜내 더듬더듬 원고를 읽어내려가는데, 이마에서 원고지로 떨어지는 땀이 보였다. 청중 쪽은 쳐다볼 엄두도 못 내고 원고만 뚫어져라 보며 간신히 이야기를 마쳤다. 그때였다.

"브라보!"

"와우!"

성도들이 기립박수를 치며 환호성을 외치고 있었다. 그제야 청중 쪽을 처음으로 바라보았다. 뭔지 모를 울컥함이 밀려들었다.

• • •

짧은 시간에 그렇게 많은 땀을 흘려보기는 태어나서 처음이었다. 어찌나 긴장했던지 집에 돌아오자마자 침대에 쓰러져 저녁까지 정신없이 잤다. 저녁을 먹으면서 주인 부부와 아들딸, 손자손녀들이 "교회에서 이야기 잘 들었다"며 격려해주었다. 정말 궁금한 마음에 물었다.

"내가 말하는 영어를 알아들을 수 있었나요? 솔직하게 답해주시면 좋겠어요."

한 달간 호주에 있으면서 영어가 어느 정도 늘었는지 확인받고 싶었다. 다들 괜찮았다고 했지만 항상 솔직했던 주인아저씨는 역시나 진실을 말해주었다.

"사실은 이해하기 힘들었단다. 하지만 중요한 건 그게 아니야. 사람들이 기립박수를 친 건 모국어가 아닌 영어로 많은 사람들 앞에서 이야기한 용기에 대한 진정한 감사였어. 용기를 냈다는 사실이 중요한 거야."

"아…… 역시, 알아듣기 힘들었군요. 그럼 두 분이 보시기에 처음과 지금을 비교하면 어때요? 제가 처음 왔을 때보단 영어를 잘하는 것 같나요?"

"영어 실력이 늘었다기보다는, 처음보다 영어를 훨씬 편하게 느끼는 것 같아."

영어권 나라에서 한 달 이상이나 공부했는데 실력이 별로 늘지 않았다고 하니 실망스러웠지만 그것이 현실이었다. 이전까지 책으로만 영어를 공부했던 내가 고작 한 달 만에 실력이 일취월장하리라 기대하는 것은 욕심이라는 생각도 들었다.

사실 글만 읽으면 홈스테이 부부와 내가 자연스럽게 대화를 나눈 것 같지만, 사실 우리는 손짓, 몸짓을 총동원하며 이야기를 나누곤 했다. 저녁마다 했던 대화는 '대화'라기보다는 '전신 운동'에 가까웠다. 이렇게 영어를 전신 근육을 통해 배우다보니, 하나를 배우면 굳이 외우지 않아도 오래 기억되었다. 머리뿐 아니라 손과 발이, 즉 온몸이 단어와 표현을 기억했기 때문이다. 물론 제대로 이해하고 익힐 때까지 많은 시간과 노력이 필요하긴 했지만 말이다. 영어는 단순히 입(말)이나 손(글)으로만 할 것이 아니라 온몸(생활)으로 공부해야 효과적이라는 사실을 배운 시간들이었다. 즉 살아 있는 영어를 몸으로 익히고 머리로 체계화하는 것이 중요했다.

• • •

어느덧 호주에서의 마지막날이 찾아왔다. 40일간의 프로그램을 마치고 공항에서 주인 부부와 작별인사를 나누었다. 그새 정이 들었는지 아저씨와 아주머니 모두 눈시울을 붉혔다. 나도 묘한 감정이 들었다. 수속을 마치고 비행기에 올라서 자리를 찾으니 처음 호주행 비행기를 탔을 때와 마찬가지로 창가 쪽이었고 옆에는 백인 남성이 앉아 있었다. "Excuse me"라고 이야기하고 좌석에 앉으면서 '지금 내가 상황에 맞는 말을 하고 있다'는 생각이 들었다. 짧은 문장이었지만 기뻤다.

전날 저녁 홈스테이 주인 부부와 나누었던 이야기가 떠올랐다. 아저씨는 외교관 출신이어서 세계 여러 나라를 다녔는데, 가장 오래 있었던 나라는 일본이라고 했다. 아주머니는 일본 사람들은 영어를 모르고 자신은 일본어를 몰라서 겪었던 어려움을 들려주면서 어떻게 일본어를 공부했는지도 알려주었다. 일본 드라마를 통해 일본어를 배웠다는 것이었다. 영어와 일본어가 달라서 자신의 언어 습득방법이 효과가 있을지 모르겠다고 하면서도 노하우를 상세히 전수해주었다. 다음 장에서 자세히 이야기하겠지만 간략히 정리하자면, 영화를 끊어서 보면서 표현을 따라 하고 해당 스크립트를 큰 소리로 읽으면서 받아 적는 것이 핵심이었다. 그때 처음으로 알게 된 사실은, 내가 학교에서 돌아오는 시간에 맞추어 아주머니가 의도적으로 만화를 틀어놨다는 것이다. 그리고 혹시나 재미없어 할까봐 손자손녀들을 불러서 같이 보게 했다는 것이다. 그렇게 아주머니는 내가 만화를 보고 영어를 공부하는 습관이 몸에 배도록 나 몰래 힘썼던 것이다.

"영어를 배우려는 성주의 간절함과 노력을 보면서 옛날 생각이 나더라고. 어떻게든 도와주고 싶었어."

간절함과 노력은 국적과 인종을 불문하고 사람의 마음을 움직인다. 호주에서 얻은 것은 비단 만화로 영어를 공부하는 방법 하나가 아니었다. 북한을 탈출한 뒤 처음으로 북한에 대해 관심을 가지게 되었다. 저주의 땅이었던 북한이 꿈의 대상으로 바뀌었다. 한반도인이라는 새로운 정체성을 찾았고, 돈을 벌기 위한 수단으로서의 직업이 아니라 꿈을 이루는 도구로서의 직업에 대해 생각하기 시작했다. 스물한 살에야 난생처음으로 심장을 뛰게 하는 꿈을 찾았다. 통일을 준비하는 것이었다. 통일은 나에게 고향으로 가는 유일한 길이었고, 잘 준비된 통일은 한반도의 새로운 번영의 기회라는 생각이 들었다. 남들이 보기에는 좀 독특한 꿈일지 몰라도 내게는 겨우 찾은 소중한 열정이었다. 통일을 준비하기 위해서는 남과 북뿐 아니라 주변의 나라(미중러일)들도 알아야 하고 영어로 쓰인 문서도 읽을 수 있어야 했다. 그러기 위해서는 교실과 책 속의 영어만으로는 어림도 없을 것이었다. 영어 점수보다는 실력을 쌓아야겠다고 굳게 다짐했다.

한국행 비행기 안에서 홈스테이 아주머니가 말해준 외국어 공부법을 자세히 보면서 촘촘하게 계획을 정리했다. 보통 영어를 배우러 나갈 때 들뜬 마음과 영어 정복의 포부를 가지고 계획을 짜기 마련인데, 나는 영어를 배우고 돌아올 때에야 비로소 원대하면서도 상세한 계획을 세울 수 있었다. 호주에 갈 때는 길게만 느껴졌던 비행시간이 이번에는 너무 짧게 느껴졌다.

• • •

홈스테이 아주머니는 영어 영화를 열두 편 정도 마스터하면 실력이 놀랍도록 향상될 것이라고 말했다. 자기도 일본에 있을 때 영화 열두 편을 마스터했더니 일본어를 편하게 할 수 있게 되었다고 알려주면서, 영화를 한번에 다 보지 말고 20분씩 끊어서 보는 게 포인트라고 조언해줬다. 영화를 본 후에는 항상 스크립트를 읽어보라는 충고도 잊지 않았다.

한국에 돌아온 뒤 남은 방학 동안 에이미 선생님이 준 만화 DVD를 다시 보기 시작했다. 예전엔 보다가 포기했지만 이젠 영상으로 어떻게 공부해야 하는지 잘 알고 있었다. 홈스테이 아주머니의 조언대로 조금씩 끊어서 DVD를 봤고, 한 편을 다 보면 구글에서 해당 만화의 스크립트를 검색해서 출력했다. 처음에는 20분씩 끊어 보면서 모르는 표현을 정리하고, 반복해서 발음을 따라 했다. 전체를 다 보면 스크립트를 소리 내어 읽으면서 마치 영화 속 캐릭터가 된 것처럼 실감나게 연기하기도 했다. 그리고 스크립트를 노트에 베껴 적었다. 호주 만화를 보면서 익혔던 표현들도 아주 가끔씩 있었지만, 모르는 표현이 더 많아서 시청한 내용의 대부분을 노트에 정리해야 했다.

사실 호주에 있을 때만큼 집중되진 않았다. 모르는 표현을 물어볼 사람이 없는 것도 문제였다. 좀처럼 내용이 이해되지 않아 스크립트를 먼저 보고 영화를 시청한 적도 있었는데, 대사를 미리 보면서 읽었던 내 발음 때문에 오히려 듣는 데 방해되었다. 각 상황별로 어떤 표현을 쓰는지를 익혀야 좀더 풍성하게 영어를 공부할 수 있는데, 스크립트로 내용을 알고 영화를 보니까 상황은 배제하고 대사만 듣게 되는 것도 문제였다. 하지만 이런 시행착오를 거친 끝에 나만의 영어 공부법을 찾을 수 있었으니 이 시간들은 결코 헛되지 않았다. 그때는 영어를 공부했다기보다 나에게 맞는 공부법을 찾는 시간이었다고 하겠다. 어쨌든 남은 방학기간 내내 두문불출하며 영어 공부만 했고, 결국 눈이 나빠지는 바람에 안경을 쓰기 시작했다.

에이미 선생님이 영화를 통해 영어를 배우라는 큰 그림을 그려주었다면, 홈스테이 주인아주머니는 영화를 통해 영어를 배우는 구체적인 방법을 알려주었다. 주인아주머니의 조언을 따르면서 처음 에이미 선생님이 준 DVD로 공부했을 때 포기하고 만 이유를 알게 되었다. 공부하는 방법을 몰랐기 때문이었다. 영어 공부를 포기하는 많은 사람들도 마찬가지일 수 있다. 영어의 중요성을 알고 공부했지만, 시험에 통과하는 요령만 배우고 정작 실력을 쌓는 방법은 터득하지 못했기 때문에 흥미를 잃었던 것이 아닐까. 또는 내가 그랬듯 상대적으로 만족스러운 성적을 실력으로 착각하고 안주했던 것은 아닐까. 점수가 우리를 속이고 안주하게 만들 때, 스스로에게 질문해볼 필요가 있다.

'나는 외국인과 10분간 자연스럽게 이야기할 수 있는가?'

확신이 안 선다면 아직 부족하다는 증거다. 다음 장에서 소개할 영어 공부법은 수많은 시행착오를 거치면서 찾아낸 방법이다. 기본적으로 영어 실력을 기르는 데 초점이 맞춰져 있기 때문에, 단기간에 영어 성적을 올려야 하는 사람에게는 별 도움이 되지 않을 수도 있다. 그러나 영어 실력을 먼저 쌓으면, 영어단어를 머리에 쑤셔넣어가며 공부할 필요가 없어진다. 기본 실력이 탄탄하면 시험과 관련된 기술을 한 달 정도만 마스터해도 원하는 점수 이상을 얻게 될 것이다. 간절한 마음으로 바른 공부법을 습관화한다면 이미 영어를 정복한 것이나 마찬가지고, 노력에 따라 필요한 시간은 더욱 짧아질 수 있다.

3단계

하루 2시간, 3개월이면 OK

: 영상 공부법 :

실력형 인간 VS 점수형 인간

3월 개학과 동시에 다시 지구촌고등학교 기숙사로 들어가면서, 영어 공부는 난관에 봉착했다. 기숙사에 있는 컴퓨터는 사용시간과 용도가 정해져 있어서 애니메이션을 보면서 공부할 수 없었던 것이다. 학교 컴퓨터실을 이용할 수는 있었지만, 소리를 내며 대사를 따라 하는 것은 불가능했다. 영어 공부를 위해 노트북이 필요했지만, 학교와 기숙사의 규정상 개인 노트북을 소지할 수 없었고 설사 허락되었다고 해도 노트북을 살 돈이 없었다. 컴퓨터 없이 영화를 볼 수 있는 방법을 포털사이트에 검색하다가, PMP(Portable Multimedia Player)를 통해 영화를 볼 수 있다는 사실을 처음 알게 되었다. 가격이 50만원 정도라 부담스럽긴 했지만, 영어 공부를 위해서라면 그 정도 투자는 필요하다고 판단했다. 큰마음 먹고 그해 설날에 받은 세뱃돈과 그간 모아둔 용돈을 털어서 PMP를 샀다. 한국에 와서 구입한 물건 중 가장 비싼 것이었다.

PMP에 동영상을 넣는 방법 역시 인터넷을 통해 배웠다. 〈슈렉〉, 〈슈렉 2〉, 〈니모를 찾아서〉를 각각 무자막, 한글자막, 영어자막 버전으로 PMP에 넣고 공부를 시작했다. 이제 장소는 어디든 상관없었으므로 방과후에는 주로 학교 4층 음악실이나 옥상 기도실 등 조용한 곳을 찾아갔다. 룸메이트들이 없는 주말에는 기숙사 방에서 공부했고, 평일 저녁 소리를 내서 대사를 따라 해야 할 때는 기숙사 맞은편에 있는 십자산에 올라 영화 속 캐릭터에 '빙의'해 실감나는 연기를 펼쳤다. 십자산에서 영어 공부를 하다보면 가끔씩 같은 캠퍼스를 쓰고 있는 이사벨고등학교 학생들과 마주칠 때도 있었다. 나중에 친구를 통해 들은 이야기인데 이사벨고등학교 학생들은 손에 책을 들고 열심히 연기하는 모습을 보면서 내가 배우 지망생인 줄 알았다고 한다.

• • •

영어를 정복하는 것은 건물을 짓는 일과 비슷하다. 예전에 막노동을 할 때 기초작업을 생략한 단층 건물과 기초부터 다지는 다층 건물 모두를 지어보았다. 단층 건물은 땅 위로 건물을 짓기 시작한 반면, 다층 건물은 땅 밑으로 파고들어갔다. 단층 건물이 형태를 갖추어갈 때 다층 건물은 여전히 땅 밑에서 공사 중이었고 먼지와 부산한 소리로 정신이 없었다. 단층 건물이 어느새 완공되어 울타리 밖에서 보일 때도, 다층 건물은 이제야 기초작업이 끝나서 그 높이가 지면과 수평을 이루었고 당연히 울타리 밖에서 보이지도 않았다. 단층 건물에 사람들이 들어와서 살 때도 다층 건물은 부산하게 공사 중이었다. 그러나 다층 건물이 완공되었을 때, 그 결과는 놀라웠다. 단층 건물보다 훨씬 높은 건물에는 더 많은 사람들이 찾아왔고 멀리서도 한눈에 들어올 만큼 위용이 대단했다.

영어라는 집을 지을 때 터를 닦는 일은 영어 공부에 대한 마음가짐과 태도를 다잡는 것이다. 여러 번 강조했지만 영어를 꼭 정복하겠다는 간절함과 영어 공부에 대한 분명한 목적이 있어야 한다. 그저 대학교 입학과 취직이라는 비바람만 피하면 된다면, 단층 건물만으로도 괜찮다. 하지만 영어를 바탕으로 더 넓은 세계로 나가 경쟁하고 싶다면 더 많은 시간과 노력이 필요할지라도 다층 건물을 세워야 한다.

나 역시 시험에 초점을 맞춰 단층 건물이라도 세우고자 노력한 시기가 있었다. 학교에서 가르쳐주는 문법과 단어 암기, 지문 독해를 중심으로 공부했던 시기였다. 실력이 늘고 있다는 생각은 들지 않았지만, 성적이 떨어질까봐 울며 겨자 먹기로 해야 했다. 나중에 영상으로 영어를 공부하기 시작했지만, 바로 기존의 공부법을 버릴 수는 없었다. 영상 공부법의 효과가 아직 검증되지 않았을 뿐 아니라 학교 성적도 챙겨야 했기 때문이다.

앞에서도 말했듯 내가 가장 먼저 영어를 공부했던 방법은 단어를 외우는 것이었고, 그다음은 문장의 구조를 이해하기 위해 어려운 문장형식을 공부하는 것이었다. 그리고 에이미 선생님을 만나면서 앵무새 전략을 사용했다. (앵무새 전략은 상대의 이해를 먼저 구하지 않으면 상당한 불쾌감을 줄 수 있으므로 주의가 필요하다.) 이 시기에 시중에 나와 있는 많은 영어 학습서적들을 읽었다. 대부분 서적이 듣기와 말하기, 읽기에 초점이 맞춰져 있었고, 글쓰기에 대해 말해주는 책은 토플을 준비하는 학생들을 위한 교재 외에는 찾아보기 어려웠다. 독해와 문법에 관한 책도 영어시험 성적을 위한 것이 대부분이었고, 말하기에 대한 책은 외국에 나가 혼자 영어로 여행하는 법이나 팝송 부르기에 관한 것이 많았다.

에이미 선생님이 미국으로 돌아갈 때 만화 DVD를 주면서 영상으로 영어를 공부하라고 조언해줬는데, 그때는 한글자막과 함께 영화를 본 관계로 효과가 잘 나타나지 않는 바람에 금세 흥미를 잃었다. 하지만 호주에 다녀온 뒤 새로운 영상 공부법의 효과를 알게 되었고 동명사, 원인과 결과문, 부사, 전치사를 찾아가며 하는 기존의 공부법을 내려놓고 나의 방식으로 영어를 공부했다. 앞으로 소개할 공부법은 바로 이렇게 온갖 시행착오를 거쳐, 때로는 맨땅에 헤딩도 하고 때로는 돌아가기도 한 끝에 찾아낸 방법이다. 이 공부법은 의지와 노력만 있으면 학원을 가거나 다른 사람의 도움을 받지 않아도 실력을 쌓을 수 있는 가장 저렴하고 효과적인 방법이다. 실제로 나는 스물한 살에 이 방법을 시작해 실력을 쌓을 수 있었고, 미국에서 영어로 책을 출간하게 되었으며, 영국에서 국제관계학 석사도 마쳤다. 또한 2018년 9월부터 미국 국무성에서 주는 풀브라이트(Fulbright) 장학금을 받아 조지메이슨대학교에서 박사과정을 시작할 예정이다. 자랑하려는 것이 아니라, 그만큼 이 방법이 효과적이라는 사실을 전달하고자 하는 이야기일 뿐이니 오해하지 않으면 좋겠다.

• • •

중학교부터 대학교까지 10년 넘게 영어를 공부하고 토익 점수도 높지만, 막상 외국인과 대화하기를 두려워하는 모습을 종종 본다. 영어 실력을 위한 집이 아닌 점수를 위한 집을 지었기 때문은 아닐까 생각해본다. 점수가 실력을 대변한다는 인식이 퍼져 있고, 객관적인 평가 기준을 필요로 하는 상황에서 영어 점수가 중요한 역할을 하는 것은 분명하다. 이런 구조적인 현실이 '실력형 인간'보다는 '점수형 인간'이 되도록 부추기고 있다. 하지만 분명한 사실은 영어 실력이 있으면 점수는 오른다는 것이며, 반면 점수가 높다고 해서 반드시 실력이 좋은 것은 아니라는 것이다. 답은 다소 시간이 걸리더라도 실력형 인간으로 거듭나는 것이다. 실력을 쌓는 데 드는 시간은 결코 낭비가 아니다. 영어 체질을 바꾸고, 영어 스트레스에서 벗어날 뿐만 아니라 세계를 향해 꿈을 펼칠 수 있는 투자다.

우리는 생각과 말로는 이미 영어를 수십 번도 더 정복했다. 그러나 현실은 영어를 지배하는 삶이 아니라 영어에 쫓기는 삶을 살고 있다. 아마 생각하고 말한 대로 행동하지 않기 때문일 것이다. 영어를 공부하는 분명한 목적이 있고 훌륭한 학습법을 알고 있는데도 좀처럼 실력이 늘지 않는다면, 이 핑계 저 핑계를 대며 실천을 미루고 있기 때문일 가능성이 높다. 이 책에서 소개하는 영어 공부법은 매일 실천하지 않으면 실력이 눈에 띄게 늘지 않는다. 핵심은 매일 2시간씩, 3개월을 투자하는 것이다. 이 기간 동안 영어 공부시간(매일 2시간)은 그 어떤 것과도 타협하지 말아야 한다.

공부를 하다보면 어느덧 형식적이고 의례적으로 공부하게 되기 쉽고, 진짜 실력이 늘고 있는 것인지 의심이 들며 스트레스가 쌓일 수도 있다. 결국 이겨낼 수 있는 방법은 하나다. '해야 되니까' 하는 수동적인 자세가 아니라 '하고 싶으니까' 하는 능동적인 노력이 필요하다. 특히 꿈을 가지고 영어 공부를 한다면 실력이 향상되는 속도는 배가 되고, 실력을 쌓은 후에도 무엇을 해야 할까 방황하지 않는다. 나 역시 공부를 하면서 '방향이 없는 열심'은 낭비지만 '방향이 있는 열심'은 꿈을 현실로 만드는 강력한 수단이라는 사실을 깨달았다. 본격적으로 공부법을 소개하기 전, 마지막으로 하고픈 말은 두 가지다.

"There is no such thing as a free lunch."

"God helps those who help themselves."

'세상에 공짜는 없다', 그리고 '신은 스스로 돕는 자를 돕는다'. 이 빤한 말을 가슴에 새기고 공부한다면 결코 빤하지 않은 결과를 움켜쥘 수 있을 것이라 약속한다.

20분마다 끊어서, 5단계 전략

본격적으로 영상을 통한 영어 공부를 시작하기 전 몇 가지 필요한 것들을 준비했다. 영어 영상물(애니메이션 또는 영화)과 해당 영화의 스크립트, 시청할 수 있는 PMP(지금은 스마트폰과 보조배터리를 준비하면 되겠다), 노트, 샤프와 3색 이상의 멀티펜이었다. 이중 가장 중요한 것은 당연히 영상물이다. 어떤 영상물을 선택하느냐에 따라 공부가 지루해질 수도, 재미있어질 수도 있기 때문이다.

첫 3개월은 아무리 다시 봐도 싫증나지 않는 영상 세 개를 정해놓고 공부해야 한다. 나는 에이미 선생님이 준 만화 중에 〈슈렉〉, 〈슈렉 2〉, 그리고 〈니모를 찾아서〉를 가지고 공부했다. 사실 이 영화들을 선택한 이유는 정말 좋아하는 영화라서가 아니라 가지고 있었던 영어 영상이 이것뿐이었고, 또 한글과 영어자막 파일로 변형해서 PMP에 넣고 다닐 수 있었기 때문이었다. 이외에 〈알라딘〉도 있었지만 만화에 등장하는 몇몇 캐릭터들의 극적인 영어 발음과 아름답지만 표현이 모호한 몇몇 노래가 영어를 배우는 데 오히려 방해가 될 듯해서 리스트에 올리지 않았다.

우선 이 영화 세 편을 마스터하겠다는 목표를 가지고 3개월간의 영어 공부에 돌입했다. 영상으로 영어를 배우다보니 배우나 성우 각각이 지닌 특유의 사투리와 악센트 때문에 발음을 따라 할 때 종종 애먹는 경우가 있었다. 이러한 어려움을 해결하기 위해 도움을 얻은 곳이 아이오와대학교 교수들이 개설한 웹사이트(http://soundsofspeech.uiowa.edu/resources/english/english.html)다. 영어를 발음할 때의 입 모양을 체계적으로 설명해놓은 사이트인데, 나의 영어 발음은 이곳을 통해 만들어졌다고 해도 과언이 아니다. 만약 발음이 어려워서 잘되지 않으면 자신의 발음을 녹음해서 영화 캐릭터와 비교해보는 것이 적응과 개선에 큰 도움이 된다. 이를 위해 나는 녹음기를 사용했었는데 지금은 스마트폰으로 쉽게 할 수 있다.

영상을 통해 영어를 공부할 때의 장점은 살아 있는 표현을 상황과 함께 반복적으로 습득하기 때문에, 특정 상황과 표현이 머릿속에 오랫동안 남는다는 것이나. 책을 통해 외우는 공부가 아니라 영상을 통해 듣고 말하고 읽고 쓰는 반복적인 훈련을 하면 외국인과의 대화에 바로 적용할 수 있는 표현을 익힐 수 있다. 실제로 영화를 통해 배운 표현을 외국인에게 말했더니, 외국에서 살다 왔냐고 물었던 적이 있다. 아니라고 했더니 그럼 어떻게 이런 자연스러운 표현을 쓸 수 있냐며 놀라워했다. 영상을 통해 상황과 표현을 함께 공부했기에 가능한 일이었으리라.

영상을 통한 영어 공부법의 핵심은 20분마다 끊어서, 5단계 전략을 가지고 공부하는 것이다. 단계별로 설명하자면 다음과 같다.

1단계: 자막 없이 20분간 보면서 영화의 **분위기**를 파악한다.

2단계: 한글자막과 함께 시청한 부분을 다시 20분간 보면서 **내용**을 파악한다.

3단계: 다시 자막 없이 보면서 들리지 않거나 모르는 부분을 찾아낸다. 이 단계에서 **듣기와 말하기를 연습**하는데 시간은 보통 40분 정도 걸린다.

4단계: 시청한 부분의 스크립트를 큰 소리로 **읽으면서 노트에 적는다**. 어려운 단어도 함께 정리한다. 역시 40분 정도 걸린다.

5단계: 상영시간 120분짜리 영화라면 1~4단계를 매일 2시간씩 6일간 진행해야 한다. 이렇게 영화 한 편을 마스터하면 마지막 5단계에서는 1~4단계를 **무한반복**하면서 영상을 **확실하게 마스터**한다.

이것이 전부다. 이렇게 적어놓고 보니 무척 간단한 것 같지만 꼭 그렇지만은 않다. 이제 이 5단계 전략을 하나씩 구체적으로 살펴보자.

• • •

1단계에서는 영어든 한글이든 어떤 자막도 없이 영화를 보면서 분위기와 상황을 파악해야 한다. 그리고 2단계에서는 한글자막과 함께 영화를 보면서, 자신이 파악한 분위기와 상황이 맞는지 확인하고 내용을 제대로 이해해야 한다. 사실 나는 한글자막은 절대 보지 않으려고 했다. 한글을 보면 기껏 쌓아가던 영어 실력이 무너지는 느낌이 들었기 때문이다. 하지만 영어 실력이 제대로 갖춰지지 않은 초보 수준에서는 한글자막의 도움을 얻는 것도 좋은 방법이다. 내용을 이해하지 못하고 영상만 계속 반복해서 보면 이내 지루하고 어려워져 영상 공부법을 포기하기 쉽기 때문이다.

상황과 내용을 파악하고 3단계로 들어가면 잘 들리지 않는 부분을 본격적으로 찾아내야 한다. 그리고 캐릭터의 대사를 따라 하면서 눈, 귀, 입으로 표현을 익히는 훈련을 해야 한다. 이때 내 것으로 만들고 싶은 표현이 있으면 노트에 정리해두는 것을 추천한다. 자막 없이 상황과 표현을 함께 습득하는 단계지만, 도저히 이해가 되지 않으면 영어자막을 슬쩍 보는 것도 괜찮다.

그리고 4단계에서는 스크립트를 보면서 눈, 입, 귀, 손을 모두 동원해 읽고 말하고 들으며 노트에 써야 한다. 스크립트에 있는 문장을 모두 필사하는 것이 중요하다. 영상을 통해 들은 내용을 눈으로 보면서 읽고, 입으로 다시 큰 소리로 말하고, 내 영어 발음을 귀로 듣고, 손으로 받아 적는 훈련을 통해 '몸'으로 영어 표현을 익힐 수 있기 때문이다. 몸의 모든 감각을 동원해 공부해야 진정한 내 것으로 만들 수 있다. 스크립트를 읽다가 발음이 잘되지 않는 단어나 문장이 나오면 표시해두었다가, 4단계를 다 마친 후 영화로 돌아가서 표시한 부분만 다시 체크한다. 그리고 자연스럽게 발음할 수 있을 때까지 반복해서 따라 한다.

120분 분량의 영화 한 편을 1~4단계로 보는데, 보통 6일이 걸린다. 이것이 하나의 사이클이다. 그럼 마지막 5단계에서는 24일간 이 사이클을 네 번 더 반복한다. 이렇게 한 편의 영화를 본 지 30일 또는 31일째 되는 마지막날은 자막 없이 영화를 시청한다. 잘 이해되지 않거나 빨라서 놓친 부분은 3회 이상 다시 들어본다. 그래도 도저히 이해가 되지 않으면 영어자막을 통해 내용을 파악한 다음, 내 것이 될 때까지 반복하길 권한다. (단 이때는 한글자막은 절대 금물이다.) 1~4단계가 영화를 보면서 새로운 표현, 단어들과 친해지는 단계라면, 5단계는 영화를 완전히 소화시켜 내 것으로 만드는 과정이다. 이렇게 5단계 전략을 마친 후 영화와 비슷한 상황이 생기면 영어로 표현하려고 노력해보자. 자연스럽게 말이 나온다면 그 표현은 완전히 내 것이 되었다는 의미이고, 영어 실력이 늘고 있다는 아주 좋은 신호다.

• • •

1단계와 2단계는 시간이 정해져 있지만, 3단계와 4단계는 개인에 따라 차이가 있을 수 있다. 특히 영상물의 내용이 복잡하고 어렵다면 3~4단계에서 더 오랜 시간이 걸릴 수밖에 없다. 하루에 2시간을 초과해서 영어 공부를 하는 것이 부담스럽다면, 첫 3개월은 복잡하고 어려운 영화보다는 이해하기 쉬운 내용의 영화를 추천한다. 매일 2시간을 영어 공부에 투자하는 것은 시간적 여유가 없다면 매우 어려운 일이다. 그럼에도 불구하고 최소 2시간씩 매일 영어 공부를 해야 3개월 이후에 놀라운 실력을 경험할 수 있다. 평생의 '짐'이었던 영어를 '힘'으로 바꾸는 데 필요한 시간이 180시간(2시간×30일×3개월)이라고 생각하면, 그리 부담스럽게 느껴지지는 않을 것이다.

내가 고등학교에 다닐 때 보통 네 시 삼십 분 전에 수업이 끝났다. 그러면 80분간 4층 빈 교실에서 PMP를 보며 1~3단계를 공부했고, 4단계는 기숙사 취침시간 후 거실에서 40분간 진행했다. 매일 아침에 일어나면 영어 공부시간 2시간을 먼저 확보해놓고 학교 공부를 했다. 그러다보니 수업시간에 최대한 집중해서 배운 것을 다 소화해야 했다. 자습시간 동안에는 수업시간에 배운 내용을 다시 노트에 정리했는데, 잠시라도 자투리시간이 생기면 영화를 계속 반복해서 보면서 발음을 따라 했다. 영화를 볼 수 없는 상황이면 영화를 녹음한 파일이라도 들었다. 이렇게 매일 2시간을 어떻게든 영어 공부를 위한 시간으로 확보한 것이 나름의 성공비결이 아닐까 싶다.

내게 맞는 영상 공부법을 찾기 위해 다양한 방법을 사용해봤다. 호주의 홈스테이 아주머니는 영화를 20분씩 끊어서 보고, 다 본 후에는 스크립트를 읽어보라는 아이디어를 주었다. 하지만 무턱대고 20분간 보자니 내용이 이해되지 않아 힘들고 짜증이 났다. 나중에 스크립트를 읽으면서 내용을 이해할 수는 있었지만 발음하기 어려운 단어와 문장이 나오면 막히기 일쑤였다. 그래서 곰곰이 고민한 결과, 5단계 전략을 생각해낸 것이다. 먼저 영화의 '분위기'를 파악하고, 그 후 한글자막을 통해 '내용'을 이해하고, '표현'과 '의미'에 익숙해지고, 스크립트를 통해 '읽기'와 '쓰기'를 연습하는 동시에 '말하기'와 '듣기'를 훈련하게 된 것이다.

이 과정 속에서 여러 시행착오를 거친 끝에 발견한 가장 효과적인 방법을 소개하고자 한다. 듣기, 말하기, 읽기, 쓰기를 하루에 공부하는 것을 추천하지만 시간이 부족한 경우 파트를 나누어서 공부해도 된다. 단 반드시 지켜야 할 것은 듣기와 말하기를 분리해서는 안 된다는 점이다. 읽기와 쓰기도 분리해서 공부하면 안 된다. 시간이 부족하여 부득이하게 나누어야 한다면 듣기와 말하기를 함께하고 읽기와 쓰기를 같이해야 한다. 이렇게 되면 1~3단계가 한 묶음이고 4단계가 한 묶음이다. 시간적 여유가 없어서 이렇게 가는 것도 힘들다면 1~2단계, 3단계, 4단계, 이렇게 세 묶음으로 나누어서 할 수 있다.

공부하는 순서는 반드시 단계대로 해야 한다. 순서를 뒤죽박죽으로 공부하면 실력이 늘지 않고 시간과 에너지만 낭비하게 된다. 후배 고등학생들과 대학생들은 보통 한번에 1~4단계를 공부하지만, 직장인들의 경우 2시간 동안 자리에 앉아서 공부하기가 어렵다는 말을 많이 들었다. 직장에 다니고 있는 몇몇 친구들은 일이 끝나면 2시간 동안 영어를 공부한 뒤 퇴근한다고 했고, 어떤 친구들은 단계를 나누어서 영상 공부법을 실천한다고 했다. 두 경우의 영어 실력 향상속도를 비교하면 한번에 모든 단계를 매일 3개월간 공부한 친구들이 더 빨리 성장했다.

영어 분투기
7

3개월이면 영어가 내 것! 영상 공부법

준비물: 노트 한 권, 영상, 영상 스크립트, 펜, 스마트폰

스크립트는 구글에서 영화 제목으로 검색하면 쉽게 찾을 수 있다. 예를 들어 〈니모를 찾아서〉를 볼 거라면 'Finding Nemo script'로 검색하면 된다.

영상 공부법 5단계

영상은 20분 단위로 나누어 본다. 상영시간이 120분이라면 20분씩 총 6회가 된다.

1단계: 첫 20분을 자막 없이 보면서 분위기를 파악한다.

2단계: 한글자막으로 다시 보면서 내용을 파악한다.

3단계: 다시 자막 없이 보면서 들리는 부분을 따라 말한다. 속도가 너무 빠르면 0.5배속으로 보면서 따라 말해본다. 잘 들리지 않는 표현은 여러 번 돌려보면서 익힌다. 세 번 이상 다시 봤는데도 들리지 않으면 영어자막으로 정확한 문장을 파악하고 준비해둔 노트에 시간과 함께

써둔다. 자연스럽게 입에서 나올 때까지 여러 번 반복해서 말해본다. 모르는 단어가 있으면 노트에 정리한다. 써먹고 싶은 좋은 내용은 노트에 쓴 후 반복해서 내 것으로 만든다.

(❗ **주의** 미리 스크립트를 읽고 영상을 보면 상황 속에서 표현을 익히는 대신 스크립트에 적혀 있는 문장을 해석하려고 하게 됩니다. 이 단계에서는 눈과 귀와 입으로 상황 속 표현을 익히는 것이 중요하니 스크립트는 미리 보지 마세요.)

4단계: 스크립트를 소리 내어 읽으면서 노트에 따라 쓴다. 스크립트를 읽을 때는 마치 캐릭터가 된 듯이 실감나게 읽는다. 그래야 정확한 발음과 억양을 익힐 수 있다. 스크립트를 쓸 때는 손으로 써야 오래간다는 점을 기억하면서 아는 표현이라도 전부 따라 쓴다. 필사가 끝나면 3단계에서 잘 들리지 않았던 표현이나 스크립트를 읽을 때 발음하기 어려웠던 문장을 영상으로 다시 들으면서 따라 말해본다.

같은 방법으로 다음 20분을 공부한다. 이런 식으로 6일이면 120분짜리 영상 하나를 다 볼 수 있다. 영상 한 편을 끝내고 나면 5단계로 넘어간다.

5단계: 1~4단계를 반복하면서 영상을 확실하게 마스터한다. 충분히 숙달되었다면 영상을 처음부터 끝까지 자막 없이 감상한다.

성주's comment

"각 단계를 한번에 마쳐야 효과가 극대화됩니다!"

3~5단계는 사람마다 필요한 시간이 다를 거예요. 저는 3~4단계에서 각각 40분 정도 걸렸습니다. 혹시 이보다 더 오랜 시간이 걸린다고 하더라도 자연스러운 일이니 너무 걱정하지 마세요. 하지만 시간이 너무 많이 들면 1~4단계를 하루에 끝내기가 어려워집니다. 듣고 말하고 읽고 쓰기를 한번에 공부해야 효과를 극대화할 수 있기 때문에 시간이 너무 오래 걸린다면 조금 더 쉬운 영상을 보시기를 권합니다.

저는 5단계에 24일을 투자했습니다. 어느 정도 아는 표현을 계속 쓰려면 지겹겠지만 비슷한 상황을 보자마자 자동적으로 영어 표현이 떠오를 때까지 연습하는 것이 중요합니다. 역시나 필요한 시간은 사람마다 다를 테니 꼭 24일을 지키지 않아도 괜찮습니다. 반복이 끝나면 자막 없이 편안하게 영상을 봤어요. 처음에는 전혀 알아들을 수 없었던 영화인데 한 달을 공부한 후에는 아주 수월하게 감상할 수 있었죠. 이때의 성취감을 기억하세요. 이 성취감이 다음 영상을 공부하는 밑거름이 됩니다.

이런 식으로 영화를 세 편 마스터하면, 즉 3개월간 영상 공부법을 실천하면 놀라운 일이 벌어집니다. 자신도 모르게 상황에 맞는 표현들이 술술 나올 거예요. 좀더 욕심을 내서 영화를 열두 편 정도 마스터하면 그땐 자신의 영어 실력을 스스로도 믿기 어려울걸요! 안아주고 싶을 정도로 나 자신이 기특하죠. 영어권 나라에 일주일간 여행 가는 것을 자기 자신에게 선물해주는 것도 좋겠습니다. 몇 개월 동안 학원에 다녔을 때의 비용을 생각한다면, 혼자서 공부한 자신에게 일주일간의 여행 정도는 포상으로 줄 수 있지 않을까요?

'듣기, 말하기, 읽기, 쓰기' 그리고 완전정복

이제 영상 공부법 5단계 전략을 '듣기, 말하기, 읽기, 쓰기'에 집중해서 다시 살펴보도록 하자. 이 네 가지는 3단계부터 집중적으로 학습할 수 있다.

1~2단계가 끝나면 3단계에서는 자막 없이 보면서 들리는 부분을 따라 말하고, 들리지 않는 부분은 다시 반복해서 들으며 따라 말한다. 영상 속 대화속도가 빠르면 속도를 느리게 해서 듣는 것을 추천하지만, 너무 느리게 해서 들으면 발음이 깨지고 실력 향상에 별 도움이 되지 않으니 주의해야 한다. 들리는 표현을 따라가며 말하다가 도저히 따라갈 수 없으면, 대사 한 문장이 끝날 때마다 화면을 정지시키면서 발음을 따라 읽는 것도 도움이 된다. 하지만 다큐가 아니라 애니메이션을 보는 것이므로 이렇게 정지시키면서 볼 만큼 긴 문장은 많이 등

장하지 않는다. 〈니모를 찾아서〉나 〈슈렉〉 같은 애니메이션으로 공부를 시작한다면, 듣고 말하는 3단계는 40분 정도면 충분히 마칠 수 있을 것이다. 영어를 처음 시작할 때 3개월, 길게는 6개월까지는 드라마보다 만화를 추천한다. 드라마는 대개 말이 너무 빠르고 많아서 자막만 읽어도 40분은 더 걸리기에, 공부를 지속할 힘을 잃을 수도 있기 때문이다. 6개월 이후 욕심이 생기면 시트콤을 보는 것도 도움이 되는데, 내가 주로 본 시트콤은 〈내가 그녀를 만났을 때(How I Met Your Mother)〉였다.

3단계에서 자막 없이 영화를 볼 때는 노트도 필요하다. 노트를 펼치고 오른쪽 페이지 위에 영화 제목을 쓴 뒤 시작시간을 먼저 기입한다. 그리고 세 번을 반복해서 들어도 이해하지 못한 내용은 영어자막을 보면서 노트에 재생시간과 함께 적고 입에 익을 때까지 계속 반복해서 말한다. 페이지의 3분의 1에는 영상을 보면서 발견한 모르는 단어를 정리하며 나만의 단어장을 만든다.

'듣기'와 '말하기' 훈련에서 포인트는 '영어자막'이다. 이미 2단계에서 한글자막을 봤으므로 이때는 되도록 영어자막을 보는 것을 추천한다. 한글자막을 보는 것은 '정말 정말 정말 모를 때'여야 한다. 한글자막을 보게 되면 표현의 의미는 확실해지지만 상황과 함께 표현되는 영어의 느낌은 습득할 수 없다. 한글자막은 의미 전달에 집중되어 있을 뿐 영어 표현이 담고 있는 감정 전달은 부족하기 때문이다. 영상으로 공부하는 것은 영어 표현의 뜻뿐 아니라 그 표현이 담고 있는 분위기를 함께 습득하는 데 의미가 있다. 상황에 맞는 표현과 그 표현이 담고 있는 전반적 의미를 습득하는 것이다. 그런데 한글자막을 보는 것은 책을 통해 영어단어를 외우는 것과 같은 원리다. 공부하는 재료가 책에서 영상으로 바뀌었을 뿐이기에 영상 공부법의 효과를 보기 어렵다.

한글자막도 피해야 하지만, 3단계에서 스크립트를 미리 보는 것도 금물이다. 스크립트를 먼저 보면 내용이 머리에 입력되기 때문에, 영화를 보면서 상황과 분위기를 통해 표현과 의미를 습득하는 데 방해가 된다. 처음에 언어를 시작할 때는 단어 암기보다 표현 습득이 중요하다. 영상 공부법에서도 나만의 단어장을 만들긴 하지만, 나중에 신문이나 책을 보다가 모르는 단어가 나왔을 때 단어장을 통해 정리하는 것이 더욱 효과적이다.

단 영어시험, 특히 GRE나 GMAT를 준비할 때는 시험에서 요구하는 문제를 풀기 위해 일상생활에서 아주 드물게 쓰는(평생 잘 들어보지 못하는) 단어들을 시간을 내어 외울 필요가 있다. 이 경우를 제외하고는 영어단어 또는 표현을 쓰이는 상황을 배제한 채 그저 외우기만 하는 것은 별 도움이 되지 않는다. 원어민들이 쓰는 표현을 숙지하지 못한 채 암기한 단어나 문장을 말하면 어색한 표현이 되기 십상이고, 심지어 외국인들이 무슨 뜻인지 이해 못하는 불상사가 발생하기 쉽다.

외운 단어를 적재적소에 쓰지 못하면 그 단어는 곧 잊어버리게 될 것이고, 설사 기억하더라도 우리의 뇌 공간만 축내는 아무 쓸모없는 것이 될 가능성이 크다.

다시 본론으로 넘어가, 3단계 훈련을 할 때는 지하철이나 버스에서 자투리시간을 이용해 시청한 부분을 반복적으로 보는 것이 큰 도움이 된다. 계속 따라 하다보면 어느새 영상 속의 주인공처럼 자연스럽게 이야기하고 있는 자신을 발견할 수 있을 것이다. 지하철이나 버스에서 내가 중얼거리는 모습을 사람들이 이상하게 쳐다볼 때가 종종 있었다. 그때마다 '당신은 스마트폰을 보면서 시간을 보낼 때, 나는 영어를 정복하고 있다'라는 생각으로 부끄러움을 떨쳐냈다. 영어 정복은 결코 쉽지 않지만 절대 불가능한 것은 아니었다.

• • •

3단계가 끝나면 4단계로 넘어가 '읽기'와 '쓰기'를 훈련해야 한다. 시청한 분량의 스크립트를 큰 소리로 읽으며 베껴 쓰고, 모르는 단어는 3단계에서 공부할 때처럼 정리해야 한다. 사실 3단계를 제대로 하면 발음이 안 되는 문장과 단어는 거의 없을 것이다.

스크립트를 읽다가 발음은 되지만 입에 잘 붙지 않는 부분은 표시해놓고 4단계를 마치면 해당 부분을 찾아서 입에 붙을 때까지 반복한다. 명심해야 하는 것은 모르는 부분을 외우려고 하지 말고, 반복해서 보고 반복해서 말하고 반복해서 듣고 반복해서 쓰면서 자연스럽게 익혀야 한다는 것이다. 영어를 잘하려면 뇌보다 눈, 입, 귀, 손을 많이 써야 한다. 머리뿐 아니라 온몸으로 영어를 익혀야 외국인 앞에서도 자연스럽게 상황에 맞는 말들을 구사할 수 있다.

4단계에서 영어 공부를 할 때 주의할 점은 대부분의 스크립트가 축약형으로 표현되어 있기 때문에 의식적으로 풀어서 쓰는 노력을 해야 한다는 것이다. I'd, I'll, ain't 같은 축약형이 몸에 배면 아카데믹한 영직을 할 때 힘들 수 있다. 구어체가 이미 습관이 돼버리면 영작할 때 이를 문어체로 다시 고치는 데 많은 노력과 시간이 소요된다.

개인적으로는 4단계를 공부할 때가 가장 어려웠다. 사실 큰 소리로 읽으면서 글을 베껴 쓰는 것은 내게 공부가 아니라 벌이었다. 인민학교에 다닐 때 선생님의 말씀을 듣지 않으면 벌로 교과서를 소리 내 읽으면서 베껴 적었던 기억 때문이었다. 더욱이 4단계쯤 되면 상대적으로 아는 표현들이 많다보니, 큰 소리로 읽고 베껴 쓰는 것을 게을리하게 되고 형식적으로 공부하게 되기도 했다. 영어 공부가 형식적이 되는 순간, 실력이 느는 속도는 더뎌지고 시간만 허비하게 되니 큰 문제였다. 스스로 나태해졌다고 느낄 때마다 나를 다잡은 힘은 역시 꿈이었다. 고작 이 정도 해놓고 게을러진다면 꿈을 이룰 수 없다며 스스로를 다그쳤다. 그리고 앞에서 말했던 두 문장 "There is no such thing as a free lunch", "God helps those who help themselves"를 주문처럼 외웠다. 그러다보면 어느덧 마음이 차분해지면서 다시 공부에 몰입할 수 있었다.

• • •

4단계까지 마치면 가장 중요한 5단계가 남아 있다. 5단계는 영화 속 표현을 완전히 나의 것으로 만드는 과정이기 때문에 진정으로 영어 공부가 되고 실력이 쌓이는 단계다.

나는 첫 사이클(6일간)에 영상을 끝내고, 2~5사이클(24일간) 동안 첫 사이클에 했던 1~4단계를 매일 2시간씩 반복했다. 두 번째 사이클부터는 3~4단계를 반복할 때 상대적으로 시간이 적게 들었고, 네 번째 사이클부터는 오히려 시간이 남았다. 언어를 배울 때 가장 힘들었던 것은 새로운 표현을 내 것으로 만들기 위한 무한반복 훈련이었다. 하지만 무한반복 훈련은 충분히 가치 있는 일이며, 또 그 효과가 오랜 시간에 거쳐 검증된 방법이었다. 아기가 '아빠'와 '엄마'를 발음하기 위해 부모로부터 얼마나 반복적으로 그 단어를 들었을지, 그리고 엄마, 아빠를 종이에 쓰기 위해 얼마나 반복적으로 연습했을지 생각해보자. 내가 영어를 습득한 방법도 마찬가지였다. 언어 습득은 결국 '지루함을 극복하는 과정'이라고 생각한다. 나는 언어적으로 뛰어난 재능이 없었기 때문에 수없는 반복의 과정을 통해 영어를 습득할 수밖에 없었다.

다섯 번째 사이클의 마지막날(짝수달이라면 30일) 또는 그 다음날(홀수달이라면 31일)에는 한 달간 공부했던 영상을 침대에 누워서 봤다. 가장 편한 곳에서 가장 편한 자세로 영화를 보면서 쉬는 것이다. 영상 공부법을 시작하면서 한글자막 없이 영어 영화를 보는 내 모습을 늘 꿈꾸었다. 그리고 영상으로 공부한 지 한 달 만에 꿈을 이루었다. 한글자막 없이 처음 본 영화는 〈니모를 찾아서〉였다. 영어를 정복할 수 있다는 자신감이 들었고, 자신감에서 나오는 흥분과 기쁨을 맛본 경험은 두 번째 영화를 마스터하는 데 큰 도움이 되었다. 두 번째 만화를 마무리하고 들었던 성취감은 첫 번째 영화 때보다는 낮았지만 세 번째 영화를 마스터하는 동력이 되기에는 충분했다. 이렇게 〈슈렉〉과 〈슈렉 2〉를 5단계 영상 공부법으로 마무리했고, 3개월간 영상으로 영어를 공부하는 기초를 탄탄히 다졌다.

지금껏 5단계 전략을 구체적으로 살펴봤듯, 영상 공부법을 시작하고 첫 3개월은 정해진 규칙에 무조건 따르는 것이 좋다. 이후부터는 능력이 된다면 5단계에서 22일간 1~4단계를 반복하고, 나머지 2일은 영화를 영어자막과 함께 보는 것을 추천한다. 영어 듣기와 속독을 같이할 수 있기 때문이다. 나는 이 방법을 통해 열두 편의 영화를 마스터했는데, 이후 책과 신문을 볼 때 큰 도움을 받았다.

3개월 뒤, 드디어 자막 없이도 영화를 볼 수 있다!

3개월간 영상으로 영어를 공부하면서 가장 어려웠던 것은 매일 2시간을 내는 일이었다. 특히 시험기간에 영어 공부로 2시간을 내는 것은 큰 용기와 결단이 필요했다. 북한이탈주민전형으로 대학입시를 준비하고 있었던지라 내신 성적이 매우 중요했기 때문이다. 영어 실력뿐 아니라 내신이라는 두 마리 토끼를 잡기 위해서는 시간이 더 필요했고, 나의 처방은 잠을 줄이는 것이었다. 그래서 기숙사 취침시간인 밤 열한 시 이후에 공부할 수 있는 모임을 만들었다. 이름은 'NS'였는데 'Night Study'의 약자였다.

주로 새벽 두 시까지 공부했고 늦게는 새벽 네 시까지 공부한 날도 있었다. 몸은 피곤했지만 영어 실력을 쌓고 공부습관을 몸에 배게 하는 훈련이라고 생각하며, 이 훈련이 끝나면 영어를 지배할 수 있다는 믿음으로 버텼다. 하지만 그렇게 악으로 깡으로 버티다가 결국 면역력이 떨어지는 예순 살 이상의 성인에게서 주로 발병하는 대상포진에 걸리고 말았다. 의사는 내게 걱정스러운 말투로 말했다.

"나이는 20대 초반인데, 신체 나이는 60대네요. 공부를 하려면 건강해야 해요. 건강을 잃으면 공부도 할 수 없습니다."

다행히 병원에 입원은 하지 않아도 되어서 통원치료를 받았다. 치료기간 동안은 휴식이 필요하다고 해서, 정말 오랜만에 아무것도 하지 않고 기숙사에서 쉬었다. 며칠 쉬다보니 좀이 쑤시고 슬슬 불안해졌지만 의사의 강력한 조언을 거스를 수는 없었다. 다행히 다시 공부를 시작했을 때 습관이 틀어졌다든지 하는 문제는 발생하지 않았다. 〈슈렉 2〉를 끝내고 영상 영어 공부법이 완전히 굳어진 이후였기에 그랬던 것 같다. 치료가 끝난 후에는 공부를 더 열심히 하기 위해 매일 1시간씩 땀흘리며 운동했다. 주로 친구들과 농구를 했는데, 점심시간에 30분, 저녁을 먹고 30분을 하는 식이었다. 기숙사로 가는 길에 농구장이 있어서 운동을 한 뒤 간단히 씻고 다시 공부에 임했다. 흠뻑 땀을 흘려서인지 집중도 더 잘되었다. 이때 체력 역시 중요한 공부력 중 하나라는 사실을 몸소 깨달았다.

이후로도 영어 공부를 위한 매일 2시간을 모든 공부의 우선순위에 놓는 것은 변치 않았다. 절대시간은 건드릴 수 없었고 나머지 시간에 다른 공부를 해야 했다. 24시간 중 절대시간(잠 6시간, 영어 공부 2시간, 운동 1시간, 식사 및 등하교 2시간)을 제외하고 나머지 13시간 동안 수업을 들으면서 틈틈이 부족한 과목과 상대적으로 잘하는 과목을 선택과 집중을 통해 공부했더니 내신 성적도 유지가 되었다.

• • •

영상으로 영어를 공부하면서 학교에서 배우는 영어 공부(문법, 독해, 듣기 위주)와 나의 영어 공부 사이에 충돌이 일어났다. 선생님께는 죄송하지만 학교에서 배우는 영어는 시험만을 위한 공부로 생각했다. '영어단어보다 이해하기 어려운 문장형식', '문장 속 단어의 기능을 분석하며 뒤에서 앞으로 왔다갔다하며 해석하는 독해', '내용 이해도 되지 않았는데 키워드를 뽑은 후 사지선다 중 답이 아닌 것을 제거해가면서 정답을 찾는 듣기'는 진짜 영어 실력을 쌓는 데 도움이 되지 않았다. 수업시간에 배우는 영어는 언어가 아니라 암호를 해독하는 학문에 가까웠다.

영상으로 공부하면 할수록 학교에서의 영어 공부는 반쪽짜리라는 생각이 들었다. 학교 공부는 주로 독해와 듣기를 잘하는 방법을 강조하고 영어로 표현하는 데에는 약한 수동적인 구조다. 하지만 누차 강조했듯 진짜 영어 실력이 늘려면 능동적이어야 하고, 능동적으로 배우기 위해서는 영어로 말하고 글까지 쓸 수 있어야 한다. 나는 만화영화를 통해 영어를 능동적으로 학습하는 습관을 기르면서, 듣기, 말하기, 읽기, 그리고 쓰기까지 모두 공부할 수 있었다. 같은 영어를 공부하지만 학교의 영어 수업과 영상 공부법은 접근방법이 전혀 달랐던 것이다.

문제는 영상 공부법은 영어 실력이 제대로 쌓이기 전까지는 성적 향상에 별 도움이 되지 않는다는 데 있었다. 영화를 한글자막 없이 볼 수 있는데도 정작 영어 성적은 오르지 않는 현실에 자괴감이 들었다. 사람들에게 보이는 것은 성적이었다. 남들은 보지 못하고 나만 느끼는 영어 실력이라면 '헛수고하고 있는 것은 아닌가'라는 생각도 했다. 그래서 수업시간에 배운 문법, 독해법, 듣기법을 영화를 시청할 때 접목시켜보려고 노력했지만 효율적이지도 않았고 실력 향상에 효과도 없어서 낙담했다.

성적이 실력을 증명하는 것은 아니라고 스스로를 독려하며 실망감을 이겨내고자 했다. 실제로 영화를 통해 배운 표현을 쓰면 친구들은 이해하지 못하는 경우가 많았고, 내가 마스터한 영화를 자막 없이 볼 수 있는 친구들은 거의 없었다. 시간을 들여서 특정 영화를 정복한 나와 그 영화를 한 번도 보지 않은 친구들을 비교하는 것은 공평하지 않지만, 그래도 '친구들이 모르는 표현을 알고 있고 자막 없이 그 영화를 보고 이해할 수 있다'는 데 위안을 삼았다. '지금은 실력이 잘 드러나지 않지만 언젠가는 꼭 친구들이 나의 영어 실력을 보고 놀랄 것'이라는 믿음을 가지기도 했다.

이런 믿음을 바탕으로 하루 2시간 3개월 동안 영어를 정복할 수 있는 튼튼한 기초를 쌓았다. 사실 처음에는 100일을 목표로 시작했는데, 그 이유는 간단했다. 교회를 다니면서 알게 된 권사님은 중요한 일을 앞둘 때마다 간절한 마음으로 100일 새벽기도를 올렸다. 영어 정복은 무엇보다 중요한 일이었고, 그래서 간절한 마음으로 100일을 선택했던 것이다. 그러나 대상포진 때문에 100일을 다 채우진 못했다. 어쨌든 3개월간 영어 영화를 한글자막 없이 볼 수 있는 성공사례를 세 번 경험했다. 한 번의 성공에 그쳤다면 영어를 정복할 수 있다는 자신감을 갖지 못했을 텐데, 세 번의 성공 경험을 통해 영어 공부는 이렇게 하면 된다는 확신도 품게 되었다.

• • •

세 편의 영화를 한글자막 없이 본 경험은 공부법에 대한 확신을 심어주었고 이는 이후 영어로 책을 쓰고 연설을 하는 등 내가 영어로 할 수 있는 거의 모든 일에 도전하는 데 든든한 토대가 되었다. 하지만 영어를 잘하는 것을 넘어 영어로 꿈을 펼치고 싶다면 3개월간의 기초과정을 마친 뒤 심화과정에 돌입할 필요가 있다. 뒤에서 자세히 소개하겠지만 심화과정은 영어를 요리하는 과정이다. 초보 요리사에게 감자를 주면 할 수 있는 요리가 많지 않지만, 숙련된 요리사는 감자 하나로도 많은 요리를 할 수 있다. 즉 심화단계는 다양한 영상을 통해 많은 영어를 숙련하는 과정으로, 이 단계를 거치면 같은 단어를 가지고도 다양한 표현을 할 수 있게 된다.

영어를 공부하면서 느낀 것은 많은 단어와 표현을 알아도 유기적으로 결합하여 쓰지 못하면 무용지물이라는 사실이다. 언어는 살아 있는 생물체와 같아서 결합과 분화를 통해 다양한 의미가 생성된다. 알고 있는 단어와 표현이 제한적이어도 다양한 방식으로 요리하면, 재료는 같지만 다른 음식이 되고 식탁이 풍성해진다. 영상 공부법의 기초과정은 상황에 맞는 단어와 표현을 익히는 것이고, 심화과정은 다양한 영상을 이해하면서 영어 표현을 분리하고 새롭게 결합하는 방법을 자연스럽게 체득하는 것이다. 형식과 공식을 외우는 수학이나 과학처럼 영어를 배우면 절대로 늘지 않는다. 나 역시 영상 공부법을 통해 문장의 형식과 공식에서 벗어나자 비로소 영어가 늘기 시작했다.

지금까지 좋은 대학교 입학과 좋은 회사 취직을 위해 영어를 공부하는 데 익숙해져 있었는데 갑자기 공부법을 바꾸자니 두려울 수도 있다. 기존에 '영어 집'이 없었던 사람은 터를 닦고 기초를 파면 되지만, 이미 영어 집을 가지고 있는 사람은 그 집을 허물고 다시 기초를 다져야 하기 때문에 더 어려울 수 있다. 그러나 집을 지어본 경험이 있기 때문에 초반에 조금만 고생하면 이후 더욱 빠르게 자리를 잡을 수 있다.

개인마다 차이가 있어 영어를 습득하는 데 걸리는 시간은 다르겠지만 나의 경우 한글자막 없이 만화와 영화를 세 편 이상 봤을 때 영어로 말하기가 수월해졌고, 여섯 편 이상 봤을 때 외국인과 아주 편안하게 대화할 수 있었다. 한글자막 없이 아홉 편을 봤을 때는 지인들로부터 영어를 잘한다는 칭찬을 들었다. 한글자막 없이 열두 편을 봤을 때는 처음 보는 영화도 80퍼센트는 이해되었고, 사전을 찾지 않고도 문맥 속에서 의미를 유추하며 영어책을 읽을 수 있었다. 처음으로 사전 없이 읽은 원서는 《Tuesdays with Morrie》였다. 이 책은 저자 미치 앨봄이 루게릭병을 앓고 있는 은퇴한 노교수 모리 슈워츠와 매주 화요일마다 만나면서, 그로부터 들은 인생 경험, 회상, 그리고 교수의 현재 모습을 그린 실화를 바탕으로 한 이야기다.

이렇게 원서를 사전 없이 읽고 이해할 정도의 실력이 갖춰지면, 토플 문제집을 풀면서 1개월간 기술을 익히는 것만으로도 최소 100점 이상은 받을 수 있다. 1개월을 더 공부하면서 실수를 줄이는 연습을 하면 만점도 가능하다. 하지만 토플 만점은 토플 정복이지 영어 정복은 아니다. 진정한 영어 정복은 자신의 꿈을 영어를 통해 현실에서 이루어나갈 때 완성된다고 생각한다. 처음 영어 공부를 할 때는 영어를 마스터하는 것이 목표가 되어야 한다. 하지만 영화를 한글자막 없이 볼 수 있고 원서를 사전에 의지하지 않고 읽을 수 있을 때가 되면, 영어는 꿈을 이루기 위한 도구가 되어야 한다. 영어를 잘하면 성공한다는 시대는 끝났고 우리는 영어가 필수인 시대에 살고 있다. 영어를 잘하는 것 그 자체는 성공이 될 수 없지만, 영어가 꿈의 날개가 된다면 '현실이 된 꿈'을 맛보게 될 것이고 활동무대가 전 세계로 확장될 것이다.

나는 열일곱 살에 영어를 처음 보았고 영어노트와 음악노트도 구분하지 못했다. 열여덟에 중학교 검정고시에 겨우 통과했고 열아홉에 고등학교 1학년으로 입학해 독해와 듣기 위주의 영어를 배웠다. 각종 시행착오를 거친 후 20대 초반에야 영상 공부법을 터득했고 오랜 노력 끝에 한글자막 없이 만화영화를 볼 수 있었다. 내가 할 수 있는데, 나보다 훨씬 먼저 영어를 접했고 공부해온 여러분은 당연히 할 수 있다. 영어 정복은 타고난 언어적 재능의 문제가 아니라 공부법의 문제다. 언어 둔재도 얼마든지 영어를 정복하고 영어 천재라는 칭찬을 들으며 부러움의 대상이 될 수 있다. 그러니 결코 포기하지 마시길! '하면' '되니까' 말이다.

영어 분투기

8

공부는 따로, 또 같이!

1) 함께 공부할 사람들을 모은다.

2) 시간과 장소를 정한다.

3) 정해진 시간에 모여 출석을 확인한다.

4) 각자 공부할 거리를 가져와서 공부한다.

성주's comment

"의지는 함께, 공부는 따로!"

사실 영어의 기초를 다질 때 스터디그룹은 큰 도움이 되지 않습니다. 내 영어 발음이나 실력을 다른 친구들이 어떻게 볼까 눈치를 살피느라 이미 알고 있는 확실한 표현만 쓰게 되거든요. 영어 실력이 쌓인 후에는 주제를 정해서 영어로 자유롭게 대화하는 식으로 실력을 키울 수 있겠지만요.

제가 만든 NS는 기숙사 취침시간 이후에 더 공부하고 싶은 친구들이 모인 자율학습 스터디그룹이에요. 대부분의 친구들이 잠든 시간이라 방에서는 공부할 수 없는 친구들끼리 기숙사 거실에서 만나 부족한 부분을 공부하는 모임이었습니다. 우선 친구들과 만나기로 약속했으니 힘들어도 나오게 되고, 다들 공부하고 있으니 떠들거나 딴짓하고 싶은 욕구를 참고 집중하게 됩니다. 함께 의지를 다잡고 공부는 스스로 하는 것이죠. 친구들과 모여 노는 일만 경계하면 습관을 들일 때까지 꾸준히 공부할 수 있는 좋은 방법입니다.

영어 분투기
9

포기하지 않고 끝까지 읽는 영어 원서

1) 내 흥미를 끄는 책이어야 한다. 어떤 책을 읽어야 할지 모르겠다면 국내에 번역된 책의 목차를 살펴보며 원서를 고른다. 재미있게 본 영화가 있다면 원작이 있는지 찾아본다.
2) 쉽게 전개된 책이어야 한다. 정치, SF, 추리, 전문서나 등장인물이 많은 책은 피한다.
3) 처음 다섯 페이지를 펼쳐서 읽어본다. 너무 쉬워도 배울 점이 없고 너무 어려우면 포기하게 된다. 한 페이지의 70~80퍼센트를 이해할 수 있으면 현재 실력에 맞는 책이라고 볼 수 있다.
4) 매일 분량을 나누어 조금씩 읽는다.
5) 모르는 단어가 나와도 절대 영한사전에서 찾아보지 않는다. 단어를 몰라도 문장이 이해되면 단어만 노트에 써두고 다음 문장으로 넘어간다. 문맥을 통해 단어의 의미를 유추할 수 없다면 노트에 써두고 영영사전을 찾아본다. 한 문장에 유추할 수 없는 단어가 두 개 이상이라면 유추하기 어려운 순서대로 영영사전을 찾고 예문을 통해 최대한 문맥 속에서 단어의 의미를 파악한다.

6) 정해진 분량을 다 읽고 나면 적어두었던 단어를 공부한다. 이때도 영한사전 대신 영영사전으로 단어의 정의를 파악한다. 영영사전에 나와 있는 예문을 통해 단어가 문장 속에서 어떻게 쓰이는지 본다. 그래도 뜻을 파악하기 어려우면 이때 영한사전을 본다. 단 영한사전의 예문은 보지 말고 의미만 파악한 후 다시 영영사전으로 돌아와 정의와 예문을 살핀다.

7) 단어장을 만든다. 노트 맨 위에 단어를 쓰고 영영사전에 나온 정의를 쓴다. 그 밑에 영영사전에서 본 예문 하나를 옮겨 쓴다. 사전에서 본 예문 밑에 스스로 그 단어를 사용한 영어 문장을 만들어본다. 문장을 만들면서 단어의 의미를 정확히 알게 되고 영작 실력도 향상되니 절대 빠뜨리지 말 것! 예를 들면 다음과 같다.

stagger

to walk or move with difficulty as if you are going to fall

After he was attacked, he managed to stagger to the phone and call for help.

There was a cat staggering across the narrow alley.

성주's comment

"어려운 책을 다 못 읽고 포기하는 사람보다 쉬운 책 한 권을 끝까지 읽는 사람이 멋있다!"

제가 처음 선택한 원서는 《Tuesdays with Morrie》였습니다. 이 책을 20여 일 만에 다 읽었죠. 대화체로 되어 있어서 쉽게 읽을 수 있었어요. 첫 원서로 마이클 샌델의 《JUSTICE》 같은 책을 선택했다면 아마 금방 포기했을 거예요. 가장 중요한 건 난이도 조절입니다. 당장 읽고 싶은, 멋있고 어려운 책은 리스트를 작성해두세요. 쉬운 원서를 세 권 정도 읽고 나서 리스트에 있는 책을 펼쳐봅니다. 내가 읽을 수 있을까 싶었던 바로 그 책의 첫 다섯 페이지가 마법처럼 이해될 겁니다. 그만큼 실력이 자란 거예요! 그때의 감동을 위해서라도 지금은 쉬운 책부터 차근차근 시작합시다.

화룡점정!
감상평으로 '영어 집' 완공하기

3개월간 튼튼한 기초를 쌓고 나서 본격적으로 영어 집을 한 층 한 층 올리는 심화학습을 했다. 건물이 높으면 멀리 있는 것까지 잘 볼 수 있듯이 영어 집도 높이 올리면 올릴수록 영어로 할 수 있는 것들이 훨씬 많고 다양해진다. 4개월 차부터 기존의 공부법에 변화를 주었다. 만화보다는 일상을 다룬 영화들을 보기 시작했는데, 그때 시청했던 것들이 〈행복을 찾아서〉, 〈슈렉 3〉, 〈그 여자 작사 그 남자 작곡〉이었다. 〈슈렉 3〉는 만화영화이긴 했지만 전작 두 편을 모두 봤기 때문에 찾아봤던 것이었다.

한국에 와서 아버지를 만났고 늦은 나이지만 꿈을 이루기 위해 미친 듯이 공부하는 스스로를 보면서 '지금 행복한가?'라고 자문하게 되었다. 이전까지 행복이 무엇인지 깊이 고민해본 적도 없었지만, 이제는 행복을 찾고 싶었다. 그러던 중 〈행복을 찾아서〉를 보게 되었고, 당시 고민하던 지점과 맞닿아 있는 영화의 주제에 공감해 영어 교재로 삼게 되었다. 〈그 여자 작사 그 남자 작곡〉은 삽입곡인 'Way Back Into Love'를 통해 접한 영화다. 카페에서 우연히 이 노래를 듣고 멜로디가 좋아서 주인에게 제목을 물었다가 결국 영화까지 보게 되었다. 남자 주인공을 통해 처음으로 영국 악센트를 접하기도 했다. 이 영화를 계기로 팝송에도 관심을 갖게 되었는데, 이후 좋은 팝송은 영어 공부를 하다 지친 머리를 쉬게 해주고 스트레스를 풀어주는 휴식처가 되어주었다.

영화 장르에만 변화를 준 것은 아니었다. 심화학습은 1~5단계 공부 전략에 한 단계를 추가해, 총 6단계로 업그레이드되었다. 6단계는 영화를 한글자막 없이 시청한 뒤 영어로 감상평을 쓰는 것이다. 감상평이 거창할 필요는 없다. 간략한 줄거리, 감명 깊었던 점과 아쉬운 점을 쓰고, 왜 그렇게 생각하는지를 설명하는 정도면 충분하다. 이것만으로도 영작에 큰 도움이 된다. 이때 '왜?'라는 질문이 중요하다. 영작을 하면서 '왜 그렇게 생각하는지'를 고민하고 적는 것은 생각을 확장시키는 계기였다. 감상평의 분량은 200자 이상 쓰는 것이 좋다. 200자 이상 쓰기를 권하는 이유는 나중에 영어 관련 시험을 볼 때 도움이 되기 때문이다. 나의 경우 200자 이상 감상평을 꾸준히 적은 경험이 대학교 입학 후 토플 라이팅을 할 때 많은 힘이 되었다.

• • •

고등학교 생활을 하면서 크게 두 부류의 친구들을 봤다. 모르는 것이 많고 이해하기 어려우면 포기하는 친구들과 모르는 것을 자기 것으로 만들기 위해 조급한 마음으로 공부하는 친구들이었다. 포기하는 친구들보다 조급한 마음으로 공부하는 친구들이 낫긴 했지만, 내가 영어 공부를 할 때는 포기는 물론이고 조급함도 실력 향상에 별 도움이 되지 않았다.

영화는 만화에 비해 모르는 단어와 표현이 훨씬 많았고, 그럴 때마다 영어를 정복하기 위해 갈 길이 멀다는 조급함에 며칠간 영어만 파고들었다. 하지만 실력이 늘기보다는 오히려 스트레스만 쌓였고 급기야 영어 공부가 싫어지기 시작했다. 이 위기를 극복하기 위해 '불안한 속도'보다 '확실한 방향'을 선택했고 그것은 초심으로 돌아가는 것이었다. 나는 조급한 마음을 버리고 다시 우직하고 성실하게 영어 공부에 임했다. 결국 꼼꼼한 공부가 빠른 공부다. 기초가 탄탄하게 다져져야 더 높은 건물을 튼튼하게 지을 수 있다. 한 번도 가보지 못한 길을 가면서 지름길을 찾으려 하다보면 괜히 시간과 체력만 허비할 수 있다.

심화학습을 시작하면서 초반에는 듣기와 말하기 단계인 3단계를 제대로 소화하지 못한 상태에서 4단계 읽기, 쓰기로 넘어가곤 했다. 3단계에서 새로운 발음과 표현을 충분히 숙지하지 못하니 4단계에서 스크립트를 읽을 때 막히는 부분이 생겼고, 때문에 3단계로 돌아가 해당 부분을 다시 시청하면서 많은 시간을 잡아먹었다. 결국 스크립트 베껴 쓰기도 제대로 할 수 없었다. 조급함이 빚어낸 참사(?)였다. 심화 학습에서 3단계를 확실히 잡지 않고서 4단계로 넘어가는 것은 영어가 싫어지고 결국 포기하게 되는 지름길이다. 만화에서 영화로 옮겨가면 3단계에 투자하는 시간이 40분을 넘길 수 있다. 나는 심화학습을 할 때 3단계에서 1시간 30분을 보낸 적도 있었다. 이렇게 많은 시간이 걸릴 때마다 불안했지만 실력을 쌓는 투자의 시간이라고 스스로를 다잡았다.

• • •

나는 영어를 좋아해서 공부한 것도 아니었고 재미있어서 한 것은 더더욱 아니었다. 영어가 '필요했기' 때문에 시작했다. 그렇기에 영어가 좋고 재미있어서 공부한다는 친구들의 말을 이해할 수 없었다. 영화를 즐기는 마음으로 보면 자연스럽게 영어가 는다고 이야기하는 친구들을 보면서, 이들은 언어 천재이거나 아니면 거짓말을 하는 거라고 생각했다. 다른 이들은 어떨지 모르겠지만 나의 경우에는 무작정 영화를 본다고 실력이 늘지 않았다. 실력을 키우기 위해 치밀하게 전략을 세워야 했고 영어뿐 아니라 나와 싸워서 이겨야 했다. 이기는 방법이란 반복되는 싸움에서 버티는 것이었다. 이렇게 심화학습으로 3개월을 더 버티고 여섯 번째 영화를 끝냈을 때 처음으로 외국인과 자연스럽게 대화하는 놀라운 경험을 했다.

3년 전 교회에서 만났던 밥 선교사와 부산에서 재회하게 되었다. 그가 고향이 부산인 아내를 만나 이곳으로 오게 되자, 목사님께서 내가 부산에서 고등학교를 다닌다는 소식을 전해주며 전화번호를 알려주었던 것이다. 밥 선교사의 아내가 전화를 해서 토요일에 집으로 오라고 초대했고 반가운 마음에 덥석 가겠다고 했다. 하지만 막상 전화를 끊고 나니 '주말에 급한 일이 생겼다고 할까', '당일에 몸이 아프다고 연락할까'라며 가지 않을 핑계를 찾았다. 예전에는 목사님이 통역해줘서 괜찮았지만 처음 보는 사모님께 통역을 부탁할 수는 없는 노릇인데, 혼자서 밥과 대화할 자신이 없었기 때문이다. 토요일이 다가올수록 두려움은 커져만갔다. 결국 약속을 취소하기 위해 전화했다가 차마 말을 꺼내지 못해 주소와 식사시간만 다시 확인하고 끊었다.

남은 선택은 정면돌파뿐이었다. 호주에서 짧은 어학연수 동안 수많은 청중 앞에서 간증도 했는데 고작 한 명 앞에서 말하는 것쯤이야, 라고 애써 스스로를 다독였다. 밥 선교사의 집까지 어떻게 갔는지 기억도 나지 않는다. 초인종에 손을 올렸다 내렸다를 반복하다가 옆집 사람이 누구냐고 묻는 소리에 놀라서 초인종을 눌렀다. 밥 선교사가 문을 열어주면서 서툰 한국말로 "환영합니다"라고 했다. 나도 모르게 영어로 답이 나왔다.

"It's been a while. How are you?"

밥과 악수를 나누고 나니 뒤에 서 있는 사모님이 보였다. 역시나 자연스럽게 영어가 흘러나왔다.

"You must be So-Yeon."

자연스럽게 인사를 나누는 모습을 보면서 밥이 엄지를 치켜들며 "Your English is great"라고 말했다. 음식이 준비될 때까지 소파에 앉아서 밥과 이야기를 나눴다. 밥은 예전과 다른 나의 영어 실력에 놀란 듯했다.

"성주, 미국에 가서 영어를 배웠나요?"

아니라고 하자 "그럼 어떻게 미국식 발음을 자연스럽게 구사할 수 있냐"고 물었다. 내가 영상 공부법을 소개하자 매우 놀란 표정을 지으며 처음 만났을 때 그가 본 내 모습이 어땠는지 말해주었다. "헬로우"도 간신히 했던 과거의 내 이야기를 듣자니 문득 감격스러웠다. 6개월간의 고생이 결코 헛되지 않았고 나와의 싸움에서 이기고 있다는 것을 느끼는 순간이었다. 이날 이후로 외국인과 일상적인 대화를 자연스럽게 할 수 있다는 자신감을 가지게 되었다.

식사를 하면서 사모님도 영어 공부를 어떻게 했냐고 물어서 한국어로 더 자세히 설명했다. 자기도 다양한 방법으로 영어 공부를 시도했지만 잘되지 않았는데 사랑하는 남편을 만나면서 영어가 편해지기 시작했다고 했다. 밥에게 사모님을 어떻게 만났는지 물었다. 신기하게 그가 하는 영어가 모두 이해되면서 머리끝부터 발끝까지 전율이 흐르는 느낌이었다. 영어로 농담도 건넬 수 있었다. 나는 밥 선교사 이름을 아직까지 기억하고 있었다며, '밥'은 내가 하루 세끼 먹는 것이어서 기억하기 쉬웠다고 말했다. 그러자 밥이 크게 웃으면서 원래 자기 이름은 로버트인데 로버트의 애칭이 밥이라고 했다. 그때 처음으로 밥 선교사의 이름이 로버트인 것을 알았다. 나는 로버트보다 밥이 더 편하다고 했다.

내가 영어로 말할 때마다 밥은 "Great"와 "Excellent"를 반복했지만 시간이 지나면서 알고 있는 표현이 바닥나는 것을 느꼈고, 특히 사회적 이슈와 같이 무거운 주제가 오갈 때는 대화에 참여하기가 어려웠다. 밥의 집에서 좋은 시간을 보내고 기숙사로 돌아오면서 사회적 이슈에 대해 이야기할 수 있는 영어 실력을 키워야겠다고 다짐했다. 다음날부터 CNN 인터넷 기사를 시간이 날 때마다 읽기 시작했다.

• • •

기초과정의 〈슈렉〉, 〈슈렉 2〉, 〈니모를 찾아서〉, 심화과정의 〈슈렉 3〉, 〈행복을 찾아서〉, 〈그 여자 작사 그 남자 작곡〉을 마스터한 후 선택한 일곱 번째 영화는 〈죽은 시인의 사회〉였다. 밥이 추천해준 영화였는데, 당시 대학교 입시를 준비하고 있던 내게 꿈에 대해 더 깊이 생각하고 꿈을 더 단단하게 다지는 계기가 되어주었다. 사실 나는 밥 부부와 저녁을 먹으면서 꿈에 대한 고민을 털어놓았다. 호주에서 한반도인이라는 정체성을 확립하고 남과 북을 연결하는 다리가 되겠다는 꿈을 품은 후, 의사가 되겠다는 꿈은 접었었다. 그런데 주변에서 의대를 계속 준비하라고 하는 사람이 많았고, 아니면 경제학이나 경영학을 전공하라고 했다. 정치학, 특히 통일을 공부하면 굶어죽을 가능성이 크다고 걱정하는 사람이 대부분이었다. 이런 상황에 대해 고민하고 있다고 말했을 때 밥 선교사가 들려준 이야기가 아직도 생생히 기억난다.

"주변 소리에 너무 귀를 기울이면 정작 내면의 소리는 들리지 않아. 잠시 귀를 막고 내 자신이 무엇을 말하고 있는지 들어봐. 목소리가 선명하게 들리면 그것이 바로 네가 평생 가치를 부여하고 해야 할 일이야. 하지만 목소리가 선명하게 들리지 않으면, 그땐 주변 사람들의 목소리를 조언으로 받아들이면서 내면의 소리가 무엇인지 계속해서 찾아야 해. 중요한 건 절대 외부의 소리가 자신을 지배하도록 두지 않는 거야. 외부의 소리에 지배되면 나를 잃고 그들이 원하는 삶을 대신 살게 되거든."

그러면서 〈죽은 시인의 사회〉를 권해주었는데, 이 영화를 보면서 추천한 이유를 충분히 알 수 있었다. 영화는 자신들의 꿈을 알지 못한 채 부모들과 주변 어른들이 원하는 직업을 향해 열심히 공부하던 학생들이 영어 선생님 존 키팅과 시를 읽으면서 유대를 쌓고 결국 자기 자신을 찾게 되는 과정을 그리고 있었다. 영상을 통해 공부할 때 본 영화

중에 최고였고 지금도 인생 영화로 손꼽는 작품이다. 많은 명대사가 등장하지만 지금도 기억하며 후배들에게 꿈에 대해 조언할 때마다 자주 써먹는 문구는 이것이다.

"I want you to find your own walk right now. Your own way of striding, pacing. Any direction. Anything you want. Whether it's proud, whether it's silly, anything. Gentlemen, the courtyard is yours."

존 키팅 선생님이 학교 뜰에서 학생들에게 자신감을 가지고 자기 자신의 걸음을 걷도록 격려하면서 하는 말이다. 남들이 뭐라고 하든 상관없이 내가 정말 하고 싶은 일을 찾고 그것을 향해 나의 방식으로 당당하게 전진하라는 것이다. 영화 속 학생들뿐 아니라 내게도 큰 격려와 용기를 준 말이었다. 영상으로 영어를 공부하는 것은 영어뿐 아니라 인생의 가치도 배울 수 있는 아주 좋은 방법이었다.

여덟 번째 영화 〈흐르는 강물처럼〉은 가족 간의 갈등과 사랑에 대한 작품이었고, 아홉 번째 영화 〈어메이징 그레이스〉는 영국의 노예무역 폐지를 위해 투쟁한 정치가 윌리엄 윌버포스(William Wilberforce)에 대한 이야기였다. 아홉 번째 영화는 특히 영국식 악센트와 표현이 많아서 공부할 때 시간이 오래 걸리긴 했지만 1~6단계를 성공적으로 마쳤다. 영어 듣기와 말하기는 확실히 성장해 있었다. 시청한 두 영화의 원작인 《River Runs Through It》과 《Amazing Grace》도 영어로 읽었다. 영화의 내용을 원서로 다시 읽으면 내용이 훨씬 잘 이해될 뿐만 아니라 머릿속에서 상황이 그려진다. 글을 통해 상황을 그리는 것은, 상황을 통해 표현을 이해하는 것보다 더 파워풀할 뿐만 아니라 읽는 표현이 나의 표현으로 오래 남게 된다. 내가 읽은 원서 중에 가장 기억에 남는 책은 《Amazing Grace》이고 주인공 윌리엄 윌버포스는 닮고 싶은 인물 중 한 명이 되었다. 영화와 책을 통해 단순히 영어만 배우는 것이 아니라 또 한 명의 롤 모델까지 찾을 수 있었던 것이다.

이즈음 미국 사람들과 만나서 성경 공부도 시작했다. 나는 매월 첫째 주 토요일에 밥의 집에 놀러갔는데, 그러면서 그가 매주 토요일마다 미국 친구들과 하는 성경 공부에 가끔씩 참여하게 되었다. 원어민의 이야기를 듣고 말하는 데 큰 어려움이 없었고, 그들도 한국에서 영어 공부를 한 사람들 중에서 내가 가장 영어를 잘한다고 칭찬해주었다. 주변에서 어떻게 영어를 공부했냐고 묻는 사람들도 늘어났다. 나는 그때마다 영상 공부법을 알려주었다.

• • •

열 번째 영화를 볼 때부터는 3~6단계에 들어가는 시간이 상당히 줄어들었고 대사를 따라 할 때의 발음과 속도도 영화와 거의 흡사했다. 이때부터 관심 있는 CNN 기사를 읽는 데 더 집중했다. 기사 스크랩북을 만들어서 왼쪽에 프린트한 기사를 붙이고 오른쪽에 좋은 표현과 모르는 단어를 정리했다. 그리고 영어 글쓰기 실력을 키우기 위해 매일 북한에서의 기억을 영어로 기록하기 시작했다. 그러면서 과거와 현재를 돌아보고 미래를 다짐할 수 있었다.

영화 스크립트를 읽으며 베껴 쓰고 영화 감상평을 쓰면서 읽기와 쓰기의 기초를 다진 후 북한에서의 기억을 기록하자 영어 쓰기 실력이 놀랍게 향상되었다. (독자들의 경우 일기를 적거나 관심 있는 사회문제 또는 관심 분야에 대한 생각을 몇 줄이라도 매일 정리하는 것을 추천한다.) 북한에서의 경험을 정리하는 시간이 많아지면서 자연스럽게 CNN 기사를 스크랩하는 시간이 줄어들었고, 열두 번째 영화를 끝내면서 CNN 기사 스크랩도 마무리지었다. 이제 대학교 입학 준비에 박차를 가할 때였고 친구들과도 어울리는 시간이 늘어나면서 상대적으로 영어를 공부할 시간이 부족했다. 비록 1~6단계 전략으로 영어를 공부하진 못했지만, 매주 두 편의 영화는 자막 없이 봤고 이해되지 않는 부분은 영어 자막으로 해결했다. 읽기는 매일 원서를 읽는 것으로, 쓰기는 북한에서의 기억을 기록하는 것으로 해결했다. 이렇게 하니 영상 공부법 1~6단계를 하지 않았는데도 영어 실력이 유지되었다.

사실 영어 실력이 어느 정도 쌓이고 나면, 더 정확히 표현해서 영어로 일상적인 대화를 하는 것을 넘어 보다 전문적인 지식을 쌓기 시작했다면 6단계 영상 공부법은 더 이상 도움이 되지 않는다. 이제는 6단계 공부법에서 과감히 벗어나야 한다. 다음 장에서 자세히 소개하겠지만 나의 경우 6단계 공부법을 완료한 뒤 영어로 관심 있는 분야를 체계적으로 공부하기 시작했는데 주로 TED(Technology, Entertainment and Design)를 봤다. 어쨌거나 6단계 영상 공부법을 통해 듣고, 말하고, 읽고, 쓰는 데 아무 문제가 없다면 드디어 자신만의 '영어 집'이 멋지게 완공된 것이다.

• • •

매일 2시간씩 1년은 분명 긴 시간이었다. 그러나 10년 넘게 영어를 공부하고도 외국인 앞에만 서면 벙어리가 되는 현실과 토익이나 토플 점수를 따기 위해 학원에 돈을 써가며 투자한 수개월을 생각하면 짧은 시간이다. 영상으로 영어를 공부하는 것은 우선 돈이 훨씬 적게 들고, 이동시간과 강의시간을 생각해보면 시간도 적게 든다. 학원에 다니면 족집게 선생님들에게 의존하려는 심리가 커져서 영어를 수동적으로 공부하게 될 가능성도 높다. 공부하는 순간에는 편할지 몰라도 평생 영어의 노예가 되기 쉽다. 하지만 영상으로 스스로 공부하는 것은 능동적인 방법이기 때문에 공부하는 순간에는 힘들지만 평생 영어를 지배하며 살 수 있다. 그 누구도 아닌 바로 당신이 영어를 지배하는 주인공이 되길 바란다.

영어 분투기
10

일단, 그냥, 영어 감상평을 쓰자!

1) 아주 쉬운 문장부터 시작한다. 내가 쓴 첫 문장은 "This movie is very interesting"이었다.
2) 기억에 남는 표현을 조금 바꾸어본다. 가령 "He's going to stop at nothing until he finds his son. I hope he makes it"이라는 문장을 봤다면, "I'm going to stop at nothing until I make it, like Nemo's father" 같은 문장을 만들어본다.
3) 간략한 줄거리와 좋았던 점, 아쉬웠던 점을 쓴다. 왜 그렇게 생각하는지 덧붙인다. 캐릭터의 행동이나 다음 편이 어떻게 진행될지에 대한 자신의 생각도 써본다.
4) 영상을 보면서 정리한 새로운 단어를 최대한 활용해서 문장을 만든다.
5) 조금씩 작문의 길이를 늘려본다.

다음은 내가 어느 정도 영어 실력을 쌓은 후에 다시 〈니모를 찾아서〉를 보고 쓴 감상문이다.

Movie review: Finding Nemo

The story of Finding Nemo is about the love within a clownfish family. The movie starts with a clownfish couple who is soon to have babies. This couple is dreaming of becoming good parents. However, the female clownfish, dies early in the movie during a fight to protect the unhatched babies from a giant predator. Marlin, the male clownfish, barely survives and passes out. When Marlin wakes up, he finds only one egg is left, and he names it Nemo.

Nemo grows up with a short right fin. Though Marlin and Nemo name this fin a "lucky fin", Nemo's dad overprotects Nemo because they still consider it to be a disability. First day of school, Nemo goes on a field trip with his class. He and his friends sneak away to explore an unfamiliar boat and there, he is captured and taken by a diver who collects fishes. Marlin is shocked and chases after the boat carrying Nemo.

While Marlin is on the chase, he encounters a blue fish who is suffering from short-term memory loss. They together, find a pair of goggles, which has the address of the diver that took Nemo.

On the way to find Nemo, Marlin and the blue fish ask around to pinpoint the address and to spread the news that Nemo, Marlin's son, has been abducted. Meanwhile, Nemo, encased in a small fish tank at a dental clinic, is also looking for his father and trying to escape from it.

Luckily, with the help of their newly acquired friends, ranging from normal fishes to the predatory birds, they are finally reunited. Through the hardships encountered during their journeys, Nemo grows up to overcome his disability and Marlin comes out not only proud of his son's growth but also, growing himself, as a parent.

성주's comment

"일단 써보기의 힘!"

3개월간 주어진 스크립트만 받아쓰다보니 지루해져서 새로운 공부방법을 추가했습니다. 애니메이션 몇 편 본 게 다인데 갑자기 영어로 감상평이라니 너무 어려울 것 같다고요? 영작이라고 해서 거창할 필요가 없습니다. 쓸 수 있는 것부터 일단 시작하는 것이 중요합니다. "It was fun"도 좋고 "I like the cat"도 좋습니다. 다음에는 "I like this movie, because it was fun!"을 쓰고 다음에는 "I like the way Shrek thinks about himself. He loves his own life whatever other people say"를 쓰게 될 겁니다. 영상을 보면서 내 것으로 만든 표현을 실제로 써보는 데 의의가 있어요. 저는 이런 과정을 거치면서 영어문장뿐 아니라 생각도 확장되고 상상력과 창의력도 풍부해지는 걸 느꼈습니다.

감상평은 손으로 쓰기보다는 컴퓨터로, 가능하면 200자 이상 써보시길 권합니다. 컴퓨터로 쓰면 영영사전을 찾거나 수정하기 훨씬 편리하고 영문 타자속도도 늘릴 수 있어요. 200자에서 300자 정도의 감상평을 쓰는 습관을 들이면 자연스럽게 토플 라이팅을 연습할 수 있고요. 애니메이션 몇 편 본 게 다인데 갑자기 무슨 토플이냐고요? 저도 애니메이션 몇 편 보다가 책을 읽었고 책 몇 권 읽다가 토플을 봤는데 생각보다 점수가 좋았어요. 〈슈렉〉에 토플 단어가 얼마나 많이 나오는지 아시면 놀랄걸요!

일단 써보세요. 어디까지 갈지는 아무도 모르는 거잖아요!

영어 분투기

11

고급 영어는 CNN으로!

1) 내 관심사에 맞는 영문 기사를 찾는다.

2) 사건을 다루는 흐름을 파악하면서 읽는다. 기사에서는 특히 다양한 시제표현을 익힐 수 있어 작문에 도움이 된다.

3) 사건 중심으로 기사를 읽으며 후속 보도를 체크한다. 다양한 기사를 읽다보면 사회적 맥락 속에서 사건을 파악할 수 있다. 영어 실력뿐 아니라 국제적인 시각을 갖추는 데도 도움이 된다.

4) 기사에 나오는 세련된 표현과 새로운 단어들을 정리한다. 영어는 언어이고 사용하는 사람들의 사용습관에 따라 변화한다. 기사는 새롭게 만들어진 시사용어와 세련된 문장을 익히는 좋은 교재가 된다.

5) 평소 헷갈렸던 영어 사용에 주의하며 읽는다. 내 경우에는 'the most of'와 'most'가 헷갈렸다. 'the most of students who are interested in computer games'라는 표현은 '컴퓨터 게임에 관심이 있는 사람들 중에 대부분'으로 해석된다. 반면 'most students are interested in computer games'라면 '대부분의 학생들이 컴퓨터 게임에 관심이 있다'로 해석된다. 비슷하지만 전혀 다른 의미를 나타내므로 주의해야 한다.

6) 불규칙적으로 사용되는 표현에 주의하며 읽는다. 영어는 규칙적으로만 움직이지 않는다. 불규칙하게 사용되는 표현은 다양한 용례를 접하면서 익히는 것이 효과적이다. 'a'와 'the'의 경우 기본적으로는 규칙이 있다. 'the'는 모두가 아는 내용을 다시 언급하는 경우나 특정 개념을 한정할 때 쓰고 'a'는 특정하기 어려운 하나를 가리킬 때 쓴다. 하지만 언제나 규칙적으로 사용되지는 않기 때문에 규칙을 알고 있다고 해도 문장을 만들 때 정확하게 쓰기 어렵다. 정확하게 쓰인 여러 기사를 보면서 반복을 통해 자연스럽게 내 문장으로 구사할 수 있도록 만들어야 한다.

성주's comment

"'영어만' 공부하지 말고 '영어로' 공부하자!"

'영포자'였던 제가 영어로 원어민과 일상적인 대화를 나눌 수 있는 정도까지 되었다면 이미 훌륭한 것일지도 모르겠습니다. 하지만 저는 밥 선교사와의 대화를 마치고 영화와 애니메이션으로만 영어를 공부하는 데 한계를 느끼기 시작했습니다.

CNN만 본 것이 아니라 BBC나 아리랑 TV도 봤습니다. 그중에서 CNN을 가장 많이 봤던 이유는 제 관심사인 한반도 문제, 북한의 핵, 인권, 기아, 정치 상황 등을 많이 다루었기 때문입니다. 환경, 반려동

물, 경제문제 등 여러분이 관심을 갖는 이슈 중에는 우리나라뿐 아니라 세계적으로 주목받고 있는 이슈가 있을 거예요. 그럴 때 해외 기사를 읽어보면 다양한 시각으로 문제를 볼 수 있게 됩니다. 물론 영어도 중요하지만 관심이 가장 중요하거든요. 제가 영어로 반도체에 관련된 기사만을 읽어야 했다면 아마 진작 포기하고 말았을 것입니다.

영어 공부를 하다보면 영어가 너무 어렵게 느껴지고 싫어질 때도 있겠지만, 영어는 우리에게 더 넓은 세상을 보여주는 훌륭한 도구입니다. 우리나라를 넘어 더 넓은 곳에서 나와 같은 관심사를 공유하는 사람들과 소통할 수 있다고 생각해보세요!

넘어지면? 일어서면 그만! '오뚝이 정신'

영상 공부법 이야기를 마무리하고 영어 토론과 영어로 책 쓰기, 영어로 강의하기 등 보다 전문적인 영역으로 넘어가기 전, 다시 한번 강조하고픈 이야기가 있다. 여러 차례 언급한지라 지루한 독자분도 있겠지만, 그래도 조금만 참고 들어주시면 감사하겠다. 그만큼 중요하다고 생각되는 이야기이기 때문이다. 내가 공부하면서 힘겨울 때마다 이정표와 버팀목이 되어주었던 공부철학 두 가지를 들려드리고자 한다.

• • •

첫째, 버티면 정복한다는 믿음이다. 영상으로 영어를 공부할 때 3개월마다 고비가 찾아왔다. 영어를 공부하다가 PMP를 던져버리고 노트를 찢어버리고 싶은 순간마다 "There is no such thing as free lunch"를 곱씹으며 버텼다. 한글자막 없이 만화 세 편을 마스터한 뒤 기쁨도 컸지만, 네 번째 영화를 공부하면서 반복에 대한 지겨움이 슬슬 생겼고 더 이상 실력이 늘지 않는 것처럼 느껴져 포기하고 싶었다.

영어 실력 그래프는 곡선이 아니라 계단형이기 때문에 한 단계 올라서면 다음 단계로 가기까지 시간이 걸리기 마련인데 이를 몰랐던 것이다. 실력이 늘지 않는다는 것은 조급한 마음을 가진 나의 착각이었고 실제로 영어 실력은 성장하고 있었다. 영화를 하나둘 마스터하면서 계단을 오르고 있었고, 어느덧 한 편의 영화를 끝낼 때마다 조금씩 향상되는 실력을 몸소 느낄 수 있었다.

하지만 지루함과 포기하고 싶은 마음을 극복하면 이번에는 게으름과 싸워서 이겨야 했다. 영상 공부법을 시작한 지 6개월이 지나면, 성장한 영어 실력이 보이고 1단계에서 들리는 표현들도 많아지며 한글자막 없이도 영화가 어느 정도 이해된다. 이때 찾아오는 것이 게으름이다. 사실 게으름은 영어 기초를 쌓는 단계에서도 나타나지만 그때는 영어를 정복하겠다는 의지가 강해서 게으름이 설 자리가 없다. 하지만 실력이 쌓이는 것이 보이니 '이 정도면 충분하지'라고 스스로 위로하며 영어 공부를 그저 형식적으로 하게 되었다.

나만의 영상 공부법을 찾기 전에는 시중에 나와 있는 많은 영어 공부법 책들을 읽었다. 대부분의 책들이 공인시험에 통과하는 지름길을 소개했고, 영어 실력 향상을 이야기하는 책들도 대개 미국식으로 말하기에 초점이 맞춰져 있었다. 영어의 4영역 '듣기, 말하기, 읽기, 쓰기' 실력을 모두 다루는 책은 보지 못했다. 하지만 영어 실력을 향상시키기 위한 지름길은 없다. 올바른 공부법만 있을 뿐이다. 결국 영어를 정복하겠다는 간절함과 바른 공부 전략을 가지고 버티며 노력하는 것이 가장 효과적이고 빠른 길이다. 나는 매일 2시간씩 1년이라는 시간을 투자했다. 머리로만 외운 것이 아니라 전신 근육을 사용하며 반복했고, 영어를 학문으로 접근하는 것이 아니라 외국인과 의사소통을 위한 언어로, 또 꿈을 이루기 위한 도구로 생각하고 접근했다. 그것이 주효했다.

영상 공부법으로 공부하면서 실력이 늘어나면 토익이나 토플 같은 시험을 보고 싶은 욕망이 생긴다. 나의 경험으로 볼 때 영상 공부법으로 공부할 때는 위의 시험들은 보지 않는 것이 좋다. 영어 실력이 향상된 것을 느끼고 시험에 대한 준비 없이 토익시험을 본 적이 있다. 하지만 기대했던 점수를 받지 못하자 실망만 얻었을 뿐 아니라 나의 공부법을 의심하게 되었고 스스로에 대한 믿음도 낮아지게 되었다. 먼저 열두 편의 영화를 한글자막 없이 마스터하면서 실력이 쌓이면 그때 기출문제를 풀면서 시험스킬을 익히는 것이 좋다. 1년을 제대로 공부해서 영어 실력과 점수 모두를 올릴지, 10년을 낭비할지 선택은 자신의 몫이다. 영어 정복의 목표를 가지고 자신을 믿고 도전하자. 힘들고 어려워도, 지겹고 짜증나도 버티면 정복할 수 있다. '넘어지면? 일어서면 그만'이라는 '오뚝이 정신'을 늘 가슴속에 새기면 좋겠다.

• • •

둘째, 꿈을 꿈으로 남겨두지 않겠다는 의지다. 영어를 정복하겠다는 간절함을 가지고 영어 실력이 늘 수 있는 좋은 습관을 만들었더니 어느덧 외국인과 자연스럽게 이야기하게 되었고 마침내 영어가 재미있어졌다. 좋은 습관을 만들기 위해서는 꿈, 목표, 실천이 유기적으로 연결되어야 한다. 꿈을 그저 꾸기만 해서는 꿈이 이루어지지 않는다. 꾸준한 성장을 위해서는 꿈, 목표, 실천의 차이를 알아야 한다.

꿈은 '지금껏 성취한 적이 없는 계획'을 의미한다. 꿈은 여러 단계로 나눌 수 있는데, 가장 상위에 있는 꿈은 내가 어떻게 살아야 하는지에 대한 인생의 방향이고 평생 고민해야 할 가치다. 현재 가장 상위에 있는 나의 꿈은 남과 북의 통일을 준비하는 것이지만, 영화로 영어 공부할 때는 영어로 이야기하고 책도 보고 글도 쓸 수 있는 실력을 갖는 것이었다.

이 꿈을 이루기 위해 한 편의 영화를 마스터하는 것을 목표로 세웠다. 즉 목표란 '꿈으로 가기 위한 지도이자 과정'이라고 할 수 있다. 목표를 세운 다음에는 당연히 실천이 따라야 한다. 나 역시 목표를 달성하기 위해 매일 2시간씩 나만의 방법으로 영어 공부를 실천했다. 물론 중간에 자기 자신과의 싸움이라는 터널을 만나기도 했지만 의지로 버텼다. 성취감을 경험하지 못하고 버티려고만 하면 오래가지 못하지만, 성취감을 경험한 후 버티기는 상대적으로 쉽다.

이 과정에서 고등학교 생활을 통해 영어뿐 아니라 어떤 과목이든 어떻게 공부해야 할지, 기본적인 공부법도 터득할 수 있었다. 먼저 기억을 믿지 않고 기록을 믿었다. 기억은 오래 못 가고 왜곡될 때도 있지만 기록은 오래가기 때문이다. 머리가 다른 사람보다 뛰어나지 않았기 때문에 대신 내 손을 믿었다. 필기해놓으면 머리가 기억을 못하더라도 몸이 기억하고 있었다. 나는 모든 수업을 필기했고 한 학기가 끝나면 과목당 필기노트만 두세 권이었다. 처음에는 노트 정리를 할 줄 몰라 모든 것을 받아 적었는데 시간이 지나면서 나만의 노트 정리방법을 터득했다.

이러한 실천에서는 '관성의 법칙', 즉 예전의 습관이나 방법, 마음가짐으로 돌아가고자 하는 심리에 주의해야 한다. 북한에서 4년간 거리 생활을 했기 때문에 나는 잔머리를 굴리고 요령을 부리는 데 능숙했다. 하지만 잔머리와 요령으로 공부하면 시험에서 80점 이상을 맞을 수 없었다. 고등학교 생활을 하면서 잔머리와 요령으로 공부하던 버릇을 버리는 훈련을 했다. 오랜 습관을 버리기는 너무 힘들었고 의식하지 않으면 나도 모르는 사이에 옛 습관으로 공부하고 있었다. 하시만 좋은 공부습관을 들이고자 꾸준히 노력한 결과, 요령이 아닌 성실

함으로 공부하는 습관이 자리잡을 수 있었다. 꼭 영어가 아니더라도, 꿈을 위해 공부하고 있다면 그 무엇에 앞서 '꿈을 꿈으로 남겨두지 않겠다'는 의지를 품고 꿈과 목표, 실천의 삼박자를 차근차근 지켜가는 것이 중요하다는 사실을 잊지 않았으면 좋겠다.

4단계

영어, 나의 자신감이 되다

: 스피킹과 스피치 스킬 :

영어면접 성공비결은 스크랩!

북한에서 지냈던 어린 시절 나의 꿈은 군관이 되어서 나라를 지키는 것이었다. 하지만 꿈은 오래가지 못했다. 가족 모두가 평양에서 지방으로 추방된 후 먹을 것을 구하러 중국으로 간 아버지가 돌아오지 않았고, 기다리다 지친 어머니 역시 먹을 것을 구하러 갔다가 행방불명이 되었다. (지금까지도 어머니는 행방불명 상태다.) 결국 나는 길거리에서 4년간 친구들과 꽃제비(거지) 생활을 하면서 죽음의 문턱에서 오직 살아남고자 발버둥쳐야 했다. 꿈 따위는 사치에 불과한 시기였다. 어린이를 '나라의 왕'이라고 부르는 북한이 우리를 거지로 만들었다. 나라를 지키고 싶은 마음은 온데간데없이 사라지고 나와 친구들을 지키고자 하는 절박함이 그 자리를 채웠다. 그때 나의 꿈은 오직 하나, 하루 세끼를 먹는 것이었다.

탈북 후 중국에서 짧은 시간을 보낼 때의 꿈은 아버지를 만나는 것이었다. 그 뒤 한국에서 아버지를 만났고 하루 세끼도 먹게 되면서 꿈은 모두 이루어졌다. 그리고 한참을 새로운 꿈을 찾지 못해 방황했다. 아무리 열심히 해도 전교 꼴등이라는 성적은 공부에 대한 의지와 꿈을 꺾어놓았고, 탈북민에 대한 냉대와 편견은 나를 더욱 절망하게 만들었다.

• • •

앞에서도 말했듯이 중학교 졸업 검정고시를 통과한 후, 잠시 막노동을 했던 적이 있다. 사실 처음부터 막노동을 하려고 했던 것은 아니다. 다른 아르바이트는 대부분 면접에서 떨어져 할 수 있는 일이 많지 않았다. 편의점, 주유소 등에서 수없이 면접을 봤지만 나를 고용하겠다는 곳은 없었다. 면접을 볼 때 하나같이 "말투가 이상하네요?" 하고 물었는데, 사실대로 북한에서 왔다고 하면 연락을 주겠다고 하며 돌려보냈다. 하지만 이후 연락이 온 곳은 한 군데도 없었다. 매번 연락을 기다리기만 하다가 면접을 본 매장을 다시 찾아간 적이 있다. 그때 '나중에 연락하겠다'는 말이 '고용하지 않겠다'는 의미라는 것을 알게 되었다.

반면 막노동판에서는 내 말투와 고향이 전혀 문제되지 않았다. 북한에서 왔다고 이야기하면 오히려 관심을 보이는 사람들이 많았다.

물론 아예 나와 말조차 섞지 않는 사람들도 있었지만 대부분은 따뜻하게 대해주었다. 내게 '나중에 밥 한번 먹자'고 하는 사람도 있었다. 그래서 연락을 손꼽아 기다렸는데 시간이 지나도 아무 말이 없기에 왜 연락하지 않느냐고 물었다. 그때 '밥 한번 먹자'는 말이 꼭 밥을 같이 먹자는 것이 아니라 그저 '또 보자'와 같은 인사말이라는 사실을 알게 되었다. 그렇게 같은 말, 다른 쓰임새에 적응해갔다.

막노동은 힘들었지만 꽃제비를 하면서 배운 눈치 덕분에 형들에게 귀여움을 받았고, 형들과 어울리면서 외로움도 차츰 사라졌다. 어느 날 형들과 술을 마시고 집에 들어왔는데 아버지가 늦은 시간까지 자지 않고 기다리고 있었다. 아버지는 "이야기 좀 하자"고 했지만, "다음날 새벽에 일을 나가야 해서 자야 한다"고 말하고 내 방으로 들어갔다. 솔직히 말하면 "꿈을 먼저 찾으라"는 잔소리만 반복할 것이 뻔하기에 듣고 싶지 않았다. 그런데 여느 때와 달리 아버지가 방문을 열고 들어왔다. 얼굴에서 비장함이 느껴졌다.

"네가 어디서 왔지?"

"아버지가 더 잘 아시면서 뭘 물어요?"

"네 입으로 직접 듣고 싶다."

"북한요."

"그래. 나는 네가 꿈을 꾸며 열심히 살게 하고 싶어서 북한에서 한국으로 너를 데려왔다. 매일 술과 담배에 찌들어 살 줄 알았으면 데려

오지 않았을 거다."

"누가 한국으로 데려와달라고 했나요? 그리고 아버지는 열두 살 때 나를 버렸잖아요! 차라리 나를 찾지 말고 북한에서 살게 내버려뒀으면 더 좋았을 거예요."

아버지 가슴에 비수를 꽂는 말이라는 것을 알았지만 그땐 나도 정말 화가 났다. 결국 분을 참지 못하고 집을 뛰쳐나오고 말았다. 모든 것을 잃은 느낌이었다.

잘 곳을 찾아서 아는 형이 아르바이트하는 만화방으로 갔다. 미성년자보호법 때문에 만화방과 피시방에서 잘 수 없었지만 형이 사정을 봐준 덕분에 만화방에서 지낼 수 있었다. 그런데 만화방 사장이 내가 미성년자라를 사실을 알게 되는 바람에 쫓겨나고 말았다. 나를 재워줬다는 이유로 형도 해고됐고 우리는 다시 막노동판에서 만났다. 낮에는 막노동을 하고 밤에는 찜질방에서 잤다. 미성년자 출입 금지시간 전에 들어가서 잘만 숨어 있으면 아침까지 잘 수 있었다. 찜질방에서 자는 횟수가 늘어나면서 남탕을 청소하는 아저씨와 친해졌다. 내가 가출했다는 사실을 알게 된 아저씨는 계속 집으로 돌아가라고 설득했다. 한번은 수건과 찜질복을 정리하면서 아저씨가 왜 가출했느냐고 물었다. 아버지와 싸웠다고 답하자 혹시 아버지가 때렸냐고 물어왔다. 그냥 말다툼을 한 것이라고 설명해줬다.

"집에는 들어가지 않을 거냐?"

"집에 들어가지 않아도 잘 지낼 수 있어요. 집의 필요를 못 느끼는 걸요."

"가출을 자주 했니?"

"아뇨. 가출은 이번이 처음인데, 집 없이 살아본 경험은 꽤 돼요."

내 말을 듣고 놀랐는지 아저씨는 정리하던 수건을 잠시 내려놓고 가만히 쳐다보다가 말을 이었다.

"집 없이 어떻게 살았니?"

북한에서 태어났고 길거리에서 살았고 아버지가 보낸 브로커를 통해 한국에 오게 된 사연을 간단히 이야기했다. 내 말이 끝나자 이번에는 아저씨가 자신의 사연을 들려주었다. 사업을 하다가 실패한 뒤 아내와 이혼하고 지금은 목욕탕 청소와 때밀이를 하며 찜질방에서 지낸다고 했다. 번 돈의 일부는 매월 아이의 양육비로 보낸다는 설명도 덧붙였다.

"이미 이혼한 사이인데 왜 양육비를 보내요?"

"이혼을 했어도 아들은 아들이니까. 그리고 나의 작은 도움으로 아이가 잘 성장할 수 있다면 아버지로서 더 바랄 것이 없으니까."

아들은 자주 만나냐고 물었더니 보고는 싶지만 아이가 창피해 할까봐 만날 수 없다고 했다. 이해하기 힘들었다. 만나지도 못하면서 아들이라는 이유로 어렵게 번 돈을 보내다니, 아들은 나중에 아버지를 기억하지 못할 수도 있는데 말이다. 조심스럽게 걱정을 표하자 아저씨는 웃으며 말했다.

"네가 결혼해서 아이를 가져보면 알겠지만 자식이 잘되는 것이 부모의 꿈이야. 다른 꿈은 없단다."

공부는 못해도 되니 꿈을 찾으라고 했던 아버지가 생각났다. 화제를 바꾸고 싶어서 찜질방에서 지낸 지 얼마나 되었냐고 물었다. 목욕탕 이곳저곳을 떠돌다보니 내가 길거리에서 산 기간과 비슷하다고 했다. 그러면서 아저씨는 다시 이야기를 돌려 나를 설득했다.

"만약 네 아버지가 진짜 너를 버린 거였다면, 북한에 브로커까지 보내서 너를 찾았겠니? 아버지는 고생 끝에 자신의 꿈인 너를 찾았고 그 꿈이 잘 크기만을 바랐는데, 네가 가출을 했으니 지금 마음이 얼마나 아프겠어."

아무런 답을 할 수 없었다. 피곤해서 먼저 자겠다고 하고 매트를 챙겨서 수면실로 향했다. 사실 아저씨의 말이 옳았고 반박할 수 없어서 화가 났다. 복잡한 심정 때문에 잠을 잘 수 없었다. 전날의 대화는 다음날까지 여파를 미쳤고 일이 손에 잡히지 않았다. 부서진 콘크리트 속에서 철근을 수거하는 작업을 하면서 집에 돌아갈까 말까를 종일 고민했다. 일이 끝난 뒤 먼지가 뽀얗게 쌓인 머리를 대충 털고 집으로 향했지만 들어갈 수 없었다. 집이 보이는 맞은편 아파트 입구에서 들어갈지 말지 한참을 망설였다. 시간이 점점 흐르고 지나가던 사람들이 먼지를 뒤집어쓴 내 모습을 보면서 수군대기 시작했다. 아파트 입구 출입문에 비춰보니 몰골이 말이 아니었다. 집에는 인기척이 없어 보였다. 우선 샤워만 하고 다시 나오려고 들어갔다가 아버지와 마주쳤다. 그리고 앞에서 말했듯 "미안하다"는 아버지의 진심 어린 사과와 "꿈은 인생의 방향"이라는 조언에 비로소 마음을 고쳐먹게 되었다. 한국에 온 뒤 처음으로 '꿈'에 대해 진지한 고민을 시작하게 된 것이다.

이후 의사가 되어 돈을 많이 벌겠다는 막연한 꿈은, 호주 교환학생 경험을 계기로 통일의 다리가 되겠다는 원대하고 분명한 꿈으로 바뀌었다. 그때부터 앞으로 어떤 공부를 해야 할지 구체적인 계획을 세웠다. 남과 북의 통일을 준비하기 위해서는 한반도 통일에 대한 유관국들의 이해관계를 살펴볼 필요가 있었다. 남과 북이 아무리 통일을 원해도 주변 나라들이 훼방을 놓으면 성공적인 통일로 갈 수 없다고 판단했다. 그리고 이 나라들의 이해관계를 파악해 남북 통일이 결코 손해가 아니라는 사실을 지속적으로 설득하기 위해서는 정치외교를 공부할 필요가 있다는 생각이 들었다. 대학교를 검색하던 중 서강대학교 정치외교학과 김영수 교수님이 남북관계에 대해 쓴 글을 몇 편 보았다. 눈이 번쩍 뜨였다. '이분 밑에서 공부하면 내 꿈을 현실로 만들 수 있겠구나'라는 확신이 들어서 서강대학교 정치외교학과에 입학원서를 냈다. 꿈을 향한 본격적인 행보의 시작이었다.

• • •

마침내 서강대학교 면접날이 찾아왔다. 긴장된 마음으로 대기실에서 구술면접 차례를 기다리고 있었다. 잠시 후 내 차례가 되었고 세 명의 친구들과 함께 면접장에 들어갔다. 면접관으로 세 분의 교수님이 앉아 계셨고, 그중 한 분이 김영수 교수님이었다. 각자 자기소개를 먼저 한 뒤 두 개의 개별질문과 하나의 공통질문을 받았다. 교수님 한 분이 내게 "금강산 박왕자 씨 피격사건을 어떻게 보느냐"고 물었다. 민간인을 향해 사격한 북한군의 잘못이 가장 크지만, 군사통제구역에 들어가지 않도록 철저하게 관리하지 못한 남측 잘못도 있다고 답했다. 결국은 분단의 아픔을 안고 살아야 하는 우리 민족의 비극이라고 덧붙였던 것 같다. 다음으로 김영수 교수님이 나의 꿈을 언급하며 통일은 어떤 의미인지, 어떻게 통일을 준비해야 하는지를 물었다. 잠시 호흡을 고른 후 입을 열었다.

"저에게 통일은 집으로 돌아갈 수 있는 유일한 길입니다. 진정한 통일은 사람의 통일이라고 생각합니다. 물론 지금 당장 남북 사람들이 오가며 만나는 것은 현실적으로 불가능합니다. 그러나 남한에서 먼저 '작은 통일'을 만들어볼 수는 있다고 생각합니다. 약 2만 5천 명의 탈북민들(현재는 3만 2천 명 정도다)이 남한 사회에 살고 있는데, 이들은 '먼저 온 미래'입니다. 이들이 남한 사회의 도움으로 지역사회에 잘 정착하고 지역주민들이 이들을 통해 북한을 알아가면서 서로 친구가 된다면, 이들 사이에서는 이미 통일이 시작되고 있는 것이 아닐까요? 2만 5천 명의 탈북민들과 시행착오를 거치면서 작은 통일을 연습한다면 여기에서 얻은 경험을 바탕으로 나중에 남과 북이 큰 통일을 할 때 혼란을 최소화할 수 있을 것입니다. 따라서 지역주민들과 탈북민들이 서로 친구가 될 수 있는 다양한 프로그램을 정부가 지원하고 민간단체가 참여하는 방식으로 모두 함께 사람의 통일을 준비할 필요가 있다고 생각합니다."

이것은 나의 경험을 바탕으로 한 논리였다. 시간이 지나면서 그 수가 줄고 있긴 하지만 다수의 남한 사람들은 북한 사람을 형제자매 또는 반쪽이라고 이야기한다. 하지만 한국 정착 초기 남한 사람들은 나를 그들의 형제가 아니라 이방인처럼 대했고 나는 편견을 극복하고자 갖은 애를 써야 했다. 아르바이트 면접을 보면 북한에서 왔고 억양이 이상하다는 이유로 번번이 떨어졌다. 사회의 구호 속에서 나는 형제였지만 삶의 현실 속에서는 이방인이었다. 차라리 한민족이라는 개념과 의식이 없으면 차별과 편견에 대해 덜 서운했을 것이고 상대적 박탈감도 덜 느꼈을 것이다.

북한에서 남과 북은 한민족이고 형제자매라고 배웠는데 막상 남한 사람들의 편견과 차별을 받으면서 '나는 누구인가'를 고민하기 시작했다. 남한에 와서 수많은 어려움을 겪었지만 가장 힘들었던 것은 정체성의 혼란이었다. 나는 북한에서 태어나고 자랐기 때문에 북한 사람이었고, 동시에 대한민국 국적을 가지고 남한에 살고 있기 때문에 한국인이라고 생각했다. 그런데 사람들이 내 억양을 듣고 어디서 왔냐고 물어오면 당황스럽기 그지없었고 점점 시간이 지나면서 북한에서 태어난 것을 저주라고 여기게 되었다. 북한을 더 이상 기억하고 싶지도 않았고 이야기는 더더욱 하고 싶지 않았다. 그래서 '남한화'가 되기 위해 밤마다 TV를 보며 북한 억양을 버리는 연습을 했고 언젠가부터 사람들은 내게 고향이 어디인지 묻지 않았다. 나는 점점 고향을 잊어가고 있었다. 그러던 중 호주에 교환학생으로 갔다가 많은 사람들 앞에서 남북에 대한 이야기를 하면서 '한반도인'이라는 새로운 정체성을 찾을 수 있었고, 남과 북 모두를 내 고향으로 받아들이게 되었다. 이런 경험이 있었기에 남한에서 먼저 지역주민과 탈북민의 '작은 통일'부터 이루어져야 한다는 논리를 펼칠 수 있었던 것이다.

내가 답변을 마친 후 세 번째 교수님은 공통질문으로 서강대에 입학하면 어떤 대학생활을 하고 싶은지를 질문하며 한국어를 제외한 다른 언어로 답하라고 했다. 다른 친구들이 먼저 중국어로 각오를 밝혔고 마지막으로 내가 답할 차례였다. 나는 영어로 각오를 이야기하기 시작했다. 교수님 세 분뿐 아니라 함께 면접을 보던 친구들도 나를 쳐다봤다. 교수님들의 표정에서 놀라움을, 친구들의 얼굴에서 부러움을 읽을 수 있었다. 나는 정치외교학과에서 한반도 주변국들의 이해관계를 배워서 남북의 통일을 준비하고 싶고, 나아가 통일과 관련된 다양한 활동에 참여해 학교에서 배운 학문을 현실에 응용해보고 싶다고 차분하지만 당당하게 밝혔다. 대답을 마치자 교수님 한 분이 영어를 어디서 어떻게 배웠냐고 물었고, 한국에서 영화를 보면서 독학했다고 말했다. 교수님은 대견하다는 미소를 보이면서 알겠다고 했다.

• • •

면접이 끝나고 학교 정문을 나오면서 합격했다는 자신감이 들었다. 개별질문에 대한 답은 같이 면접을 본 친구들과 비슷하게 했지만, 공통질문에서 '영어하는 탈북 청년'이라는 좋은 인상을 심어줄 수 있었다고 생각했기 때문이다.

무엇보다 면접을 철두철미하게 준비한 만큼 기대한 결과를 거두었다는 만족감이 있었다. 면접은 주로 신문을 중심으로 준비했다. 우리 사회의 고질적 문제라든지 세상을 떠들썩하게 한 사건에 대한 사설이나 오피니언 기사, 북한과 관련된 이슈를 주로 봤다. 이런 기사를 노트에 붙인 후 그 밑에는 내 생각을 정리했다. 그리고 '왜'라는 질문을 거듭 던지며 저자의 논리를 반박하는 연습을 했다. 사실 이것은 고등학교 3학년에 올라갈 때 지구촌고등학교 교장선생님이 대학교 면접을 잘 보기 위해 알려준 팁이었는데, 실제로 정말 많은 도움이 되었다. 스크랩했던 신문기사의 내용이 면접에 나온 것이다. 금강산을 찾은 한국인 관광객 피격사건이 그것이었다.

기사를 스크랩하다보니 크게 정치, 경제, 문화, 사회, 기술, 의료, 교육으로 자연스럽게 분야가 나뉘었고, 각 분야당 주로 열 개 정도의 주제가 추려졌다. 이 주제들이 사설이나 오피니언 기사에 계속 언급되었는데, 특히 다섯 번 이상 언급되면 그 이슈는 면접에서 다루어질 가능성이 높기에 더욱 주의 깊게 살폈다. 사회 이슈를 바탕으로 예상질문과 답변을 준비할 때 기사에 언급된 횟수가 세 번 미만인 이슈는 읽지 않았고, 서너 번 정도 나오면 한 번쯤 자세히 읽어봤으며, 다섯 번 이상 나오는 것은 집중적으로 파고들었다.

하지만 이런 준비는 다른 수험생도 비슷하게 했을 거라고 생각했기 때문에 나만의 특기를 마련해야 했다. 그때 빛을 발한 것이 바로 영어였다. 나는 영어로 자기소개와 미래의 계획, 꿈을 말할 수 있도록 준비했다. 교수님이 마지막으로 할 말이 없냐고 물을 때를 대비한 것이었다. 탈북민들이 한국 사회에 정착하면서 가장 어려워하는 것이 영어와 외래어다. 대부분의 탈북민들은 한국에 와서야 처음 영어를 공부하기 때문에 내가 그랬듯이 이들에게 영어는 결코 정복이 불가능해 보이는 높디높은 산이다. 그때나 지금이나 외국인과 자연스럽게 영어로 대화하는 탈북민은 많지 않다. 그렇기에 영어로 나를 표현하는 일은, 대부분의 탈북민 청년들이 어려워하는 과제를 노력을 통해 극복했다는 사실을 보여줄 수 있는 장치였다. 나아가 어떤 어려움도 포기하지 않고 해내겠다는 의지를 자연스럽게 표출할 수 있는 도구이기도 했다.

면접을 위한 준비는 적중했고, 결과는 합격이었다. 입학 전 교수님들과 함께하는 탈북민 예비대학생 캠프에서 소문으로 들었는데, 구술 면접에서 유창한 영어로 이야기한 탈북민은 내가 처음이라고 했다. 나는 영어 실력이 서강대학교 합격에 큰 영향을 미쳤다고 믿는다.

오바마의 연설, 스피치의 최고 교재

대학교 수업 첫날 서강대학교 중앙도서관인 로욜라도서관에 갔다. 내가 주로 공부할 곳이 어떻게 생겼는지 궁금했고 대학생답게 도서관에서 책도 읽고 싶었다. 도서관 1층에 있는 공용책상에 앉아서 전날 구매한 원서《Dead Poets Society》를 펼쳤다. 영화 〈죽은 시인의 사회〉의 원작이었고, 내가 처음으로 읽은 영어 소설이었다. 문득 예비대학생 캠프에서 김영수 교수님께서 하신 말씀이 떠올랐다.

"서강대학교는 전국에서 10퍼센트 안에 드는 학생들이 오는 학교입니다. 공부를 많이 시킨다고 해서 '서강고등학교'라는 별명도 있죠. 학사관리가 철저하기 때문에 열심히 공부하지 않으면 졸업하기 어려울 겁니다."

한국의 정규교육과 학원을 통해 실력을 쌓은 우수한 학생들과 경쟁할 생각을 하니 앞이 캄캄했다. 하지만 걱정도 잠시, 《Dead Poets Society》를 펼치고 첫 페이지에 각오를 적었다.

'1학년 때는 친구들의 바짓가랑이를 잡고 가고, 2학년 때는 친구들의 허리춤을 잡고 가고, 3학년 때는 친구들과 어깨동무를 하고 가고, 4학년 때는 비로소 친구들을 앞서가자. 서강대에 입학하며 로욜라도서관 1층에서.'

이 각오는 대학교를 졸업할 때까지 나를 지탱해준 버팀목이었다.

• • •

영어로는 경쟁할 자신이 있었지만 나머지 과목은 자신이 없었다. '실력이 없을수록 더 성실하자'라는 마음가짐으로 모든 수업에 임했다. 서강대는 고등학교처럼 수업 시작과 끝을 알리는 종이 울렸고, 자리도 지정좌석제로 앉았다. 그래서 새 학기 첫 주는 그 학기 내내 앉을 자리를 차지하기 위한 전쟁이 벌어졌다. 인기 있는 과목의 경우 좋은 자리를 선점하기 위한 학생들의 행렬로 수업 시작 1~2시간 전부터 강의실 앞이 북적이기 십상이었다. 이 치열한 경쟁을 뚫고 나는 항상 중앙 맨 앞자리를 차지했다. 그리고 첫 시간에는 교수님을 찾아가서 강의를 녹음해도 되겠냐고 허락을 구했다. 대부분 교수님들은 괜찮다고 했지만 간혹 한두 분은 허락하지 않았다. 그래서 모든 과목을 필기했다. 그날 배운 것은 무조건 그날 정리하고 넘어갔다. 고등학교에서 훈련했던 공부하는 습관, 특히 노트 정리가 대학 수업에서도 큰 도움이 되었다.

부족한 실력으로 친구들과 경쟁하기 위해서는 시간을 효율적으로 사용해야 했고, 오직 공부에만 에너지를 집중시켰다. 그러다보니 나의 동선은 기숙사–강의실–도서관으로만 이루어졌다. 미팅하느라 리포트를 제때 제출하지 못하는 동기들도 있었고 저녁 늦게까지 선배들과 술을 마셔 다음날 강의시간에 늦거나 결석하는 동기들도 있었지만, 나는 지각 한 번 하지 않았고 리포트도 모두 정해진 기간 내에 제출했다. 놀고 싶은 마음이 없었던 것은 아니지만 놀 수 있는 마음의 여유는 없었다. 남들보다 늦게 꿈의 출발선을 끊은 만큼, 더 부지런히 가야 한다는 생각으로 스스로를 채찍질했다. 다른 학우들보다 시험을 잘 보지는 못했지만 출석에서 점수를 만회하고 성실하게 리포트를 작성한 결과 학기말에는 좋은 성적을 받을 수 있었다.

물론 나태해지려는 순간이 불쑥불쑥 찾아오곤 했다. 그럴 땐 아버지를 떠올렸다. 보다 정확히 말하면 내가 방황을 마치고 다시 공부하기 위해 지구촌고등학교 입학을 결정했을 때를 생각했다. 부산에 내려가기 전날, 아버지는 평소보다 일을 일찍 마치고 집으로 왔다. 손에는 소주 한 박스와 담배 한 보루가 들려 있었다. 저녁밥을 차리려는데 아버지가 밥상을 바닥에 내려놓더니 사발 두 개에 소주를 붓기 시작했다.

"성주야, 여기 앉아봐라."

술을 마셔본 적은 여러 번이지만, 아버지와 마시기는 처음이었다.

"고향 생각도 나고 하니까 북한식 사발주나 같이하자."

사발주는 소주를 사발에 부어서 마시는 것이다. 각자 소주 한 병씩을 사발에 부어서 마시고 나니 아버지가 담배를 권했다. 나는 아버지 앞에서는 피울 수 없다고 했다. 술은 같이 마시더라도 어른과 맞담배를 하는 것은 예의가 아니라는 사실을 잘 알고 있었다. 그러자 아버지가 말했다.

"지금 우리는 아버지 대 아들로 술을 마시고 담배를 피우는 게 아니다. 남자 대 남자로 마시고 피우는 거야."

당황스러웠지만 아버지의 강력한 권유를 거절할 수도 없어서 조심스럽게 담배를 입에 물었다. 그 모습을 지켜보던 아버지가 다시 빈 사발에 소주를 붓더니, 진지한 목소리로 이야기를 꺼냈다.

"성주야, 남자 대 남자로 나와 약속 하나 하자."

"뭘 약속해요?"

"지금 피우고 있는 담배와 마시고 있는 술이 네 인생의 마지막 담배와 술이었으면 좋겠다. 약속할 수 있겠니?"

나는 약속하겠다고 했고, 그 후로 담배와 술을 끊었다. (지금도 담배는 절대 피우지 않지만 피할 수 없는 술자리가 잡히면 예의상 한두 잔씩 마시긴 한다.

하지만 혼자서는 절대 술을 마시지 않는다.) 아버지와의 약속이 가장 큰 이유였지만 공부를 위한 최상의 상태를 만들기 위해서도 금연과 금주는 필수였다. 술과 담배가 기억력이나 집중력에 좋지 않은 영향을 미친다는 사실을 알았기 때문이다. 모든 일을 할 때는 선택과 집중이 필요한 법이다. 공부를 택한 이상 방해되는 다른 것은 모조리 치워야 했다. 술, 담배와 마찬가지로 놀고 싶은 마음, 게으름을 피우고 싶은 마음도 모두 공부에 방해되는 것들이었다. 대학에 들어온 뒤 공부를 하다가 힘들거나 어려운 순간이 찾아오면 금연과 금주를 실행했던 굳은 의지와 오기를 떠올리며 다시금 나를 다잡곤 했다.

• • •

대학교 입학 후 영어 공부에도 변화가 찾아왔다. 첫 영어시간에 교수님께서 보여주신 오바마 대통령의 연설이 계기였다. 뉴햄프셔 주의 남부 도시 내슈아에서 2008년 1월 8일에 한 연설이었다. 모든 내용이 다 감명 깊었지만, 가장 기억에 남았던 문구는 이것이었다.

"Yes, We Can."

오바마 연설의 핵심은 '미국의 국민들, 특히 젊은층들은 변화를 갈망하고 있고 미국은 더 살기 좋은 곳으로 변화해야 한다. 그리고 우리는 함께 변화를 이끌 수 있다'는 것이었다. 여기서 오바마 대통령이 특히 강조한 것이 '함께'였고 이러한 맥락에서 '우리는 할 수 있다'는

'yes, we can'을 이야기했다. 이 연설을 통해 오바마 대통령에게 관심이 생겼고, 그의 모든 연설을 찾아보게 되었다.

이때부터 영화가 아니라 오바마 대통령의 연설 영상으로 영어 공부를 했다. 그러다가 내 실력에 가장 적합한 영어 영상을 찾았는데, 바로 TED였다. 유튜브에서 연설을 검색하면서 타고 타고 들어가다보니 TED 강의 영상을 접하게 된 것이다. TED는 미국 비영리재단에서 운영하는 강연회인데 정기적으로 기술, 오락, 디자인 등과 관련된 강연회를 개최한다. 최근에는 과학부터 국제적인 이슈까지 다양한 분야와 관련된 강연회를 진행하고 있다. 모든 강의는 18분 내외로 이루어지는데, TED의 모토 '알릴 가치가 있는 아이디어(Ideas worth spreading)'에 맞게 각 분야에서 뛰어난 사람들이 연사로 선다. TED의 장점은 세계적인 저명인사의 강의를 무료로 들을 수 있다는 것뿐 아니라 길지 않은 시간을 투자하면 된다는 것, 영어 실력을 키우는 동시에 세상을 바라보는 시야도 넓힐 수 있다는 것 등 한두 가지가 아니다.

오바마 대통령의 연설과 TED로 공부하기 시작하면서 영어 실력이 점차 전문성을 갖추기 시작했다. 단순히 영어로 이야기하는 정도를 넘어 사람들을 감동시키고 설득하는 기술도 익힐 수 있었던 것이다. 여기에 더해 대학교에서 영어 라이팅 수업을 들으면서 좀더 체계적인 훈련이 가능했다. 사실 영상 공부법으로 영화 열두 편을 마스터하고 나면 영어 공부법에 변화가 필요하다. 영화 대신 TED나 연설처럼 관심 가는 분야의 영상으로 교재를 교체할 필요가 있고, 1~6단계 공부 전략도 3단계로 축소해야 한다.

1단계: 연설을 자막 없이 보다가 들리지 않거나 모르는 부분만 영어 자막으로 확인한다. 이미 열두 편의 영화를 정복했으므로 놀랍게도 영상이 쉽게 들린다.

2단계: 스크립트를 뽑아서 큰 소리로 읽으면서 모르는 표현과 단어를 정리한다. 그 단어들을 이용해 최소 두 개 이상의 문장을 만들어 보면 도움이 된다. 영상 공부법 때처럼 스크립트 전체를 받아 적을 필요는 없다.

3단계: 들었던 연설을 하루에 다섯 번씩 반복해서 5일을 듣는다. 그리고 6일째 되는 날에는 연설에 대한 자신의 생각을 정리한다.

나는 대학교 공부를 하면서 영어 원서를 읽는 동시에 TED를 일주일에 하나씩 마스터했다. TED에서 배운 단어들을 라이팅 수업이나 과제에 응용했고 교수님으로부터 고급 어휘를 쓴다고 칭찬받기도 했다. 하지만 처음부터 TED로 영어 공부를 하는 것은 추천하고 싶지 않다. TED는 영상 공부법으로 열두 편의 영화를 마스터한 다음에 시작하는 것이 효과적이다. TED는 전문분야를 다루기에 내용이 영화에 비해 상대적으로 어려울 수밖에 없는데, 기초를 쌓을 때는 흥미와 재미가 있어야 오래도록 지치지 않고 해나갈 수 있기 때문이다. 처음부터 어려운 내용의 영상으로 공부하면 포기하기 쉽다. 영어 실력이 어느 정도 쌓인 다음에 TED를 보는 것이 좋은 또다른 이유는, 모든 강의가 18분 내외의 짧은 시간에 정보를 압축적으로 전달하고 있어서 영어 실력이 부족하면 집중해서 듣기가 어렵기 때문이다. 집중력이 떨어지면 영상 공부법은 아무런 효과가 없다. 영상을 '이해하고 즐기는 것'이 아니라 '그냥 듣는 것'이 되기 십상이다. 시간을 낭비하는 단순노동이 되는 것이다. 따라서 TED는 아직 영어 기초가 없는 사람에게는 추천하고 싶지 않다. 중요한 것은 '빠른 길'이 아니라 '바른 길'이라는 사실을 잊지 말기 바란다.

영어 분투기
12

집에서 듣는 세계적인 연사들의 강연, TED

1) 보고 싶은 강연을 찾는다. 집중력을 끝까지 유지하기 위해 영상의 길이는 20분을 넘기지 않는 것이 좋다. 무엇보다 관심 있는 주제 중에 선택해야 한다. 전문분야의 강연이므로 관심 없는 주제라면 끝까지 보기 어렵다.
2) 자막 없이 영상을 본다. 70퍼센트 이상 이해할 수 있으면 굳이 영화로 영어를 공부할 때 썼던 1~6단계 과정을 거칠 필요가 없다(물론 영상이 너무 좋아서 완벽하게 마스터하고 싶다면 6단계 공부법대로 해도 좋다).
3) 자막 없이 이해하기 어려운 내용은 영어자막으로 보면서 내용을 파악한다.
4) 스크립트를 읽으면서 모르는 단어를 정리한다. 영영사전으로 정의와 예문을 옮겨 쓰고 그 단어를 사용한 문장을 두 개씩 만들어본다.
5) 감상문을 쓴다. 내가 연설가라면 같은 주제로 어떤 이야기를 할지, 어떤 태도로 말할지 생각해본다. 이 단계에서는 영어를 통해 지식을 확장시키고 연설방법을 익힐 수 있다. 영어로만 쓰기 어렵다면 영어와 한글을 섞어 쓰더라도 상상력을 최대한 발휘할 수 있는 방법으로 써야 한다. 처음부터 완결된 문장을 쓰려 하지 말고 스스로와의 브레인스토밍을 통해 다양한 키워드를 끌어내고 나서 글을 써본다.

성주's comment

"이제 영상 공부법을 졸업할 때!"

솔직히 말해 TED는 어느 정도 영어 실력을 쌓은 후에 보시기를 권합니다. 전문분야에 대한 내용이 많아 어렵기도 하고 연사 혼자 15~20분씩 말하는 영상이라 집중력을 유지하기 쉽지 않거든요. 게다가 짧은 시간 안에 완결된 내용을 전달하는 콘텐츠여서 한번 잘못 들으면 내용을 따라가기 어려워요. 하지만 세계 곳곳에 있는 동경하는 사람의 이야기를 편안하게 집에서 들을 수 있다는 건 큰 매력이죠!

만약 TED 강연을 자막 없이 70퍼센트 이상 이해하셨다면 이제는 영상 공부법이 필요하지 않습니다. 여러분께는 이미 영어로 할 수 있는 다른 일이 얼마든지 있으니까요! 강의를 들을 수도 있고 직접 강연을 할 수도 있을 거예요. 글을 써볼 수도 있고요. 여러분만의 공부방법도 생겼겠죠? 그렇다면 이제 여러분의 방법을 믿으세요. 이 책은 어디 던져두셨다가 가끔 제 생각이 나면 펼쳐보세요. 저는 이 책이 여러분께 영어의 기초를 다지고 실력을 쌓는 길을 안내하고 얼른 고물이 되기를 바랍니다. 여러분이 영어를 목적이 아닌 수단으로 편히 활용하시길 바랍니다!

'기회는 준비된 자를 돕는다', 공인 영어시험 도전!

대학교를 다니는 내내 기숙사에서 지냈다. 덕분에 외국에서 온 유학생들과 친해졌고, 공부하다 모르는 것이 있으면 기숙사 로비에서 그들을 만나 물어보곤 했다. 특히 라이팅과 관련해서 큰 도움을 받았다. 영상으로 공부하다보면 구어체 글쓰기는 문제가 없었지만 전문성을 요하는 문어체 글쓰기가 버거웠다. 구어체는 경제성을 생각해 축약형을 많이 사용하지만 문어체는 축약하지 않고 풀어쓴다. 〈니모를 찾아서〉의 스크립트를 예로 들어보자.

"Nemo, **don't** move! **Don't** move! **You'll** never get out of there yourself. **I'll** do it. All right, **where's** the break? You feel a break?"

이것을 축약하지 않고 쓰면 다음과 같다.

"Nemo, **do not** move! **Do not** move! **You will** never get out of there yourself. I will do it. All right, where is the break? You feel a break?"

큰 차이가 없어 보일 수 있지만 아카데믹한 글쓰기에서 축약형을 쓰는 것은 치명적이었다. 이 문제로 고민하다가 영국에서 유학 온 친구에게 문어체 글쓰기가 잘되지 않는다고 털어놓았다. 그러자 친구는 영어 문법책을 소개해주었다. 《Grammar in Use》라는 책이었는데, 이 원서로 문법을 기초(Basic)부터 고급(Advanced)까지 공부하는 데 3개월이 걸렸다. 원서로 공부하니 어렵게 번역된 한국어 문법용어를 외울 필요가 없었다. 문법을 공부하면서 그때까지 습득했던 영어 표현들이 총정리되었고, 라이팅 수업에서도 좋은 결과를 얻을 수 있었다.

경험에 비추어볼 때 영어 문법은 실력을 쌓은 후에 원서로 공부하는 것이 가장 좋은 방법인 것 같다. 규칙을 먼저 배우면 언어를 규칙적으로 이해하려고 하게 되어서, 영어가 모국어가 아닌 사람이 말하기 실력을 쌓는 데 걸림돌이 될 때가 많기 때문이다. 언어는 규칙을 통해 배우는 것이 아니라 먼저 반복적 습관을 통해 습득해야 한다. 그리고 실력을 쌓은 후 원서로 문법을 공부하면 더욱 전문적인 스피킹과 라이팅을 할 수 있다. 우리나라는 처음부터 문법과 단어를 지나치게 강조하고 시험 위주의 영어를 가르친다. 이것이 오히려 우리나라 사람들을 영어에서 멀어지게 하고 있다고 생각한다.

나는 영어를 '학문'이 아니라 '언어'로 접근했다. 영화를 보고 책을 읽으면서 영어 실력을 쌓는 것이 먼저였다. 영어단어를 따로 외우지 않는 대신 영화와 책에서 모르는 단어를 노트에 정리하면서 단어 양을 늘렸다. 대학교에서 영어 글쓰기를 하면서 문법의 필요성을 느꼈고 그때 비로소 문법을 공부했다. 문법은 흩어져 있던 영어 구슬들을 실로 연결하는 역할을 했다. 실력도 없고 흥미도 없는 상태에서 문법부터 공부했다면 영영 영어를 포기했을지도 모른다.

• • •

어느덧 한 학기가 끝나고 여름방학이 찾아왔다. 기숙사 친구들과 토플 공부를 시작했다. 대학교를 졸업할 때 공인 영어 성적을 제출해야 하는데 가능하면 미리 준비하고 싶었다. 나와 친구들은 ETS에서 출간한《The Official Guide to the TOEFL》과 문제집을 풀면서 토플을 공부했다. 처음에는 주어진 시간 안에 문제를 푸는 것이 어려웠다. 그래서 시간을 효율적으로 관리하는 연습을 병행했다. 모든 섹션을 시간을 맞춰놓고 풀었는데, 특히 리딩과 라이팅은 실제 시험시간보다 5분 먼저 끝낸다는 생각으로 계속해서 반복적으로 훈련했다.

공인 영어시험에서 고득점을 얻기 위해서는 시험에 자주 나오는 필수 단어들을 암기할 필요가 있다. 그래서 토플에 자주 등장하는 단어들을 외워서 시험을 보고 친구들과 서로 채점도 해주었다. 기출문제를 풀면서 잘 해석되지 않는 부분은 서로 물어보기도 했지만 되도록 혼자 해결하고자 했다.

채점 후 틀린 문제는 표시했다가 답안지를 보지 않은 채 다시 풀어봤다. 이때는 시간에 구애받지 않고 충분한 시간을 들여서 왜 틀렸는지를 분석해야 한다. 이렇게 해야 틀린 문제가 나의 실력이 되고 비슷한 문제에서 똑같은 실수를 반복하지 않을 수 있다. 그래도 이해되지 않는 문제가 한두 개 있었는데, 역시 답안지를 보지 않고 계속 풀려고 고민하다보면 웬만큼 답을 찾을 수 있었다. 시간만 충분히 주어진다면 문제는 다 풀 수 있었지만 정해진 시간 내에 풀지 못하면 의미가 없으므로, 결국 토플 리딩은 '시간과의 싸움'이었다. 틀린 이유를 찾고 나면 모르는 단어를 단어장에 정리했다. 이렇게 기출문제를 풀면서 단어를 따로 정리하니 토플에 자주 등장하는 단어를 공부하는 시간이 줄어들게 되었다.

처음으로 치른 토플시험에서 103점을 받았다. 이 성적이면 졸업할 때 제출용으로 충분했기에 더 이상 공인시험 성적을 위해 영어를 공부할 필요는 없었다. 함께 공부한 친구들 중에서 내가 가장 높은 점수를 받았기에 모두 부러워하며 어떻게 공부했냐고 물어왔다. 영상 공부법을 설명해줬고, 토플은 효율적으로 시간관리를 하는 연습을 했다고 알려주었다. 하지만 친구들은 시간이 너무 많이 걸리는 방법이라며 주저했다. '바른 길'이 곧 '빠른 길'이라는 사실을 알지 못하는 친구들이 안타까웠지만, 나 역시 오랜 시행착오를 통해 간신히 깨달은 것이니 친구들이 모르는 것은 당연하다는 생각이 들기도 했다.

• • •

1학기를 좋은 성적으로 마쳐서 보람찼지만, 솔직히 재미있는 대학 생활은 아니었다. 장학금을 받아야 한다는 압박감 때문에 기숙사-강의실-도서관만 오가며 지냈다. 연애하고 여행도 하며 대학생활을 즐기는 동기들이 부러웠다. 어느 순간 나를 돌아보니 공부만 하는 기계가 되어버린 것 같았다. 공부를 열심히 해서 좋은 성적을 받는 것은 꿈을 이루기 위한 과정인데, 좋은 성적 자체가 꿈이 되어버린 것 같았다. 대학을 입학할 때 품었던 꿈, 남북 통일의 다리가 되겠다는 포부도 점점 희미해져가고 있었다. 나아갈 방향을 서서히 잃어가고 있었고 그러니 공부도 지겨워지기 시작했다.

다행히 1학년이 끝나갈 무렵, 나의 꿈을 다시 점검할 기회가 찾아왔다. 통일 관련 대학생 토론대회에 참석한 것이 계기였다. 토론은 주어진 주제에 대한 찬반 입장을 제비뽑기로 정한 후 각자의 논리를 펼치는 식으로 진행되었는데 개인전이 아닌 팀별 대항전이었다. 그래서 서강대학교 친구 한 명과 이화여자대학교 친구 두 명, 그리고 나까지 네 명이 팀을 꾸리게 되었다. 대회를 준비하면서 다양한 각도로 통일을 바라볼 수 있었고, 비슷한 꿈을 가진 사람들을 통해 새로운 자극을 받았다. 덕분에 결과도 좋아서, 개인 특별상을 받았다. 하지만 무엇보다 서서히 꺼져가던 꿈의 불씨를 다시금 활활 타오를 수 있도록 만들었다는 것이 가장 큰 소득이었다.

통일을 준비하기 위해서는 한반도의 주변 나라들을 제대로 알아야겠다는 생각이 들었고 미국에 가보고 싶다는 목표가 생겼다. 마침 미국 애리조나주립대학교에서 공부할 기회가 찾아왔고, 여름방학 때 취득한 토플 성적 덕분에 별다른 어려움 없이 일사천리로 진행되었다. "Fortune favors the prepared mind." 루이스 파스퇴르의 말처럼 기회는 준비된 자를 돕는다는 사실을 다시금 실감할 수 있었다.

그렇게 미국 땅에 첫발을 내딛었다. 직접 본 미국은 북한이 가르쳤던 것처럼 사악하고 포악한 곳이 아니라 너그럽고 친절한 곳이었다. 출입문이 닫힐 때 뒷사람을 위해 문을 잡아주고, 엘리베이터에서 어색하게 허공만 바라보는 대신 서로 반갑게 인사를 나누는 나라였다. 아침에 조깅하다 마주치면 누가 먼저랄 것도 없이 좋은 하루를 보내라는 응원을 건네는 나라였다. 약자를 위해 봉사하고 사회발전을 위해 기부하는 것을 삶의 일부로 생각하는 사람들이 많은 나라였다. 책에서 본 미국과 직접 본 미국은 정말 판이하게 달랐다. 역시 진정한 배움은 경험을 통해 쌓인다는 사실을 실감했다.

애리조나주립대학교에서 공부하는 동안 주중에는 학교를 다니고, 주말에는 댄 맥코이 목사와 친구들과 함께 지역 청소년센터에서 봉사를 했다. 맥코이 목사는 유학생을 대상으로 오랫동안 캠퍼스 선교를 해온 분인데 지구촌고등학교 교장선생님, 사모님과 잘 아는 사이였다. 교장선생님이 애리조나주립대학교에서 박사 공부를 할 때 함께 성경 공부를 하면서 친분을 쌓았다고 했다. 나에게는 섬김과 헌신, 그리고 사랑과 믿음을 가르쳐준 분으로 몇 년 전 암으로 돌아가셔서 지금은 하늘나라에 계신다. 미국에 가면 그분의 영정을 꼭 찾아가볼 생각이다.

다시 원래의 이야기로 돌아가 청소년센터는 봉사활동을 통해 미국의 문화를 체험하고자 찾게 되었는데, 처음에는 센터 친구들이 마음을 열지 않아 힘들었다. 하지만 목사님을 통해 이미 이들의 사정을 들었기에 충분히 이해할 수 있었다. 센터에는 부모로부터 버림받거나 어떤 사고나 사건으로 부모를 잃은 친구들이 많았다. 가까운 사람으로부터 버림받거나 상처받으면 마음의 문을 닫기 마련이다. 꼭 필요한 친구만 만들려고 할 뿐 웬만한 사람에게는 곁을 주지 않게 된다. 열두 살에 아버지와 어머니가 집을 나간 후 친구들과 길에서 생활할 때의 내가 그랬다. 그렇기에 센터 친구들의 마음을 충분히 이해할 수 있었고, 이들과 친구가 되려면 시간이 필요하다고 생각했다. 어쩌면 한국으로 돌아갈 때까지 친해지지 못할 수도 있다는 생각도 들었다.

그러던 어느 날, 센터를 방문하니 친구들이 힘없이 농구장에 앉아 있었다. 물어본다고 사정을 들려줄 친구들이 아니었기에, 그저 인사만 건넸다. 그때 목사님이 오더니 북한에서의 이야기를 들려주면 어떻겠느냐고 제안했고, 나는 그렇게 하겠다고 했다. 코리아에서 왔다고 하자 친구들은 역시나 "Which Korea?"라고 물었다. 중국에서 온 줄 알았다고 말하는 친구도 있었다. 북한에서 왔다고 하자 갑자기 친구들의 시선이 집중됐다. 센터를 찾은 이후 친구들이 나를 그토록 관심 있게 본 것은 그날이 처음이었다. 북한에서 어떻게 살았는지를 하나하나 이야기해주었지만, 시간이 부족해서 전부를 들려줄 수는 없었다. 이후 봉사하러 갈 때마다 북한에서의 경험을 조금씩 말해주었다. 처음에는 이야기를 듣는 친구들이 많지 않았지만 점점 그 수가 늘어났고, 봉사활동을 마치기 3주 전부터는 센터의 선생님들까지 듣기 시작했다.

비록 인종과 나라는 달랐지만 부모 없이 고생했다는 공통점 덕분에 우리는 서서히 가까워지기 시작했다. 상처와 상처가 만나니 치유가 일어났다. 서로의 상처를 보듬어주면서 비로소 우리는 각자의 마음을 활짝 열어 보일 수 있었다. 봉사활동 마지막날 많은 친구들이 감사를 표했다. 그중 한 친구의 말이 아직도 기억에 남는다.

"네 이야기가 나의 삶을 바꿔놓은 것 같아. 지금까지 환경만 탓하며 시간을 낭비했는데 앞으로는 꿈과 목표를 가지고 스스로에게 성실한 사람이 되려고 해."

그러면서 나의 이야기를 책으로 써서 자신과 같이 어려움에 처한 사람들에게 희망을 줬으면 좋겠다고 했다. 이전까지 한 번도 나의 이야기가 다른 사람에게 희망이 된다는 말을 들어본 적이 없었다. 어둡고 힘들었던 경험이 누군가의 삶에 영향을 주고 희망이 될 수 있다니, 도리어 내가 큰 선물을 받은 기분이었다. 북한에서의 삶을 영어로 기록하고 있긴 했지만, 그저 영어 실력을 쌓기 위해서였을 뿐 책을 쓰려는 의도는 전혀 없었다. 하지만 그 친구의 이야기를 들은 후 어쩌면 내 이야기가 다른 사람들에게 힘이 될 수도 있다는 생각이 들었고, 진짜 책을 낼 수 있을지 없을지는 모르겠지만 더 열심히 정리해야겠다고 다짐했다.

• • •

애리조나주립대학교에서는 정치학 과목들을 수강했다. 그중 가장 인상 깊었던 수업은 '미국의 민주주의 역사'였는데, 강의를 들으면 들을수록 미국이 어떻게 이토록 큰 나라가 될 수 있었는지 더욱 궁금해졌다. 그래서 같은 강의를 듣던 독일, 브라질, 홍콩에서 온 친구들과 함께 미국 여행을 계획했다. 우리는 학교 안이 아니라 학교 밖에서 미국을 보고 싶었다. 미국 동서남북 큰 도시들을 다 가보자는 계획을 세웠고, 이후 시간이 날 때마다 실행에 옮겼다. 아무래도 학업에 집중할 수 있는 시간이 줄어들다보니 학교 성적은 좋지 않았지만, 미국 발전의 근간을 직접 확인할 수 있는 소중한 경험을 쌓았기에 성적보다 더 중요한 것을 얻었다고 생각했다.

여행을 하면서 오바마 대통령이 쓴 《The Audacity of Hope》을 읽었다. 책의 제목은 그를 일약 스타로 만든 2004년 민주당 전당대회 기조연설(Democratic National Convention Keynote Address)의 제목과 똑같았는데, 그 연설은 이미 대학교 1학년 때 공부했던 것이었다. 책을 읽으면서 그를 더 존경하게 되었다. 또한 여행을 하면서 미국이 강대국이 될 수 있었던 핵심은 '다양성에 대한 포용'과 '자유에 대한 책임'이라는 것을 알게 되었다. 다양한 사람들이 공존하며 자유에 대한 책임을 지는 민주의식이 미국을 큰 나라로 만들었다. 만약 미국이 다양성을 인정하지 않고 배척했다면 흑인 이민자의 아들인 오바마가 대통령이 되는 일은 없었을 것이다. 오바마는 '다양성에 대한 포용'을 상징하는 인물이었고, 그래서 그가 더더욱 좋을 수밖에 없었다.

북한에서 살 때도, 한국에서 살 때도 한반도 전체를 볼 수는 없었다. 산 전체를 보려면 그 산에서 멀찍이 떨어져야 하듯이, 멀리 이국으로 나오니 한반도의 전반적인 상황이 더 잘 보였다. 남과 북은 서로에 대한 증오와 상처로 두 동강이 나 있었고 서로를 비난하기 바빴다. 주변 나라들은 남북의 대립을 이용해 자신들의 이익을 챙기기 바빴다. 남한과 북한 모두 통일을 외치고 있지만 실상은 분단을 이용하여 자신들의 정치적 목적을 달성하고자 할 뿐이었다. 한반도의 통일이 어려운 것은 주변 나라들의 영향도 있지만, 보다 근본적인 원인은 남북이 서로를 불신하며 통일 지향적인 대화보다는 정치적 목적을 위한 전술

적 대화만 나누고 있다는 데 있었다. 남북의 정치인들이 평화와 통일을 외치며 접근할 때 아이러니하게도 평화와 통일은 더 멀어지고 있었고, 분단의 고통은 고스란히 평범한 남북의 주민들이 감당해내야 했다. 미국에서 공부하면서 남북을 더 넓은 시각에서 이해할 수 있었고, 덕분에 나의 꿈은 점점 구체화되어가고 있었다.

영어 분투기

13

시험용 영어는 없지만 시험용 공부는 있다?

#1. TOEFL 103점 빠르게 만든 비결!

0) **어휘:** 꼭 토플이 아니더라도 시험마다 자주 나오는 단어가 대체로 정해져 있다. 단어장을 보면서 모르는 단어를 외운다. 영영사전에서 정의를 찾고 예문을 확인한 후 한두 가지 예문을 더 만들어보는 방식으로 외우면 기억에 오래 남고 정확하게 활용할 수 있다.

1) **듣기 영역:** 문제를 미리 읽고 키워드를 파악한 상태에서 듣는다. 보기는 주로 본문에 나온 단어와 비슷한 의미의 다른 형용사, 동사로 구성되거나 주어를 길게 풀어 설명하는 경우가 많다. 그러므로 의미를 파악하는 것이 중요하다. 영화로 영어를 공부하면 듣기 지문보다 빠른 말하기 속도와 흐린 발음에 익숙해지므로 듣기 시험을 볼 때 유리하다.

2) **말하기 영역:** 우수 샘플을 몇 가지 외운다. 스크립트를 실감나게 읽는 연습을 꾸준히 해왔다면 발음과 억양은 걱정할 것 없다. 단어장을 만들고 감상평을 쓰면서 몇 가지 표현과 단어로 다양한 의미를 전달하는 연습을 해왔으니 암기한 샘플을 충분히 활용할 수 있다. 시간을 정해놓고 주제에 대해 말하는 연습을 한다.

3) **쓰기 영역:** 우수 샘플을 몇 가지 외운다. 라이팅 샘플을 보면서 글

의 구조를 어떻게 잡아야 할지 파악한다. CNN 기사와 원서를 읽으면서 만들어둔 단어장은 좋은 문장을 만들 좋은 재료가 된다. 이 재료를 바탕으로 제한시간 안에 글쓰는 연습을 한다.

4) **읽기 영역:** 연습을 통해 시간을 줄여가야 한다. 다양한 지문을 읽으면서 단락마다 짧게 중심 내용을 정리하다보면 시간을 빠르게 줄일 수 있다. 논리적·시간적 연결고리를 따라 지문 전체의 내용을 파악한다. 한번에 정확하게 읽고 문제를 풀어야 한다. 혹시 한번에 풀리지 않으면 문제에서 키워드를 파악해 빠른 속도로 지문을 다시 훑어가며 푼다. 그래도 풀리지 않으면 그냥 두고 다음 문제를 풀다가 시간이 남으면 다시 본다. 모르는 단어는 반드시 단어장에 정리해야 한다. 틀린 문제는 시간을 들여서 왜 틀렸는지 확인해두어야 같은 실수를 반복하지 않는다.

성주's comment

"두 달 만에 만든 점수라면 믿으시겠어요?"

토플은 미국 ETS사에서 주관하는 영어시험입니다. 4시간 30분 동안 읽기, 듣기, 말하기, 쓰기 네 영역의 과제를 수행하도록 구성되어 있습니다. 영어가 모국어가 아닌 학생이 영어 수업을 잘 이수할 수 있을지 평가하기 위한 시험이에요. 유학을 가거나 교환학생 프로그램에 참여할 때 토플 점수가 요구되기도 합니다. 미리 만들어두면 기회가 생겼을 때 바로 잡을 수 있겠죠?

저는 대학교 1학년 여름방학 때 바짝 공부하고 시험을 봤어요. 스피킹 29점, 라이팅 27점, 리스닝 25점, 리딩 22점을 받았습니다. CNN 기사와 영어 원서를 읽으면서 만든 단어장이 큰 도움이 되었어요. 영영사전의 예문을 베껴 적으면서 정확한 문장을 배웠고, 새 문장을 만드는 훈련을 하면서 자연스럽게 새로운 표현을 익힐 수 있었죠. 단어뿐만 아니라 문장도 공부할 수 있는 방법이었던 겁니다.

읽기는 연습이 많이 필요했습니다. 제한된 시간 안에 읽고 푸는 데 익숙해지지 않으면 시험에서는 높은 점수를 얻을 수 없습니다. 좀더 연습했다면 더 높은 점수도 받을 수 있었겠지만 저는 이 정도 점수로도 충분히 만족스러웠어요. 그동안 해왔던 공부가 틀리지 않았다는 생각이 들었거든요.

영어 분투기
14

시험용 영어는 없지만 시험용 공부는 있다?

#2. IELTS overall 8 빠르게 만든 비결!

1) **듣기 영역:** 아이엘츠는 토플과 달리 듣기 영역에서 주관식 문제가 나온다. 채점도 상당히 정밀하다. 단수와 복수를 구분해야 하고 스펠링도 정확하게 써야 한다. 예를 들어 'an apple'을 'apples'로 쓰면 점수를 얻을 수 없다. 영화로 공부하면서 다양한 억양과 빠른 속도에 익숙해지기는 했지만 추가로 딕테이션(dictation)을 하고 문장의 중심 단어와 표현을 뽑아내는 연습을 해야 했다.

2) **읽기 영역:** 읽기 영역에서도 주관식 문제가 나오기 때문에 정확하게 읽고 확인해가며 풀어야 한다. 지문을 읽으면서 단락마다 짧게 정리하는 연습을 반복하며 시간을 줄인다. 문제를 다 풀고 나서 모르는 단어를 정리할 때는 영영사전에서 찾고 예문을 만든다(단어장은 아이엘츠, 토플뿐만 아니라 모든 영어 리딩을 할 때 반드시 만들어야 한다).

3) **쓰기 영역:** 주어진 그래프나 그림을 보고 설명하는 유형과 주제에 맞게 논술하는 유형이 있다. 어느 정도 정해진 공식이 있다. 샘플을 보며 어떤 구조로 글을 풀어나가야 할지 익힌다. 유형에 익숙해져야 한다. 역시 시간 안에 분량의 글을 쓰는 연습을 한다.

4) **말하기 영역:** 아이엘츠와 토플의 가장 큰 차이는 말하기 영역에 있

다. 토플은 컴퓨터에 답안을 녹음하는 형식이지만 아이엘츠는 면접관과 직접 만나 10분 이상 면접을 본다. 세 가지 섹션으로 나뉘는데 첫 번째 섹션에서는 자기소개를 하고 일상적인 질문에 답한다. 두 번째 섹션에서는 면접관이 제시한 주제에 대해 1분간 준비하고 2분간 논리적으로 설명한다. 세 번째는 몇 가지 주제에 대해 면접관과 자유롭게 대화를 하는 방식이다. 너무 빠르게 말하면 의미를 전달하기 어렵고 너무 천천히 말하면 유창성이 떨어져 보인다. 보통 속도로 자연스럽게 말해야 한다. 억양도 중요하다.

성주's comment

"시험용 공부는 따로 있지만 시험용 영어는 따로 없다!"

아이엘츠는 영국문화원, 케임브리지대학교 산하 케임브리지 어세스먼트, 호주 IDP가 함께 만든 영어시험입니다. 제너럴 모듈과 아카데믹 모듈이 있습니다. 영국, 호주, 뉴질랜드로 유학이나 이민을 가고 싶다면 아이엘츠 점수를 만들어두기를 권합니다. 뒤에서 이야기하겠지만 저는 나중에 영국 대학원에 지원했는데, 그러면서 아이엘츠시험을 봤어요. 9점 만점에 리스닝 8점, 리딩 7.5점, 라이팅 7.5점, 스피킹 8점으로 overall 8점을 얻었습니다.

스피킹 면접 때 영화를 통해 익힌 일상 표현을 썼더니 면접관이 상당히 집중한다는 인상을 받았습니다. 영영사전으로 단어를 찾고 예문을 만드는 습관도 도움이 되었어요. 물론 영어시험은 시간이 정해져 있기 때문에 시간 안에 실력을 충분히 발휘하기 위한 노력이 필요합니다. 하지만 옳은 방법으로 꾸준하게 공부해서 실력을 쌓아놓지 않았다면 좋은 점수를 얻을 수 없었을 거예요. 시험 전략은 필요하지만 그보다 스스로를 믿고 꾸준히 실력을 다지는 게 더 중요하다는 말씀, 더 안 드려도 되겠죠?

일단 뭐라도 경험해보기의 힘

미국에서 1년간의 경험을 마치고 한국으로 돌아온 뒤 고민에 빠졌다. 남과 북이 지금처럼 대화는 하지 않고 서로를 향한 미움과 증오만 키워간다면 통일은 불가능하다는 생각 때문이었다. 미움과 증오는 서로에 대한 불신과 오해에서 발생하는 것이고, 불신과 오해는 시간이 걸리더라도 대화를 통해 신뢰를 쌓을 때 회복할 수 있다. 하지만 분단된 현실에서는 당국 차원에서의 대화를 제외한 보통 사람들의 만남은 불가능했다. 내가 경험한 북한을 남한 사람들에게 알려, 잊혀가고 있는 통일을 다시 생각하고 상상하도록 돕고 싶었다. 그러기 위해서는 나의 경험을 효과적으로 전달해야 했고, 말하는 방법과 글쓰는 방법을 전문적으로 배우고자 신문방송학과 복수 전공을 결심했다.

복수전공을 하면서 리포트를 제출할 때마다 주제와 관련된 영어 저널을 최소 두 개 이상 인용했다. 학기가 시작하면 교수님이 강의계획서에 리포트 주제와 제출 날짜를 명시했기에, 미리 관심 주제를 선택해서 관련 영어 저널을 찾아 읽었다. 저널을 읽다보면 주제에 대한 이해도 높아졌고, 리포트의 질도 훨씬 좋아졌다. 한번은 일본정치를 가르쳤던 교수님이 리포트를 나눠주면서 내 이름을 불렀다. 손들고 대답하자 수업이 끝나고 잠시 보자고 했다. 교수실로 찾아가자 브라운대학교 교수가 쓴 근대 일본정치에 대한 저널을 읽은 학생이 누구인지 보고 싶었다고 했다. 알고 보니 그 교수님은 내가 인용한 글을 쓴 브라운대학교 교수님을 존경하고 있었고, 리포트 참고문헌 목록에 존경하는 교수님 이름이 나와서 내 글을 더 꼼꼼히 읽었다고 했다.

"글의 논리적 전개는 다소 미흡하지만 영어 저널을 읽고 인용한 노력과 성의를 높이 샀네. 또 영어 저널을 참고한 만큼 다른 리포트에는 부족한 전문적인 견해와 지식도 돋보여서 A를 주었네."

이외에도 영어 저널을 참고해서 쓴 리포트는 모두 좋은 점수를 받았다. 필기시험에서 다른 친구들보다 다소 낮은 점수를 받았을 때도, 리포트와 출석 점수 덕분에 최종 점수는 잘 나왔다. 영어는 내가 세운 목표를 달성하고 꿈을 향해 전진하는 데 가장 큰 지원군이었다.

• • •

학교 공부가 최우선이긴 했지만, 통일과 관련된 다양한 활동들도 게을리하지 않았다. 2학년 때는 이화여자대학교에서 주최한 '제2회 역사·평화·통일 토론대회'에 참여해 우수상을 받았고, 블라디보스토크에 있는 독립운동가들의 유적 탐방을 가기도 했다. 광복을 위해 좌우가 손잡고 함께 싸웠던 역사적 현장들을 둘러보면서 통일에 대한 무거운 사명감을 느꼈다. 3학년 때는 '제3회 역사·평화·통일 토론대회'에 참여해 3위를 했고, 다른 수상자들과 함께 해군 수송함을 타고 독도에서 해돋이를 보는 기회를 얻었다. 통일의 필요성을 다시금 절실히 느낀 순간이기도 했다. 3학년 2학기에는 하나재단에서 주최한 '제2회 남북 대학생 글로벌 평화·통일 프레젠테이션 대회'에 참가해 2위를 했다.

이렇게 다양한 토론·발표대회에서 수상할 수 있었던 것은 신문방송학을 공부하면서 발표와 토론을 하는 방법을 배운 덕분이었다. 하지만 그보다 더 큰 이유는 TED와 오바마 대통령의 연설과 토론을 보면서 공부했기 때문이었다. 영상을 통해 영어만 습득한 것이 아니라 연설하는 방법도 함께 배웠다. 만약 책으로만 영어를 공부했다면 이 모든 일은 불가능했을 것이다.

3학년 여름방학 때는 주한 캐나다대사관이 탈북민 대학생들을 대상으로 개최하는 영어캠프에서 캐나다 선생님의 조교를 맡게 되었다.

선생님이 영어로 수업을 진행하면 학생들이 이해하지 못하는 부분을 한국어로 설명해주는 것이 주된 임무였다. 캠프에서는 최대한 영어를 사용하도록 유도하긴 하지만, 학생들이 한국어로 선생님에게 질문할 경우 이를 통역하는 일도 맡았다. 학생들에게 나도 탈북민이라고 이야기해주면서 내가 공부했던 방식을 알려주기도 했다. 북에서 온 대학생들을 도울 수 있다는 사실이 정말 행복했다.

4학년 1학기에는 캐나다대사관의 추천으로 호주 SBS의 〈Insight〉 라는 시사프로그램에 초대되어 북한에서의 경험에 대해 이야기하기도 했다. 그리고 대학교를 7학기 만에 우수한 성적(Magna Cum Laude)으로 조기졸업했다. 여기에도 역시 영어가 한몫을 했다. 영어 실력이 부족한 탈북민 대학생들과 비영어권에서 유학 온 학생들은 '대학영어 1, 2'를 수강하기 전 '예비영어'를 수강해야 한다. 하지만 나는 예비영어를 수강할 필요가 없었고, 졸업하기 전 반드시 들어야 하는 영어 강의도 상대적으로 수월하게 통과했다.

대학교 졸업과 함께 미국 대학생들과 합숙하면서 '한미 학생 회의(The Korean American Student Conference, KASC)'에 참여했고, 평화와 안보팀(Peace and Security Group)에 소속되어 한반도의 평화와 안보에 대해 토론했다. 이 콘퍼런스는 '국제 학생 회의(International Student Conference, ISC)'가 주최하는 것으로 매년 7월 1일부터 31일까지 한 달간 진행된다. 한미관계에서 발생하는 정치, 경제, 문화, 사회 등의 다양한 이슈들에 대한 강의를 듣게 되며 마지막날에는 심사위원들(관련 교수들과 연구원들) 앞에서 정책 제안 발표를 한다. 나는 한국과 미국의 대북정책에 대해 중점적으로 논의했고, 마지막날 한국계 미국인 친구(이름이 윌리엄 김이었던 것으로 기억한다)와 함께 우리가 생각하는 대북정책에 대해 발표했다.

콘퍼런스에 참여하는 동안 북한에 대해 친구들에게 특강을 하기도 했는데, 이러한 활동을 통해 꿈이 더 선명해졌고 공부를 더 해야겠다는 구체적인 계획을 세우면서 유학을 준비하기 시작했다. 대학에서 정치외교학과 수업을 통해 한반도 주변 나라들과 세계의 분쟁들을 이해했고, 신문방송학과를 복수전공하면서 효과적으로 생각을 전달하는 방법을 배웠다. 그런데도 한반도의 정확한 문제가 무엇인지 알지 못했는데, 콘퍼런스를 통해 '한반도의 문제가 무엇인가?'라는 보다 근본적인 질문을 던지게 된 것이다. 이 질문에 대한 답을 찾기 위해 외국에서 석사 공부를 하고 싶었고, 미국 대학원을 준비하면서 장학금을 알아보게 되었다.

• • •

이후 미국 대학원 준비를 하고 있는 친구들과 GRE 그룹스터디를 시작했다. 그날도 스터디를 하고 있는데 친구로부터 뜻밖의 전화를 받았다. 2014년 3월에 캐나다 총리 사절단이 한국에 오는데 자신과 친분이 있는 캐나다 하원 부의장 배리 데볼린 의원을 함께 만나지 않겠냐는 전화였다. 쉽게 찾아오지 않을 기회라 당연히 수락했고, 얼마 뒤 인사동 닭백숙집에서 배리 데볼린 의원을 만나게 되었다. 그는 북한 문제에 상당히 관심이 많았다. 우리는 비닐장갑을 끼고 닭을 뜯으며 이야기를 나눴다.

50대 초반이었던 그는 앞으로 정치를 1년 반 정도 더 하고 그만두겠다고 했다. 이유를 물었더니 10년 넘게 정치만 했기에 나머지 인생은 가족들과 보내고 싶다는 것이었다. 그의 선거구는 강력한 보수당 지지 기반이기 때문에, 마음만 먹으면 평생 정치를 하며 안락한 삶을 누릴 수 있었다. 그런데 '이 정도면 충분하다'는 그의 말을 들으면서 소중한 것을 위해 욕심을 내려놓을 줄 아는 믿을 만한 사람이라는 생각이 들었다. 그는 앞으로 남은 시간 동안 북한 인권 개선에 기여하고 싶어 했고, 이를 위해 함께 노력하고 있는 NGO 한보이스(HanVoice)에 대해 알려주었다. 그리고 '북한을 탈출해 중국에 있거나 한국에 들어왔지만 북한으로부터 협박받지 않을까 하는 두려움 속에 하루하루 살고 있는 사람들을 캐나다 정부가 난민으로 인정하고 이들에게 안전을 보장해줄 것'을 요구하는 결의안을 하원 인권위원회에서 논의하고 싶다고 했다. 진지하게 자신의 향후 계획을 들려주던 그가 갑작스러운 제안을 건넸다.

"캐나다에 오면 내 사무실에서 캐나다의 민주주의뿐 아니라 북한

인권 개선을 위해 함께 일할 수 있어요. 북한에 관심 있는 정치인들과 장관을 만나 북한의 인권 상황을 알리는 것이죠. 왕복 비행기표를 비롯한 모든 체류비용은 한보이스가 마련할 수 있으니, 부담 갖지 말고 고민해봐요."

결국 GRE 공부를 미루고 캐나다에 갈 준비를 했다. 대학원에서 전문적인 공부를 하는 것도 중요하지만, 현장에서 발로 뛰며 경험을 쌓을 수 있는 기회는 쉽게 만날 수 있는 것이 아니었기 때문이다. '한보이스'는 한인 2세들이 북한 인권을 위해 한목소리를 내겠다는 의미로 만든 단체다. 이 단체는 북한의 인권 향상을 위해 캐나다 대학교와 커뮤니티를 중심으로 다양한 캠페인을 벌이고, 정치인들의 관심과 노력을 촉구하기 위해 캐나다 의회를 상대로 로비활동도 한다. 동시에 '한보이스 파이어니어 프로젝트(Hanvoice Pioneer Project, HPP)'를 통해 한국에 살고 있는 탈북민 청년 중 매년 한 명을 뽑아 캐나다에서 리더십 교육, 미디어 트레이닝, 연설법 교육 등을 진행한 뒤 탈북민 인턴 보좌관을 원하는 하원의원이나 상원의원에게 보낸다. 내가 지원한 것이 바로 이 프로그램이었다. (이 프로그램은 2013년에 처음으로 시작되었는데, 내게 배리 데볼린 의원을 소개해준 친구가 1회 선발생이었다.)

지원서에는 간략한 자기소개, 이 프로그램을 통해 얻고 싶은 것을 서술하는 동시에 주어진 세 개의 주제에 대해 짧은 에세이도 써야 했다. 그때 내가 생각하는 민주주의에 대해서 글을 썼던 것 같다. '내가 생각하는 민주주의는 결과가 아니라 과정이기 때문에 때로는 혼란스러워 보일 수 있지만, 이것은 더 나은 세상을 낳기 위한 해산의 고통이다. 인간은 잘못된 선택을 한다. 하지만 그 선택으로부터 배우고 더 나은 미래를 꿈꾸기 때문에 사회는 민주주의를 통해 발전할 수 있다'고 썼던 기억이 난다.

HPP에 지원한 서류가 통과되고 화상면접이 진행됐다. 1차 면접은 HPP 담당자 에스더라는 친구와 했고, 3일 뒤 당시 한보이스 대표였던 랜달과 보드멤버 크리스토퍼, 그리고 한보이스에 직접 관여하고 있는 친구들 세 명 정도와 추가면접이 진행됐다. (한보이스에 관여하고 있는 모든 친구들은 본업이 따로 있고, 한보이스 일은 무급 봉사로 하고 있다.) 내가 받은 질문은 리더십을 무엇이라고 생각하는지, 민주주의가 무엇인지, 인권과 자유를 어떻게 정의할 수 있는지, 그리고 캐나다에서 생활하면서 어떤 부분을 배우고 싶은지 등이었다. 랜달과 크리스가 주로 번갈아가며 질문을 던졌고 다른 친구들도 몇 가지 질문을 했다. 스카이프로 진행한 인터뷰는 40분 정도 소요됐다.

몇 주 후 합격 소식을 받았다. 만약 우연히 캐나다 하원 부의장을 만나지 않았다면 잡을 수 없는 기회였다. 미리 영어를 공부하며 준비된 상태가 아니었다면 역시 잡지 못할 기회였다. 기회는 항상 우연히 찾아오고 준비된 사람만이 그 기회를 잡는다는 사실을 다시 한번 체감했다.

• • •

한보이스 프로그램에 합격한 후, 문득 옛 생각이 떠올랐다. 지구촌 고등학교는 매해 11월에 '난 곳 방언 축제'를 한다. 자기가 경험한 나라를 학교에 방문한 분들에게 소개하는 행사다. 내가 아직 고등학교에 입학하기 전, 교장선생님 댁에 머물면서 이사벨중학교에서 청강을 할 때 사모님께서 난 곳 방언 축제 북한 부스를 맡아주면 어떻겠냐고 권하셨다. 그때는 북한의 북자도 꺼내기 싫었던 때였는데, 차마 거절할 수가 없어서 수락하고 말았다. 그런데 이왕 할 거라면 사람들이 깜짝 놀랄 만큼 잘해야겠다는 생각이 들었다.

북한 부스에서 생생한 실상을 듣던 방문객들은 북한에 대해 어떻게 이렇게 잘 아냐고 물었다. 감추고 싶었지만 북한이 고향이라고 말했고, 그러자 방문객들은 더 집중해서 열심히 들었다. 처음으로 북한에서 태어난 것을 당당히 말할 수 있는 순간이었다. 이제껏 북한에서 태어난 것이 부끄러워 북한에서의 모든 것을 지워버리려고 발버둥쳤지만 과거와 고향을 숨기는 것은 결국 나를 부정하는 일임을 깨달았다. 북한에서 태어난 것이 약점이라면 이것을 강점으로 만들기 위해 노력해야겠다는 생각도 들었다.

그때부터 사람들이 고향이 어디냐고 물어보기도 전에 먼저 북한에서 왔다고 이야기했다. 이것은 머리를 들고 나의 가장 약한 부분과 맞서는 연습이었다. 북한에서 왔다는 이야기를 하고 상대로부터 비우호적인 반응이 돌아올 때면 괜히 말했다는 후회를 수없이 했지만, 이것을 극복하지 못하면 나 자신을 잃어버릴 것 같았다. 고향을 말하는 것은 나를 찾기 위한 여정의 시작이었고 낮은 자존감을 회복하는 훈련이었다. 그리고 시간이 흘러 어느덧 북한 인권을 위해 활동하는 캐나다 단체에 참여하게 되었다니, 많이 성장했다는 대견함과 함께 앞으로도 묵묵히 지치지 않고 간다면 더 많은 것을 이룰 수 있다는 희망이 피어올랐다.

영어 분투기 15

문법은 필요할 때 시작해도 충분하다

1) 《Grammar in Use》는 영문판으로 본다. 한국어 번역본에 나오는 어려운 문장형식과 문법용어를 피할 수 있다.
2) 분량을 정해서 매일 책을 보고 연습문제도 모두 푼다.
3) 채점하면서 틀린 문제가 있으면 왜 틀렸는지 확실히 이해하고 넘어가야 한다.
4) 모르는 단어가 나와도 영한사전을 찾지 않고 문맥 속에서 이해하려고 노력한다.

(❗ **주의** 문법을 위한 영어 공부가 아니라 영어를 위한 문법 공부라는 점을 분명히 인지하고 책을 봐야 합니다. 문법은 영어를 잘하기 위해, 특히 글을 쓸 때 실수를 줄이기 위해 공부하는 규칙이에요. 문법을 공부했다 하더라도 말할 때는 여전히 비문법적인 표현을 쓰기도 합니다. 문법에 맞게 말하는 데 집착하지 마세요.)

성주's comment

"문법은 최소한의 영어"

저는 문법책을 들이파다가 영어 공부를 포기한 적이 있습니다. 저와 비슷한 경험을 하신 분들이라면 문법책이 겁날 수도 있을 것 같아요. 하지만 어느 정도 실력을 쌓은 후에 문법을 공부하면 내가 쓰는 표현이 어떻게 만들어졌는지, 왜 이렇게 말하는지 알아가는 기쁨을 느낄 수 있습니다. 비로소 문법 공부가 즐거워지기 시작하죠.

저는 문법을 공부하면서 내용을 효과적으로 전달하기 위해 한 문장은 열다섯 단어를 넘기지 않는다거나 지나친 수식은 논지를 흐트러뜨린다거나 복문은 필요할 때만 쓴다거나 하는 '좋은 글'의 요건을 배웠습니다. 문법을 이해하고 나면 의식적으로 문법에 맞는 글을 쓰려고 노력하지 않아도 자연스럽게 나의 것처럼 활용할 수 있어요.

그래도 문법이 만능은 아닙니다. 언어는 마치 살아 있는 생물과 같아서 매일 새롭게 등장하고 사라지기도 해요. 그런데 문법은 실제로 사용되는 언어만큼 빠르게 바뀌지 않죠. 문법을 공부할 때 가장 중요한 점은 문법을 신성시하지 않는 것입니다. 영어권 국가의 교수나 연구자들이 쓴 논문을 봐도 가끔 문법적인 실수가 나옵니다. 그래도 의미를 전달하는 데는 아무 문제가 없고 내용도 훌륭하죠. 내용을 효과적으로 전달하기 위해 문법을 공부하는 것이지 문법에 맞게 쓰기 위해 공부하는 건 아니라는 점을 꼭 기억하세요!

영어 분투기
16

겁먹지 말고 영어 강의를 들어보자

1) 일단 수강 신청을 한다. 강의를 정말 못 알아들으면 책만 열심히 읽어도 학점을 이수할 수 있다. 그러니 겁먹지 말고 우선 수강 신청을 한다.

2) 수업 전에 교재의 내용을 충분히 파악한다. 아는 단어가 잘 들리는 법이니 교재를 미리 읽어가는 편이 좋다.

3) 강의를 들으며 보이스레코더나 스마트폰으로 녹음한다.

(❶ **주의** 녹음을 하고 싶다면 반드시 사전에 교수님께 동의를 구해야 합니다. 스마트폰으로 녹음할 때는 벨소리나 진동소리가 울리지 않도록 비행기모드로 설정하는 것도 잊지 마세요.)

4) 녹음한 내용을 다시 들으면서 노트에 정리한다.

성주's comment

"100퍼센트 이해하지 못해도 괜찮아!"

미국에서 강의를 들을 때 저는 토플 103점이라는 성적을 가지고 있었어요. 그래서 강의를 다 이해할 수 있었느냐고요? 아니요. 80퍼센트 정도밖에 못 알아들었어요. 그래도 계속 들었고 학점도 이수했어요.

대학교를 졸업하기 위해 영어 강의를 일정 학점 이상 들어야 하는 경우도 있는데, 너무 겁내지 마세요. 교재를 미리 읽고 녹음해서 다시 들으면 충분히 수업을 따라갈 수 있습니다. 영어 강의를 들을 때 가장 필요한 건 실력이 아니라 용기입니다!

다음으로 중요한 것은 수업 교재입니다. 교수님이 영어를 유창하게 사용하지 못하는 분이라면 쉬운 영어를 쓸 테니 듣는 것은 어렵지 않겠지만 한국어 강의보다 학습량이 줄어들 테니 교재를 읽어야 합니다. 만약 교수님이 원어민이라면 강의 내용을 잘 알아듣기 위해서라도 교재를 읽어야 합니다. 교재를 열심히 읽고 녹음한 강의를 반복해서 듣는다면 영어도 늘고 지식도 쌓는 일석이조의 효과를 거둘 수 있는 게 바로 영어 강의예요!

그러니 겁먹지 말고 일단 들어보는 게 어떨까요?

영어 스피치의 핵심은 스토리텔링

2014년 7월 초, 마침내 캐나다에 도착했다. 당시 한보이스 보드멤버였던 크리스토퍼 김(현 한보이스 대표)과 다니엘 김을 토론토국제공항에서 만났다. 이들은 한국어보다 영어가 더 편한 한인 2세로, 크리스토퍼는 변호사였고 다니엘은 회사원이었다. 나보다 나이가 많은 형들이었지만 크리스토퍼는 자신을 '크리스'라고 부르면 된다고 했고, 다니엘 역시 그냥 '다니엘'이라고 부르라고 했다. 우리는 공항을 빠져나와 토론토 핀치에 있는 한인식당에서 육개장을 먹었다. 한국어를 모르는 두 친구였지만 갈비탕과 김치를 좋아하는 모습을 보면서 친근함이 느껴졌다. 식사를 마치고 근처에 있는 어느 한인 부부의 집으로 갔다. 내가 토론토에 있는 동안 머물 집이라고 했다. 노부부와 한국에서 조기유학을 온 고등학생이 살고 있었다. 여독과 시차 때문에 크리스와 다니엘에게 작별인사를 한 뒤 바로 잠자리에 들었다.

다음날 휴대폰과 통장을 만들기 위해 토론토 시청 근처에서 베로니카 김을 만났다. 그녀 역시 한인 2세였고 나보다 나이가 많은 누나였지만 이름을 부르라고 했다. 그리고 그날 저녁 한보이스 관계자들을 만났다. 랜달 배런-청은 당시 한보이스 대표였고 에스더는 HPP 담당 매니저였다. 한보이스를 만든 사람 중에 한 명인 잭 김도 만났다. 잭은 변호사였고 한국말을 잘했지만 나와 이야기할 때는 영어로 대화했다. 식당에서 식사를 하며 금세 친해졌고, 랜달이 앞으로 토론토에서 내가 해야 할 일들을 알려주었다. 북한 인권을 미디어와 대학교 그리고 북한 인권에 관심 있는 커뮤니티에 알려야 했기에 스피치와 리더십 능력을 키울 필요가 있었다.

영어 스피치 능력을 향상시키기 위해 커넥트 랭귀지 스쿨(Connect School of Languages)을 다녔다. 캐나다로 어학연수를 오는 친구들에게 영어를 가르쳐주는 학원이었는데, 아시아와 남미에서 온 친구들이 많았고 최상급반도 수준이 높지 않았기 때문에 스피치에 관해 배울 수 있는 것이 많지 않았다. 대부분 수업이 일상 대화에 초점이 맞춰져 있어서 학원 대표는 나에게 따로 캐나다의 사회, 정치, 경제, 문화와 민주주의, 인권에 관한 글들을 읽어보라며 챙겨주곤 했다. 이것은 나중에 하원에서 정치인들을 만나서 이야기할 때 큰 도움이 되었다.

학원에 다니는 것과 별도로 개인적인 스피치 훈련도 했다. 특히 오바마 대통령의 스피치, 마틴 루터 킹의 스피치를 깊이 공부했다. 스피치의 핵심은 스토리텔링이고, 그렇기에 과거-현재-미래를 연결하는 내용이어야 한다고 배웠다. 자신의 이야기를 들려줘야 한다면, 나의 과거를 통해 현재의 모습을 설명하고 또 현재의 모습을 통해 미래를 제시하는 희망적인 내용을 담아야 한다. 장소와 청중에 따라 스피치에서 강조할 부분과 내용은 바뀌지만 스토리텔링을 통한 '과거-현재-미래의 구조'는 바뀌지 않는다.

또다른 핵심은 청중들에게 불안감을 심어서 동참을 이끌어내기보다는 현실을 정확히 알려주고 그들로 하여금 특정 주제에 대해 생각해볼 수 있는 기회를 줘야 한다는 것이다. 나의 경우 이후 스피치를 할 때 '북한의 인권 개선을 위해 함께 나아가자. 함께한다면 우리는 할 수 있다'는 격려와 희망으로 청중을 생각의 무대로 초대했다. 강조하고 싶은 부분이나 청중들이 고민해봤으면 하는 부분을 이야기하기 전에는 2초간 포즈(pause)를 두어 관심을 집중시켰고, 또 그 부분을 이야기한 뒤 다시 2초간 포즈를 두어 생각할 시간을 주었다. 목청 높여 이야기할 때보다 때로는 침묵에 청중들이 더 집중한다는 사실을 알았기 때문이다. 강연 주제에 따라 톤이 달라지기도 하지만 청중에 따라 톤이 달라질 때가 더 많았다. 예를 들어 대학생들 앞에서 스피치할 때는 강조를 위해 포즈를 두기도 하고 때로는 힘있는 목소리로 이야기했다. 그러나 고등학생들이 대상일 때는 동네 형처럼 이야기를 들려준다는 생각으로 편하게 말했다. 정치인들에게는 극적인 효과를 위해 격앙된 목소리로 이야기한 적도 많았다.

• • •

캐나다에 도착하고 며칠 후 데볼린 하원 부의장과 토론토에서 만났다. 랜달과 한보이스 식구들 몇 명과 함께 앉아서 중국에 있는 탈북민들을 캐나다 정부 차원에 도울 수 있는 방법에 대해 이야기를 나누었다. 당시 한보이스는 캐나다 정부가 탈북민을 난민으로 받도록 하는 활동을 준비하고 있었다. 우선 5년 동안 시범사업으로 매년 탈북민 몇 명을 받아들여본 후 이들이 캐나다에서 잘 정착하면 점차 숫자를 확대한다는 계획이었다. 당시 캐나다에는 대한민국 국적을 취득했음에도 한국에 입국한 경력이 없는 탈북민처럼 속이고 난민 신청을 하는 사람들이 수백 명은 되었다. 캐나다 정부는 이들을 난민으로 인정하지 않았고 한국으로 추방했다. 이러한 과정에서 발생하는 문제들을 해결하기 위해 토론토의 한인교회와 한인사회가 정부에 다양한 건의를 하고 있던 시기였다.

대화를 나누면서 한국을 거쳐 캐나다로 간 많은 탈북민 수에 놀랐고, 이들이 캐나다에서 어떻게 살고 있는지 궁금했다. 크리스와 잭에게 탈북민들을 만날 수 있는 방법을 물었더니 토론토 큰빛교회에 가면 된다고 알려주었다. 일요일에 다니엘의 도움으로 큰빛교회에 갔다. 예배가 끝나고 나오는데 뒤에서 누군가 "성주 형" 하고 불렀다. 고등학교 탈북민 후배였다. 무척 반가웠고 어떻게 캐나다에 오게 됐는지도 궁금했다. 교회 카페에서 커피를 마시며 들으니 캐나다 정부에 난민 신청을 해놓은 상태였고 수락되기를 기다리며 횟집에서 아르바이트를 하고 있다고 했다.

"왜 캐나다에 오게 됐어?"

"탈북민 친구들이 캐나다에 가면 난민 지위를 얻을 수 있고, 영주권과 시민권도 얻을 수 있다고 해서요. 그리고 무엇보다도 영어를 배우고 싶어서 왔어요."

나는 그 친구에게 캐나다 정부가 남한을 거쳐서 온 탈북민들을 추방한다는 것을 알려주면서, 여권이 말소되기 전에 어서 한국으로 돌아가라고 했다. 그리고 영어가 늘었냐고 물었더니 한인식당 주방에서 일해서 거의 늘지 않았다고 했다.

후배와 헤어진 뒤 큰빛교회 임현수 목사님을 만났고 교회에 다니고 있는 탈북민 가족을 소개받았다. 큰빛교회는 탈북민들이 캐나다로 온 방법이나 배경과 상관없이 헌신과 사랑으로 그들의 캐나다 정착을 도와주고 있었다. 목사님은 남한과 북한을 모두 사랑하는 분이었고, 그 누구보다 남북의 통일을 염원하고 있었다. 목사님은 북한에 고아원을 세워서 아이들에게 빵과 우유를 공급하고 있다고 말했다. 한창 성장할 나이의 아이들이 제대로 먹지 못해 성장이 더디게 되면 결국 통일될 조국의 미래에도 안 좋은 일이라고 하면서 말이다. 북한을 자주 드나드는 목사님을 비판하는 한인들도 있었지만 내가 만난 목사님은 북한 정권이 아닌 북한 주민들을 진심으로 사랑하는 분이었다.

• • •

토론토에 도착한 지 3주쯤 되었을 때 캐나다 국영방송(CBC) 뉴스 생방송에 랜달과 함께 출연하게 되었다. 태어나서 처음 출연하는 외국 뉴스였고 더욱이 즉석에서 영어로 답변해야 했기 때문에 정말 많이 긴장했다. 어찌나 긴장했던지 인터뷰가 끝나고 등을 만져보니 땀으로 흠뻑 젖어 있었다. 랜달은 한보이스 파이어니어 프로젝트에 대해서 이야기했고, 나는 북한에서의 경험을 들려주었다. 이후에 CBC 라디오에서도 인터뷰 요청이 왔다. 생방송이라는 큰 산을 넘고 나니 라디오 인터뷰는 상대적으로 쉽게 느껴졌다. 특히 카메라가 없다는 점이 긴장감을 덜어주었다. 사전에 대략 어떤 식으로 질문할 것인지를 전달받았는데, 막상 인터뷰는 진행자가 내 이야기 중 초점을 맞추고 싶은 내용에 집중해서 질문을 던지는 식으로 진행됐다. 다행히 미리 이런저런 내용을 준비한 터라 문제없이 인터뷰를 마칠 수 있었다.

북한 인권이 영어라는 날개를 달았을 때 그 파급력은 대단했다. TV와 라디오 방송이 나가고 SNS에서 응원과 격려의 메시지를 받았다.

페이스북에서 친구 신청을 하는 사람들이 급속도로 늘었고, '내 이야기를 통해 북한 인권에 관심을 갖게 됐다'는 메시지를 받으면 힘이 났다. 북한 주민과 중국에 있는 탈북민들의 인권 개선을 위해 노력하겠다는 희망적인 이야기도 들었다. 영어를 통해 내가 북한과 세계를 연결하는 다리가 된 기분이었다. 하지만 격려뿐 아니라 비난도 많이 받았다. 심지어 '북한에 대해 함부로 입을 놀리면 무사하지 못할 수도 있다'는 협박도 들었다. 한동안 페이스북을 닫은 적도 있었지만 협박이 두려워서 피한다면 결국 아무것도 이룰 수 없다는 생각이 들었다. 앞으로 통일을 준비하려면 훨씬 더 많은 비난을 받을 수 있으니, 지금의 고통은 더 큰 시련을 이겨내기 위한 훈련이라고 생각하고 다시 페이스북을 시작했다.

이후 내가 주로 한 강연은 북한의 인권 상황과 장마당(시장)을 통한 북한의 변화가 중심이었다. 강연을 마치면 최소 30분간의 질의응답 시간을 두고 청중의 질문을 받았다. 대북제재의 효과, 남북한 통일, 김정은 체제의 안정성, 북한의 핵과 미사일 정책, 북한의 붕괴 등 다양한 질문이 쏟아졌다. 내가 아는 범위 내에서 최대한 상세히 답하고자 했지만, 어려운 질문의 경우에는 딱히 답할 말을 찾지 못했다. 이때는 솔직하게 잘 모르겠다고 털어놓은 후, 청중 중에 대신 설명해줄 사람이 있는지 물어봤다. 완벽하지는 않더라도 어느 정도는 답해줄 수 있는 사람이 항상 한두 명은 있었다.

직접 연설을 하기 전에는 연사는 가르치는 사람이라고 생각했는데 캐나다에서 연설을 하면서 오히려 연사가 청중들로부터 많은 것을 배운다는 사실을 깨달았다. 청중들의 날카로운 질문은 나의 논리와 설명 능력을 더 매끄럽게 다듬어주었다. 내가 답하지 못하는 질문에 대신 설명해주는 사람들에게도 많이 배웠다. 오히려 내가 궁금한 것을 청중들에게 질문하고 답을 들을 때도 많았다. 내가 연설할 때 스승은 바로 청중이었다. 물론 답하기 어려운 질문을 받았을 때는 강연이 끝나고 그 질문에 대한 답을 찾기 위해 저널과 뉴스를 보며 나름의 노력을 기울였다. 나를 당황하게 만든 질문들은 결국 깊은 고민을 하도록 도와주었고 덕분에 다음 강연의 질의응답시간이 훨씬 풍성해질 수 있었다.

• • •

강연에서 북한을 설명할 때 긍정적인 측면과 부정적인 측면을 모두 보여주려고 노력했다. 일방적인 정보를 전달해 편견을 갖게 만드는 일은 막고 싶었기 때문이다. 대학교를 다니면서 공부하고 토론하다보면 북한에 대해 치우친 정보를 가지고 이야기하는 경우가 많았다. 북한에 유리하게 이야기하면 '빨갱이'라고 몰아세우고, 불리하게 이야기하면 '수구 보수'라고 비난하는 경우도 있었다. 논리와 설득을 기초로 분석해야 하는데 감정적으로 북한을 바라보는 현실이 안타까웠다.

캐나다에 살고 있는 한인들에게 강연을 하면서도 북한 문제가 상당히 정치화되었음을 느꼈다. 듣고 싶어 하는 이야기가 나올 때는 집중하다가도 자신의 생각과 다른 내용을 이야기하면 강연 도중에 나가버리는 사람도 있었다. 질의응답시간에 "북한 정권이 싫어서 탈북했으면서 어떻게 북한에 유리하게 이야기할 수 있는지 모르겠다"는 비판을 듣기도 했다. 북한 지방의 낡은 건물과 시장에 쓰러져 있는 꽃제비 아이들의 사진을 보여주었을 때 거짓말이라고 반박하는 사람도 있었다. 평양에 다녀온 적이 있는 한인이었는데, 자기가 본 북한은 깨끗했다는 것이다. 그래서 북한은 한 나라지만 평양과 평양 이외의 지역이 있고, 이 두 지역의 차이는 하늘과 땅 차이라고 설명했다. 평양과 그 외의 지역을 모두 보여주고 긍정적인 모습과 부정적인 모습을 같이 알려준 것은, 청중들이 북한을 균형적으로 볼 수 있도록 돕기 위함이었다.

서방 언론들은 북한을 이야기할 때 주로 우스꽝스러운 지도자와 핵에 초점을 맞추었다. 김정은의 머리스타일과 패션을 언급하면서 '예측 불가능한 광대'로 조롱했고 "이런 자의 손에 있는 핵이 전 세계를 위협하고 있다"고 비난했다. 그러나 나는 대학교와 다양한 NGO들에서 강의할 때마다 "우리가 김정은을 광대로, 예측 불가능한 인물로 묘사할수록 우리는 북한을 제대로 볼 수 없으며 북한 핵도 해결할 수 없다"고 말했다. 그가 예측 불가능하게 보이는 것은 어쩌면 우리가 그렇게 보고 싶어 하기 때문일 수 있다는 이야기도 덧붙였다. 북한은 자신들이 원하는 것을 얻기 위해 꾸준하고 철저하게 핵과 미사일을 개발해왔고 도발도 일삼았다. 북한의 지도자가 그저 예측 불가능한 광대라면 이런 치밀한 개발과 도발은 설명하기 힘들다.

"우리가 알고 있는 편협한 지식과 감정으로만 바라보지 말고, 다양한 각도에서 북한을 바라봐야 합니다. 지도자와 핵에만 집중하다보면 우리가 잊지 말아야 할 북한 주민들이 덜 조명된다는 사실을 잊지 않았으면 좋겠습니다."

강연을 하면 할수록 편협한 지식을 깨고 언론에서 조명하는 '각색된 북한'이 아니라 '진짜 북한'을 알려줘야 한다는 사명감이 강해졌고 이를 위해 부단히 노력했다.

캐나다 하원에서 인권을 외치다

2014년 8월 말부터 한보이스 파이어니어 프로젝트의 일환으로 캐나다 하원 부의장 배리 데볼린 사무실에서 인턴생활을 시작했다. 오타와에 있는 그의 사무실에서 코니 보좌관과 함께 일했고, 우리는 배리 데볼린 부의장을 보스로 불렀다. 나의 업무는 보스가 지역구에 내려갈 때 일정을 정리하는 것과 북한 문제와 탈북민들의 인권에 관심이 있는 의원들을 만나서 이야기를 나누는 것이었다. 이들을 만나면서 "세계 인권 신장을 위해 노력하고 있는 캐나다가 정작 탈북민들의 인권에 대해 목소리를 내지 않는다면 캐나다의 인권 보편성 주장은 힘을 잃게 된다"고 설득했다.

9월 한 달간 사무실에서 일하면서 10월 2일에 있을 하원 인권위원회 청문회를 준비했다. 하원 인권위원회 청문회에서는 정치인들이 주기적으로 만나서 '인권 사각지대'에 놓인 사람들의 인권 증진을 위해 공부도 하고 필요하다면 현장 답사도 간다. 위원회에서 통과된 결의안은 법안과 달리 법적 효력이 없기 때문에 정부에 하는 권고일 뿐 강제력은 없다. 하지만 청문회에서 결의안이 통과되었다는 것은 상징적인 의미가 크고, 결의안에 담긴 내용을 개선하기 위해 하원의원들이 자료를 더 발굴하여 드물지만 법안으로 발의하는 경우도 있다.

이번 청문회의 내용은 '북한을 탈출해 중국과 동남아시아를 떠돌고 있는 탈북민들에게 캐나다 정부가 피난처를 제공하고 이들의 인권을 보호하기 위해 노력해야 한다'는 것이었다. 나는 탈북민의 실상을 알리는 증언자로 나섰고, 랜달은 중국과 동남아에 있는 탈북민들을 보호하기 위한 한보이스의 프로젝트에 대해 이야기했다. 보스도 청문회에 참여해서 나를 도와주었다. 의회에서 인턴을 하고 있었지만 막상 청문회 자리에서 이야기하자니 뉴스 생방송 못지않게 떨렸다. 객석에는 기자들과 방청객들이 앉아 있었다. 나는 중국에서 숨어살고 있는 탈북민들의 상황에 대해 이야기했다. 증언은 연설과 달라서 알려주거나 가르치려는 태도는 금물이었다. 내가 느끼는 탈북민들의 실상을 차분하게 전달해야 했다. 최고의 설득력은 진솔함, 간절함 그리고 간결함이라는 생각으로 증언을 준비했고 떨리는 마음을 진정시키며 준비한 이야기를 풀어갔다.

청문회가 끝나고 인권위원회는 중국과 동남아시아를 떠돌고 있는 탈북민들의 인권을 보호하기 위한 결의안을 작성해 투표로 결정하기로 했다. 결의안이 인권위원회에 통과되기 전까지 긴장을 놓을 수 없었다. 하지만 내가 할 수 있는 일은 더 이상 없었다. 기회가 될 때마다 보스에게 결의안이 통과되도록 의원들을 독려해달라고 부탁하는 것이 전부였다. 청문회가 끝나고 2개월 후인 12월 5일 결의안은 인권위원회에서 만장일치로 통과되었다. 캐나다 정부가 북송의 위협 속에서 중국과 동남아시아를 떠돌고 있는 탈북민들의 인권을 위해 결의안을 통과시킨 것은 기념비적 사건이었다. 이 역사적인 순간에 내가 작게나마 기여했다고 생각하니 이보다 큰 기쁨과 성취감이 없었다. 하지만 가장 고마운 사람은 보스였다. 그의 도움이 아니었으면 이 모든 것이 불가능했다.

보스와 코니 앞에서 춤이라도 추고 싶었지만 기쁨을 절제했다. 집에 와서 침대에 누었다. 눈에서 눈물이 흘렀다. 태어나 처음으로 느끼는 감정이었고, 지나치게 기쁘면 울 수 있다는 사실을 깨닫는 순간이었다. 결의안을 통과시키기 위한 목표를 세우고, 청문회에 참여해서 증언을 하고, 보스가 지속적으로 의원들의 동의를 얻기 위해 노력한 결과물이었다. 우리 모두의 승리였다. 그날 밤은 쉽사리 잠들지 못했다.

• • •

이후 오타와대학교와 칼턴대학교에서 학생들에게 북한과 탈북민 인권에 대해 강연했고, 오타와 한인사회 초청으로 캐나다 한국대사관에서도 강연했다. 당사자인 내가 북한과 탈북민들의 인권을 이야기하니 청중들에게 큰 호소력으로 다가갔다. 대학교 때 공부했던 TED와 오바마 대통령 연설도 청중에게 정보를 전달하고 설득하는 데 큰 도움이 되었다.

통역 없이 영어로 강연하는 모습을 본 몇몇 한인들은 "영어를 어떻게 공부했냐"고 물어보기도 했다. "이민 온 지 20년이 넘었는데 아직도 간단한 영어밖에 못한다"면서 "캐나다에 살고 있는데도 백인과 2분 넘게는 이야기하지 못하고, 영어로 전화를 받으면 여전히 속이 울렁거린다"는 사람도 있었다. 영어를 배우기 위한 명분으로 무작정 영어권 나라에 가는 것은 실력 향상에 도움이 되지 않는다는 사실을 깨달았다. 물론 조기유학으로 현지 학교에서 배우면 원어민처럼 영어를 할 수 있다. 하지만 '살다보면 자연스럽게 영어가 늘 거'라는 막연한 기대감은 오히려 역효과를 낳는다.

이는 지구촌고등학교를 다니면서 교환학생 프로그램으로 호주에 갔을 때 직접 체감한 것이기도 하다. 영어를 배우러 외국에 나가면 ESL 프로그램을 듣는 경우가 많다. 전 세계 각지에서 영어를 배우기 위해 온 친구들이 모여 있기 때문에, 처음에는 눈치와 온몸을 사용해서 대화를 한다. 영어 실력은 늘지 않고 오히려 눈치만 늘기 십상이다. 언어로 이해해서 의미를 파악하기보다는 눈치로 대충 짐작하는 것이다. 다들 배우는 입장이다보니 영어로 할 수 있는 표현이 한정적이어서, 매번 같은 말만 듣는 것도 문제였다. 캐나다에서 만난 많은 한인분들은 우스갯소리로 이런 말을 했다.

"늘지 않는 영어, 줄어드는 한국말, 여기서 는 것은 눈치뿐이요."

• • •

캐나다 의회에서 인턴을 하면서 나의 보스만큼 존경하는 분을 만났다. 연아 마틴 보수당 상원의원이었다. 그녀는 서울에서 태어나 어려서 캐나다로 이민 간 한국계 캐나다인이었는데, 교사를 하다가 보수당 정부 시절 상원의원으로 임명되었다. 그녀를 통해 정치인에게 가치와 철학이 얼마나 중요한지 배웠다. 그녀는 나를 "100퍼센트 북한과 100퍼센트 남한이 합쳐져서 200퍼센트 한국인"이라고 했다.

"내가 한국과 캐나다의 다리 역할을 하는 것처럼 성주도 남과 북의 다리 역할을 해서 100퍼센트의 대한민국을 200퍼센트로 만드는 데 기여했으면 좋겠어요."

오타와에서 일정을 마치고 민주평화통일자문회의 밴쿠버협의회에서 강연하기 위해 밴쿠버에 잠시 머물렀을 때 가족들을 소개해주었고 크리스마스 저녁식사에 초대해주기도 했다. 그녀를 통해 밴쿠버와 오타와의 한인사회 리더들을 만날 수 있었고, 이들을 통해 훗날 중국에 있는 탈북민들을 구출하기 위한 후원금도 모금할 수 있었다. 그녀는 나의 멘토였고, 캐나다에서 만난 소중한 인연이었다.

그리고 캐나다에서 만난 또다른 소중한 인연이 있다. 하원 인권위원회 청문회가 끝나고 보스와 함께 스티븐 하퍼 총리를 만나게 된 것이다. 긴장되는 순간이었고 무슨 말을 할지 고민하느라 머릿속이 정신없이 돌아가고 있었다. 사실 너무 떨려서 어떻게 인사해야 할지도 생각나지 않았다. 집무실에 들어서자 총리님께서 웃으면서 반갑게 맞아주셨다. 그런데 악수를 하자마자 그가 대뜸 질문을 건넸다.

"자네 꿈이 뭔가?"

중국과 동남아에서 떠돌고 있는 탈북민들에게 관심을 가져달라고 이야기하려 했는데, 선수를 뺏긴 것이다.

"총리님, 저의 꿈은 남한과 북한의 통일의 다리가 되는 것입니다."

"그것이 어떻게 꿈일 수 있지?"

나는 잠시 심호흡을 고르며 생각을 정리한 후 입을 열었다.

"우리가 오타와에서 토론토로 가기를 꿈꾼다면, 토론토에 가기 위해 다양한 교통수단을 이용할 수 있습니다. 우리가 흔히 말하고 있는 꿈은 직업입니다. 그러나 저는 직업이 꿈을 이루기 위한 수단이라고 생각합니다. 저에게 바라는 직업을 물으신다면 아직 잘 모르겠습니다. 저는 직업이 꿈이 될 수 없다고 생각합니다."

보스가 옆에서 흐뭇한 아빠 미소를 짓고 있었다. 총리님은 "자네 말이 맞네"라고 웃으며 대꾸했다. 북한에서 태어난 내가 캐나다 총리님을 만나서 이야기를 나누다니 믿기지 않았다. 총리님께서 꿈을 물을 때 갖고 싶은 직업을 이야기했다면, 총리와 보스의 흐뭇한 미소를 보지 못했을 것이고 기념사진만 찍고 헤어지는 아주 짧은 만남이 되었을 것이다. 하지만 내겐 오랜 꿈이 있었고 이를 치열하게 고민해왔기에, 총리님의 질문에 거침없이 담대하게 답할 수 있었다. 그리고 여기에 더해 오랫동안 갈고닦은 영어가 있었다. 아무리 좋은 생각이라도 전달이 잘되지 않으면 빛을 보지 못하게 된다. 나의 꿈은 영어로 포장되어 전달되면서 빛을 발하게 되었다.

이야기도 마찬가지다. 총리를 만났을 때뿐 아니라 강연을 하면서도 느낀 것은, 이야기는 전달될 때만 힘이 있다는 것이다. 이야기가 하나의 언어로만 전달되면 그 힘은 제한적이지만, 다른 언어로도 전달될 수 있다면 힘은 배가 되었다. 캐나다에서 나의 이야기를 영어로 전달하면서 언어의 힘을 느낄 수 있었다.

• • •

나는 보스와 함께 그의 선거구에 자주 내려갔다. 그의 선거구는 온타리오 주 할리버튼-카와사 레이크스-브록이었고 할리버튼은 보스의 고향이었다. 오타와에서 할리버튼까지는 차로 4시간이 걸렸다. 왕복 8시간을 오가면서 우리는 친구가 되었다.

사무실 밖에서 둘만 있을 때는 서로 이름을 불렀다. 다양한 주제로 대화했지만 한반도를 둘러싼 국제관계가 우리의 주된 대화 주제였다. 배리는 중국과 미국 관계가 한반도 통일을 결정짓는 중요 변수라고 이야기했고, 나는 중국과 미국 관계도 중요하지만 당사국인 남한과 북한의 관계가 더 중요하다고 반박했다. 배리는 나이든 세대에서나 통일을 이야기하지 한국의 젊은 세대는 통일에 관심이 없다고 했고, 나도 거기에는 동의했다. 준비 없는 갑작스런 통일은 남과 북 모두에게 재앙이 될 수 있다는 데에도 서로 동의했다. 나는 통일(統一)이 되기 전에 통이(通二)가 되어야 한다고 이야기했다. '통이'는 통일이 되기 전에 둘이 서로 왕래하며 통해야 한다는 의미였다. 즉 통일의 꿈을 이루기 위한 목표다. 배리는 여기에는 동의하지만 어떻게 통이를 이끌어내겠느냐고 질문했고, 나는 아직도 여기에 대해서는 명확한 답을 찾지 못했다. 젊은 세대가 통일에 관심을 가지고 통일의 실질적인 주체가 될 수 있도록 하는 방법도 여전히 고민 중이다.

어쨌든 배리와 차에서 많은 시간을 보내면서 인생의 중요한 가치들을 고민할 수 있었다. 그는 나의 보스이자 친구였고 나의 캐나다 가족이었다. 추수감사절에는 배리 가족과 할리버튼에 가서 친척들과 함께 칠면조를 먹었다. 배리의 선거구는 캐나다를 대표하는 아티스트 그룹 오브 세븐(The Group of Seven)이 활동한 지역답게 자연이 매우 아름다웠다. 할리버튼에 갈 때마다 지상낙원에 있는 느낌이었고, 오타와에서 받은 스트레스를 그곳의 아름다운 자연을 보면서 풀곤 했다.

추수감사절이 끝나고 배리와 배리의 부인 어설라와 함께 셋이서 미국 뉴욕에 갔다. 배리와 나는 UN 캐나다 대표를 만나서 역시 탈북민의 인권에 대한 이야기를 나눴다. 중국에 있는 탈북민 문제는 중국이 탈북민을 불법 월경자로 취급하고 북한과 맺은 국경협정에 따라 북송한다는 것이었다. 동남아시아 국가들 역시 자신들의 이익에 따라 탈북민들을 북송하는 경우가 있었다. 배리와 나는 UN 차원에서 할 수 있는 일이 없냐고 물었지만 뾰족한 수는 없다고 했다. 안타까웠지만 별다른 소득 없이 캐나다로 돌아올 수밖에 없었다.

• • •

어느덧 오타와에서의 보좌관 인턴생활도 끝을 향해 달리고 있었다. 의회에서 인턴을 하며 친해진 친구들과 여행을 가고 싶었다. 친구들은 모두 어렸을 때 이민을 오거나 캐나다에서 태어난 한국계 캐나다인들이었다. 얼마 뒤 시간을 내어 그들과 몬트리올에 갔다. 몬트리올은 오타와나 토론토와 달리 프랑스의 옛 문화를 느낄 수 있는 곳이었다. 프랑스식 건축물도 인상적이었지만 가장 기억에 남는 것은 푸틴(Poutine)이라는 음식이다. 감자튀김에 특유의 소스와 치즈를 뿌려서 먹는 음식인데 정말 맛있었다. 캐나다에 있으면서 일이 아니라 여행으로 어딘가를 찾은 적은 처음이어서 정말이지 그 순간을 마음껏 즐겼다.

그리고 얼마 뒤 오타와에서 일을 마무리하고 다시 토론토로 돌아왔다. 기차역에 내려서 베로니카를 만났고 당분간 그녀의 집에서 신세를 지기로 했다. 한보이스 식구들은 고생했다며 격려해주었고 축하 의미로 칠면조를 먹었다. 사실 오타와에서 토론토로 오기 전에 베로니카가 "한국에 가기 전 마지막으로 먹고 싶은 것이 뭐냐"고 묻기에 칠면조라고 답했는데, 정말 칠면조 요리를 해줄 줄은 몰랐다.

한국으로 돌아가기 전 캐나다에서의 마지막 일정은 민주평화통일자문회의 밴쿠버협의회 행사였다. 여기서 나는 '자유를 향한 여정 그리고 통일'이라는 제목으로 연설을 했다. 캐나다인과 한인들이 함께 있었기 때문에 한국어와 영어를 번갈아가며 연설했다. 지금까지 했던 연설 중 가장 힘든 연설이었다. 한국어로 이야기한 내용을 다시 영어로 말하다보니 시간도 에너지도 두 배로 들었다. 힘든 만큼 값진 기회이기도 했다. 연설을 통해 캐나다에서 배운 가치들과 만난 소중한 사람들에게 감사를 표할 수 있었다. 이들의 도움이 없었으면 캐나다에서 경험한 모든 일들은 불가능했을 것이었다.

며칠 뒤 한국행 비행기에 몸을 실었다. 의회에서 인턴을 하고 강연을 하면서 쌓였던 긴장이 풀린 탓인지 곧 깊은 잠에 빠졌다. 눈을 떠보니 한국 도착까지 2시간이 남아 있었다. 6개월간 긴 꿈을 꾼 것 같았다. CBC 뉴스 생방송에 출연하고, 영어로 강연하고, 캐나다 의회에서 중국과 동남아시아를 떠돌고 있는 탈북민들의 인권 개선을 위한 결의안 통과에 기여하고, 캐나다 총리를 만나고, 캐나다 하원 부의장을 보좌한 그 모든 일이 꿈같았다. 그런데 6개월 동안 실제로 일어난 일들이라니……

이 모든 일이 결국 영어 덕분이라는 생각이 들었다. 처음에는 포기했던 영어, 하지만 영상 공부법을 통해 기초와 실력을 쌓은 덕에 캐나다 의회에서 영어로 북한 인권을 외칠 수 있었다. 〈슈렉〉과 〈니모를 찾아서〉를 선물해준 에이미 선생님과 호주에서 만났던 홈스테이 부부에게 감사했다. 그들이 아니었으면 나에게 맞는 영어 공부법을 찾지 못했을 것이고, 캐나다에서 이런 기적 같은 경험도 할 수 없었을 것이다. 남은 2시간 동안 앞으로의 목표를 세웠다. 대학교를 졸업하면서 얻은 질문의 답을 찾기 위해 대학원에 가고 싶었던 나는, 의회에서 인턴을 하면서 영국 외무성에서 주는 쉐브닝 장학금에 지원했었고 합격자 발표를 기다리고 있었다.

5단계

영어로 세계와 소통하다

: 연설부터 책 쓰기까지, 영어 완전정복 :

쉐브닝 장학생 선정! 꿈을 담보로 투자받다

한국으로 돌아온 뒤 캐나다에서 신청한 쉐브닝 장학금 결과를 기다리고 있었다. 쉐브닝 장학금은 영국 외무성에서 주는 장학금으로, 대한민국 국민이고 2년간 현장에서 일한 경험이 있으면 누구나 신청할 수 있으며 아이엘츠 시험 성적과 학부 성적이 우수하면 선발 가능성이 높아진다. 원래는 미국 대학원에서 석사 과정을 밟기 위해 알아보았는데, 미국은 특별한 경우가 아니고서는 사회과학 계열 석사에게는 장학금을 잘 주지 않는다는 것을 알게 되었다. 고민하던 중 쉐브닝 장학금을 받고 유학을 다녀온 선배의 조언을 듣게 되었고, 오타와에서 인턴 보좌관을 하는 동안 신청서를 준비해서 접수하게 되었다.

그리고 3월 초, 3월 말부터 4월 17일 사이에 영국대사관에서 인터뷰를 하자는 메일을 받았다. 그때부터 크게 세 가지 주제를 놓고 면접을 준비했다. 먼저 앞으로 연구할 분야인 국제관계 속에서의 한반도 평화를 어떻게 논리적으로 설명할지 고민했다. 다음으로 완벽하지는 않았지만 대학원 석사논문 주제에 대해서도 고민했다. 그때 생각한 주제는 '북한의 핵 프로그램과 핵 비확산'이었다(나중에 석사논문을 쓸 때는 이 주제를 더 구체화시켜 '북한의 핵 프로그램과 미국의 대북 외교정책'을 강압외교(Coercive Diplomacy)이론으로 분석했다). 마지막으로 쉐브닝 스칼러로서 학위를 마친 뒤 대한민국과 영국의 관계를 발전시키는 데 어떻게 기여할 것인지를 고민했다. 세 번째 주제는 밀턴 프리드먼의 말을 보면서 생각해냈다.

"There is no such thing as a free lunch"

"공짜 점심 같은 것은 없다"는 말을 보면서 '영국 외무성에서 한국 사람에게 장학금을 주며 공부시키는 이유는 이들을 통해 한국과 영국의 관계를 더욱 발전시켜 필요한 것을 취하기 위함'이라고 생각했던 것이다. 만약 앞의 두 주제만 준비해서 면접장에 갔다면 다른 면접자들과 차별화되기는 힘들었을 것이다.

한 달 동안 최선을 다해 면접을 준비했지만 정작 대기실에서는 아무것도 하지 않았다. 예상질문을 읽어봤자 더 긴장만 될 뿐 별 도움이 되지 않는다는 생각에서였다. 마음을 비우고 기다리다보니 곧 내 차례가 되었다. 2대 1 면접이었고 쉐브닝 장학금을 담당하는 두 사람과 대화를 주고받는 형식이었다. 그런데 놀랍게도 한 달간 고민하고 준비했던 세 가지 질문이 모두 나왔다. 덕분에 정해진 면접시간이 끝날 때까지 한 번도 흔들림 없이 차분하게 생각을 밝힐 수 있었다. 면접관과 악수를 하고 나오면서 '신의 뜻이면 합격할 것'이라는 믿음을 가졌다. 주사위는 이미 던져졌으니 이제 내가 할 수 있는 일은 없었다. 아쉬움이 없진 않았지만 후회는 하지 않았다.

면접이 끝나고 몇 주가 지나서 쉐브닝 장학생으로 조건부 합격 통지를 받았다. 조건부 합격이란 영국 대학원에 합격해야 공식 장학생이 된다는 것이었다. 사실 처음에는 옥스퍼드대학교와 캠브리지대학교에서 국제관계학을 공부하고 싶었지만, 캐나다 하원 부의장 인턴 보좌관을 하면서 신청시기를 놓치고 말았다. 그래서 워릭대학교와 런던정경대에 지원했다. 이 학교들을 택한 이유는 내가 연구하고 싶은 분야의 학과와 교수님의 명성 때문이었다. 사실 학부 때는 학교의 이름도 무시할 수 없지만, 석사부터는 전문가로 발돋움하기 위한 과정이기 때문에 학교의 이름보다 연구하려는 분야 학과의 명성이 더 중요하다. 워릭대학교와 런던정경대는 옥스퍼드대나 캠브리지대에 비해서 인지도는 떨어질지 모르지만, 국제관계학과는 그 업적과 명성이 뛰어난 곳이었기에 주저 없이 지원했다. 다행히 두 학교에서 모두 대학원 석사과정 합격 통지를 받았다. 워릭대학교가 먼저 발표가 나서 쉐브닝 측에서 워릭대와 서류작업을 하는 중에 런던정경대 합격 소식을 들었다. 이미 워릭대와 협의가 진행된 상태여서 런던정경대는 포기해야 했다. 아쉬움은 없었다. 그저 쉐브닝 스칼러로 명문대학교에서 석사를 할 수 있다는 사실에 감사할 뿐이었다.

• • •

영국으로 출국하기 전까지 북한인권시민연합과 함께 중국에 있는 탈북민들을 구출하기 위한 모금활동을 활발하게 진행했다. 북한인권시민연합은 내가 한국에 와서 가장 오래 알고 지낸 분이 사무국장으로 있는 단체다. 캐나다를 다녀온 뒤 인사를 드리러 찾아갔다가 이사장님과 국장님을 만나 이야기를 나누게 되었고, 중국에 있는 탈북민 구출 모금이 어렵다는 소식을 들었다. 그래서 민주평화통일자문회의 밴쿠버협의회 행사에서 만났던 김두열 선생님께 캐나다에서 모금활동을 할 수 있냐고 물었다. 그러자 함께 노력해보자고 했고 탈북민 구출 현장을 관리하는 활동가와 함께 2015년 5월, 10일간의 일정으로 밴쿠버와 캘거리에 있는 한인교회와 커뮤니티를 방문하면서 중국에 있는 탈북민들의 실상을 알렸다. 당시 민주평화통일자문회의 밴쿠버협의회 서병길 회장님을 비롯한 많은 한인 분들이 성금을 해줬다. 특히 임정규 장로님을 통해 만났던 회장님께서 탈북민 50명을 구할 수 있도록 성금을 내주신 덕분에 북한인권시민연합이 중국에 있는 탈북민들을 더 많이 구출할 수 있었다.

모금활동을 진행하는 동시에 영국대사관 정치과에서 인턴을 했는데, 이때 영국식 영어에 익숙해질 수 있었다. 대사관 전 직원을 대상으로 북한 시장과 북한 정권의 역학관계에 대해 프레젠테이션을 하기도 했고, 대사님이 고등학교 초청으로 강연할 때 동시통역을 하며 보좌하기도 했다. 다행히 영어를 한국어로 통역하는 일이었기에 어려움 없이 할 수 있었다. 만약 한국어를 영어로 옮겨야 했다면 강연 내용을 제대로 전달하기 어려웠을 것이다.

물론 준비과정은 만만치 않았다. 대사님은 원고를 보고 강의하는 스타일이 아니어서 현장에서 듣고 바로 통역해야 했다. 말 그대로 '동시통역'이었던 것이다. 강연 PPT를 보면서 어떤 내용인지 파악할 수 있었던 점이 그나마 다행이었다. 강의 당일, 대사님과 같은 차를 타고 가면서 조심스럽게 털어놓았다.

"원고가 없어서 혹시 통역하다가 실수라도 할까봐 걱정이 됩니다."

"내가 통역하기 쉽게 이야기를 할 테니까 걱정하지 않아도 되어요."

실제로 대사님은 통역하기 쉽도록 의미별로 끊어서 이야기하며 강연을 진행했다. 그 결과 통역을 무사히 잘 마칠 수 있었다. 동시통역을 하면서 순발력뿐 아니라 한국어 어휘력도 상당히 중요하다는 것을 깨닫게 되었다. 한편으로는 영어가 어려워서 포기했다가 영상으로 공부하면서 스스로와 싸웠던 시간들이 파노라마처럼 스쳐지나갔다. 고진감래가 느껴지는 순간이었다.

• • •

얼마 후 부푼 기대를 안고 런던행 비행기에 올랐다. 문득 이런 생각이 들었다.

'내가 계속 북한에 있었으면 지금처럼 비행기를 타고 영국에 갈 수 있었을까?'

불가능했다.

'설사 내가 한국에서 태어났더라도 영어 공부를 열심히 하지 않았으면 영국 외무성 장학금을 받을 수 있었을까?'

역시 불가능했다.

두 가지 선택이 나의 인생을 완전히 바꿔놓았다. 북한을 탈출한 것과 영어를 포기하지 않은 것. 북한을 탈출하지 않았다면 더 큰 세계를 볼 수 없었을 것이고, 영어를 포기했다면 세계를 향해 꿈을 펼칠 수 없었을 것이다. 무엇보다 '시험을 위한 영어'가 아닌 '꿈을 위한 영어'를 했던 것이 주효했다.

대학교 동기 중에 모든 시험에 특화된 친구가 있었다. 당연히 좋은 성적으로 대학교를 졸업했고 토익도 만점을 받아 누구나 가고 싶어 하는 대기업에 취직했다. 그런데 이 친구는 입사 후 한 달이 지나자 이직을 심각하게 고민하고 있었다. 자신이 원하던 마케팅팀에 배치되었는데, 상사들이 토익 만점자라고 외국에서 오는 모든 전화를 받게 했다는 것이다. 친구는 벨소리만 들어도 심장이 내려앉는다고 했다.

"토익 만점이면 뭐하냐? 회화가 안 되는데. 대화는 꿈도 못 꾸고 상대가 하는 말만 받아 적기 바빠."

한번은 정신없이 받아 적다가 대답을 못했는데 상대측에서 전화가 끊긴 것으로 오해해 그냥 끊어버렸다고 했다. 그 순간, 바이어의 이야기를 다 듣지 못했다는 걱정보다 그만 받아 적어도 된다는 기쁨이 더 컸다고 했다.

"지금은 입사 한 달밖에 안 됐으니까, 실수를 해도 이해해주겠지. 그런데 적응기간이라고 봐주는 것도 한계가 있을 텐데 아무래도 회사를 옮겨야 할 것 같아."

결국 친구는 힘들게 들어간 회사를 포기하고 다른 회사로 이직하고 말았다. 하지만 그곳에서도 영어회화가 필요했기에 지금은 주말마다 영국문화원에서 비즈니스 영어회화를 공부하고 있다. 그 친구를 보면서 영어 공부의 방점은 '꿈'에 찍혀야지, '시험'이나 '성적'을 위해 공부해서는 안 된다는 사실을 다시금 절감했다. 그 친구뿐 아니라 나를 포함해 영어 공부를 하는 사람이라면 모두 '지금 이 공부가 무엇을 위한 것인지' 생각해볼 필요가 있다. 단순히 시험에 통과하기 위해, 성적을 잘 받기 위해 하는 영어는 그 목적만 달성하고 나면 별다른 쓸모를 지니지 못하는 경우가 많기 때문이다. 함께 곰곰이 고민해보자.

'나는 지금 왜 영어를 공부하는가? 무엇을 위한 공부인가?'

• • •

다시 시곗바늘을 과거로 돌려보면, 런던 히드로공항의 첫 기억은 보슬보슬 내리는 비다. 공항에서 짐을 찾고 워릭대학교로 가기 위해 버스에 올랐는데, 시차적응이 되지 않아서 깜빡 졸고 말았다. 잠에서 깨어 "코번트리 정류장은 언제 도착하냐?"고 기사에게 물으니, 코번트리 정류장은 이미 지났고 버밍엄공항으로 가는 중이라고 했다. 서둘러 버스에서 내려서 택시를 타고 워릭대학교로 갔는데 비싼 요금에 놀라고 말았다. 그 후로 영국에서 공부하는 동안 다시는 혼자 택시를 타지 않았다.

기숙사를 신청한 터라 학교 행정사무실에 가서 열쇠와 캠퍼스 지도를 받고 기숙사를 찾아갔다. 2인 2실로 방은 따로 쓰되 화장실을 같이 쓰는 형태였다. 나와 같은 화장실을 쓰는 친구는 중국에서 와서 경영학을 공부하고 있었다. 부엌은 한 층에 살고 있는 학생들이 공용으로 사용했다. 우리 층은 여러 나라에서 온 친구들로 구성되어 있었기 때문에 다양한 문화를 접할 수 있었고 가끔씩 자기 나라의 음식을 소개하며 나누어 먹기도 했다. 나는 한국에서 밥솥을 챙겨간지라 학교 근처에 있는 한인식당에서 음식재료를 구입해 직접 요리를 해먹었다. 학기 초에는 주말마다 찌개와 반찬을 만들었는데, 우리 층 친구들은 토요일을 '한국날'로 불렀다. 내게 '셰프 리'라는 별명도 붙여주었다. 친구들이 가장 좋아하는 음식은 궁중떡볶이, 김밥, 그리고 닭볶음탕이었다. 음식을 해주면서 친구들과 금방 친해질 수 있었고, 자기 나라 유학생들이 모인 파티에도 초대해준 덕분에 훨씬 다양한 친구들을 만날 수 있었다. 국제관계학을 심층적으로 공부하기 위해 유학 온 영국이었지만 그곳에서 다양한 국적의 친구들과 만나며 책에서는 배울 수 없는 '살아 있는 국제관계학' 또한 체득할 수 있었다.

영어 분투기 17

돈이 없어도 꿈이 있으면 해외 유학 갈 수 있다

1) **쉐브닝 장학금:** 영국 외무성에서 제공하는 장학 프로그램. 직업 경험이 있는 사람들이 영국에서 공부할 수 있도록 학비는 물론 체류비와 기타 경비를 지원한다. 주제에 맞는 에세이, 2년 이상 직업 현장에서 일한 경력, 아이엘츠나 IBT 성적(영국의 대학교들은 토플보다는 아이엘츠를 더 선호한다), 두 통의 추천서 등이 필요하다. 시기와 제출 서류는 매년 달라질 수 있으므로 웹사이트(http://www.chevening.org/)를 확인해야 한다. 쉐브닝 사이트에 메일을 등록하면 뉴스레터를 받아볼 수 있다.

2) **풀브라이트 장학금:** 미 국무성과 각국 정부가 협력하여 만든 장학 프로그램. 전 세계적으로 권위 있는 프로그램이다. 대학원 장학 프로그램의 경우 온라인 지원서, 학부 성적, 아이엘츠나 IBT 성적, 3통의 추천서 등이 필요하다. 자세한 사항은 한미교육위원단 웹사이트(http://www.fulbright.or.kr/)에서 확인할 수 있다.

3) **자기소개서와 학업계획서:** 장학 프로그램의 취지를 명확히 이해하고 자신이 해당 장학 프로그램에서 후원하고자 하는 적임자라는 점이 드러나게 써야 한다. 장학금을 받아 연구하고자 하는 분야에 대해 잘 알고 있으며 성과를 낼 수 있다는 점을 강조할 필요가 있

다. 이를 위해 그동안 해당 분야에서 노력해왔던 바를 서술해야 한다. 또한 자신의 연구 결과가 한국과 지원국에서 어떤 가치를 지닐지 논리적으로 설명할 수 있어야 한다.

4) **면접:** 면접에서는 실력뿐만 아니라 마음가짐과 태도도 드러난다. 진정성 있는 마음가짐과 태도로 면접관의 마음을 움직일 수 있어야 한다. 외국 정부로부터 장학금을 받는다면 해당국의 정부가 장학생에게 원하는 것이 분명히 있다. 지원국을 위해 할 수 있는 일이 무엇인지, 한국과 지원국의 공동번영, 나아가 인류 발전을 위해 어떻게 기여할지 고민해볼 필요가 있다. 외국인에게 장학금을 주는 경우 개인에게 지원한다고 보기 어렵다. 그러므로 '나는 한국을 대표한다'는 마음을 가지고 면접에 임해야 한다.

성주's comment

"여러분의 꿈과 가능성을 알리고 투자받으세요"

장학 프로그램에 지원하기 위해서는 에세이가 필요합니다. 저의 경우 단어 뜻을 찾을 때 만들었던 예문, IBT와 아이엘츠 라이팅 연습이 도움이 되었어요. 일단 쓰기의 힘, 아시겠죠?

제가 지원받았던 두 프로그램 외에도 찾아보면 장학금을 받을 수 있는 기회가 꽤 많습니다. 여러분의 꿈과 가능성을 적극적으로 알리고 투자를 받으세요. 여러분의 가치를 알아봐줄 사람이 분명 있을 거예요! (풀브라이트 장학 프로그램에 지원할 때 썼던 에세이와 연구계획서를 부록에 실어두었습니다. 글의 구조와 전개과정을 살펴보세요.)

승자도 패자도 없는 영국식 토론 수업

워릭대 입학 후 국제관계이론과 다양한 사회 이슈에 관한 과목들을 수강했다. 국제관계 속에서 발생하는 다양한 현상들을 정확히 분석하고 논리적으로 설명하기 위해선 국제관계 이론을 공부해야 했다. 또한 하나의 이론으로는 갈수록 복잡해지는 사회 현상을 정확하게 분석하는 것이 불가능하다고 여겼기에, 현실주의부터 페미니즘까지 다양한 이론들을 함께 공부했다. 그러면서 국가들의 관계와 국가가 존재하기 위해 하는 각종 행동들을 이해할 필요를 느꼈고, 국제관계와 국가안보에도 관심을 기울이게 되었다. 자국의 안보를 위해 노력하고 있는 모든 국가를 분석할 수는 없으므로, 나의 관심 지역인 동북아시아로 초점을 맞췄고 그중에서도 한반도에 집중했다. 한반도에서 발생하는 근본적인 문제를 북한의 핵 프로그램과 이를 해결하기 위해 모인 한국, 중국, 미국, 러시아, 일본의 이해관계를 집중적으로 살펴봄으로써 답을 찾고자 했다.

한국에서 주입식 교육에 익숙해져 있던 터라 처음에는 영국의 토론식 수업에 적응하지 못했다. 수업시간에 가장 활발한 학생들은 유럽과 미국에서 온 친구들이었고, 상대적으로 조용한 학생들은 아시아에서 온 친구들이었다. 특히 한국 학생들이 가장 조용했다. 학기가 시작하고 2주 동안 나는 수업시간에 한마디도 못하고 듣기만 했다. 그러자 한번은 교수님이 나를 따로 불렀다.

"수업시간에 아무 말도 하지 않는 이유가 뭐죠? 혹시 수업을 위해 읽어야 하는 논문과 책을 공부하지 않아서 그러는 건가요?"

하나의 수업을 위해 읽어야 하는 논문과 책의 양을 합치면 매주 200페이지 정도 되었다. 방대한 양이었지만, 나는 잠을 줄여가며 모두 읽었고 교수님에게도 그렇게 이야기했다.

"그러면 왜 토론에 끼지 못하는 건가요?"

"테이블에 둘러앉아서 하는 토론 수업은 처음이어서 언제 이야기를 해야 할지 모르겠습니다."

"토론 수업은 처음이라고요? 그럼 대학교 때 어떻게 공부했죠?"

이전의 수업방식을 설명하니 교수님은 놀라는 표정을 지었다. 다음 수업부터 교수님은 토론 중간에 끼어들면서 나의 의견을 물어보는 식으로 내가 토론에 자연스럽게 참여할 수 있도록 도와주었다. 덕분에 차츰 토론에 익숙해질 수 있었다. 처음에는 말이 없는 나를 멍청하다고 깔보았던 친구들도 나의 주장을 들으면서 생각을 바꾼 듯했고, 나중에 남북한과 연관된 주제로 페이퍼를 쓸 때는 나에게 조언을 구하기도 했다.

• • •

교수님의 도움과는 별개로 나 역시 토론 수업에 적응하기 위해 갖은 노력을 기울였다. 토론을 하기 위해서는 주제를 완전히 숙지해야 한다. 그래서 논문이나 책을 최대한 정독하며 완벽히 내 것으로 만든 후 수업에 참여했다. 토론 기술도 훈련했다. 내 주장을 논리적으로 푸는 일도 중요하지만, 먼저 상대방의 주장을 집중해서 잘 듣는 일이 더 중요하다는 사실을 알게 되었다. 그래야만 상대의 근거가 보이기 때문이다. 제대로 집중하지 않으면 상대의 논리적 근거보다는 그가 쓰는 표현이나 단어에 집착하게 된다. 그러면 토론이 아니라 끝말잇기 같은 말장난이 되기 십상이다. 토론을 잘하기 위해서는 상대방 주장의 근거에서 모순을 찾아내어 반박해야 한다. 더불어 상대를 인정할 줄 아는 자세 역시 필요하다. 상대의 논리가 탄탄하고 설득력이 있을 때 박수를 쳐줄 수 있는 여유를 가진다면, 토론하면서 감정적으로 흥분할 일이 거의 없다.

상대로부터 반박을 당하면 그가 나의 논리적 근거를 공격하는 것인지, 아니면 그저 꼬투리를 잡는 것인지 구분해야 한다. 후자라면 논리적 근거를 다시 한번 상기시키면서 "지금 반박은 참고는 하겠지만 큰 의미는 없는 것 같다"고 넘기면 된다. 사실 꼬투리를 잡아서 공격하는 사람은 자신도 무슨 말을 하는지 잘 모를 때가 많다. 반면 논리적 근거가 공격당했을 때는 상대의 의견이 타당한지를 판단하고, 모순이 있는 부분을 찾아서 반박하면 된다. 상대의 논리에서 흠을 발견할 수 없고 오히려 내 주장의 허점을 발견하게 되었다면, 이때는 겸허하게 인정해야 한다. 이는 전혀 창피한 일이 아니다. 토론은 논리를 세워가는 과정이지 이기고 지는 결과의 문제가 아니다. 내가 영국에서 배운 토론식 수업은 승자와 패자라는 결과가 아니라, 토론 과정에서 각자의 논리를 세워가는 훈련에 초점이 맞춰져 있었다. 그렇기에 우리는 결과에 관계없이 토론 자체를 즐길 수 있었고, 수업시간에 결론이 나지 않으면 학교 근처에 있는 바(bar)로 자리를 옮겨 맥주를 마시면서 미처 다루지 못한 주제에 대한 토론을 이어가곤 했다.

내가 영국에서 유학할 때 가장 뜨거웠던 주제는 브렉시트(Brexit)였다. 영국이 유럽연합에 남을 것인지 떠날 것인지에 대한 국민투표를 앞두고 있었던 터라 탈퇴할 때 얻을 것과 잃을 것이 무엇인지, 브렉시트가 영국의 미래에 어떤 영향을 미칠지에 대해 열띤 토론을 벌이곤 했다. 하지만 브렉시트는 주로 유럽과 영국 친구들의 관심사였고, 모두의 관심사는 다음 미국 대통령 선거였다. 대부분의 친구들은 도널드 트럼프가 대통령이 될 가능성은 희박하다고 예상했지만, 대선 결과 미국 45대 대통령은 도널드 트럼프였고 미국에서 온 친구들은 큰 충격을 받은 표정을 지었다.

• • •

아시아와 환태평양 지역의 국제관계를 다루는 수업에는 중국과 일본 친구들이 있었다. 수업은 학기 초에 교수님이 선정한 주제들 가운데 학생들이 하나를 선택해 발표하고 토론을 이끌어가는 방식으로 진행됐다.

나는 중국의 군사적 팽창과 일본이 전쟁할 수 있는 나라로 가기 위해 벌이는 여러 시도들이 주변국들에 불안감을 조장하고 결국 동아시아의 평화를 저해할 수 있다는 내용을 발표했다. 토론이 시작되자 일본 외무성에서 일하다 장학금을 받고 온 친구는 일본의 군사화는 중국의 군사적 팽창에 대응하고 동북아시아 힘의 균형을 맞추기 위한 것으로, 한국과 다른 아시아 나라들에 이익이 된다는 논리를 펴며 중국을 비판했다. 이에 맞서 중국 정부 장학금을 받고 온 친구는 일본의 군사화가 군국주의의 부활을 의미하며, 과거 한국을 식민지화하고 중국에 입힌 피해에 대해 반성 없는 태도라고 비판했다. 그러면서 일본이 위안부 문제에 대해 한국과 중국에 진심 어린 사과를 해야 한다고 주장했다. 중국 친구들은 일본의 식민 역사를 강조하면서 한국을 자신들의 편으로 만들려고 했고, 일본 친구들은 한미일 동맹을 강조하며 역시 한국을 자신들의 편으로 만들려고 했다. 한국의 중요도를 알 수 있는 순간이었다.

나는 열띤 토론을 벌이는 중국과 일본 친구들을 보면서 한국에 유리한 입장만 취했다. 수업의 리더로서 중국 친구들이 역사적 문제를 제기하며 일본을 공격할 때는 중국의 입장에 힘을 실어주었고, 일본 친구들이 강력한 힘을 앞세워 주변국들에 자신들의 입장을 강요하는 중국을 비판할 때는 일본의 입장에 힘을 보탰다. 완전히 중국 친구들의 편도 아니고 일본 친구들의 편도 아니었기 때문에, 다른 친구들과 교수님이 봤을 때는 균형적으로 토론을 진행하는 것으로 보였다.

민감한 주제였던만큼 토론은 쉽사리 끝나지 않았고 우리는 바로 자리를 옮겨 피시앤칩스와 맥주를 먹으면서 토론을 이어갔다. 이제 수업이 끝났으므로 중립적인 입장을 취하지 않아도 된 나는 독일과 달리 일본은 과거사에 대한 반성이 없고 영토 야욕도 버리지 못했다고 비판하면서 독도를 예로 들었다. 독도 이야기가 나오자 곧 한국과 일본의 팽팽한 대결구도가 형성되었다. 일본 친구는 무인도였던 독도가 1905년 을사늑약에 의해 일본에 편입되었고, 샌프란시스코조약에서도 일본 섬으로 인정되었다며 독도가 일본 땅이라고 주장했다. 나는 을사늑약의 불평등성과 일본의 강압을 강조했고, 한국에서 배운 역사적 지식을 총동원하여 독도가 우리 땅인 이유를 설명했다.

한중일이 머리가 터지게 싸웠지만 결론은 나지 않았고, 어느덧 바가 문을 닫을 시간이었다. 항상 그랬듯이 우리는 건배로 토론을 마무리했다. 비록 첨예하게 대립하긴 했지만 감정은 상하지 않았다. 모두가 토론은 서로를 더 알아가는 과정이라고 생각했기 때문이다.

도널드 트럼프 대통령과 앤드류, 그리고 그녀…… 영어가 맺어준 인연들

영국으로 출발하기 전 영국대사관이 주최하는 환송식에 동기 쉐브닝 스칼러들과 참석했다. 그때 대사님은 공부뿐 아니라 여행을 통해서도 영국을 체험하라고 조언했다. 영국에 유학 온 후 대사님의 말처럼 여행을 통해서도 영국의 모습을 보려고 노력했지만 학교 수업과 과제에 치여 살다보니 마음처럼 잘되지 않았다. 그러던 중 모처럼 공부에서 벗어날 기회가 찾아왔다.

영국대사관에서 인턴을 할 때 이메일로 소개받았던 친구가 있었다. 이름은 앤드류였고 스코틀랜드 애버딘에 살고 있었다. 영국에 오면 꼭 자기가 사는 곳에 놀러오라고 했었는데 도서관과 기숙사를 오가며 공부하느라 정신없이 하루하루를 보내고 있을 때 앤드류에게서 메일이 왔다. '일요일에 아버지 생일파티를 한다'며 '스코틀랜드 사람들의 생일파티를 보고 싶으면 놀러오라'고 자신의 전화번호를 남겨놓았다. 잠시 공부에서 벗어날 명분을 찾고 있던 터라 반가운 소식이었고, 좋은 경험이 될 거라는 생각이 들어 참석하겠다고 연락했다. 어떤 선물을 준비해야 할지 몰라서 전화를 걸어 처음으로 통화하게 되었는데, 의사소통이 잘되지 않았다. 앤드류의 말이 빠르기도 했고 억양과 발음도 처음 들어보는 영어였다. 예를 들어 '순다이 쉐줄'이 무슨 말인지 통화 내내 궁금했는데, 나중에 앤드류가 보내온 메일을 다시 보면서 그것이 '선데이 스케줄(Sunday Schedule)'인 것을 유추할 수 있었다. 역시 영어는 아무리 공부해도 어렵다는 생각이 들었다. 같은 단어라도 나라에 따라, 또 지역에 따라 다르게 발음되니 말이다.

생일파티보다 하루 먼저 애버딘에 도착해서 에어비앤비에 묵었다. 에어비앤비를 운영하는 주인을 만나서 이야기를 하는데 그의 말이 잘 들리지 않았다. 영국이 아닌 다른 나라에 있는 느낌이었다. 다음날 아침 앤드류를 만났다. 메일로 연락을 주고받을 때는 나와 나이가 비슷한 줄 알았는데 막상 만나보니 40대 후반이었다. 앤드류는 자기 부모님을 소개해주겠다며 부모님 집으로 나를 데려갔다. 거기에는 다른 가족들도 있었다. 앤드류를 포함해 다른 사람들과는 대화가 잘되지 않았지만 런던에 사는 앤드류 동생과는 어려움 없이 이야기를 나눌 수 있었다. 그래서 다른 사람들이 내게 말을 걸 때마다 그녀가 통역을 해주었다. 영어를 영어로 통역하는 진풍경이 펼쳐졌다.

앤드류 부모님은 농사를 지으면서 말 목장을 운영했기에, 생일파티가 끝난 뒤 앤드류와 함께 말을 타고 바다가 보이는 언덕까지 올라갈 수 있었다. 눈앞에 펼쳐진 풍경이 정말 한 폭의 그림 같았다. 지금까지도 애버딘에서 봤던 것보다 아름다운 자연은 본 적이 없다. 앤드류는 내가 스코티시를 이해하기 힘들어하는 것을 알고 천천히 말해주었다. 지금 있는 곳이 좋아서 스코틀랜드를 떠나지 못한다고 했다. 그의 말에 전적으로 공감했다. 이방인인 나도 떠나고 싶지 않은데 그는 오죽할까 싶었다. 앤드류와 말을 타고 백사장을 달리면서 공부에서 받은 스트레스를 확 날려버릴 수 있었다.

동시에 이처럼 소중한 인연을 맺어준 영어가 고마웠다. 앤드류도 그랬지만, 지구촌고등학교의 에이미 선생님도, 호주의 홈스테이 부부도, 캐나다 하원 부의장 배리 데볼린도, 그리고 일일이 이름을 거론하기 힘들 만큼 많은 사람들 모두 영어가 아니었다면 만날 수 없는 사람들이었다. 영어는 내가 꿈을 향해 갈 수 있도록 돕는 도구였지만, 수많은 사람들과 교감할 수 있는 계기이자 수단이기도 했다.

• • •

그리고 영어가 맺어준 또 하나의 소중한 인연이 있다. 한국에서 서강대학교를 다닐 때의 일이다. 나는 시험기간에 같은 과목을 듣는 탈북민 후배에게 수업시간에 배운 내용을 총정리해주곤 했다. 그날도 서강대학교 다산관 6층에서 후배와 시험공부를 하고 있다가 김영수 교수님으로부터 전화를 받았다. 나와 후배가 필리핀 집짓기 봉사에 참여하도록 추천했다는 전화였다.

필리핀 봉사활동은 2주간 진행되었고, 우리는 집짓기 봉사뿐 아니라 태권도, 부채춤, 케이팝 등을 통해 한국의 문화를 알리는 행사도 준비했다. 내가 맡은 역할은 전체 통역과 태권도였다. 그런데 식당에서 봉사자 30명의 주문을 나 혼자 통역하자니 버거웠다. 혹시 도와줄 사람이 있냐고 묻자 연세대에 다니는 여학생이 손을 들었다. 영어 실력이 수준급이었는데 알고 보니 어렸을 때 캐나다로 이민을 간 친구였다. 그때부터 봉사활동을 마치고 한국으로 돌아올 때까지 그녀와 함께 통역을 했고, 영어로 장난을 하며 급속도로 친해졌다.

더운 날씨에도 땀흘리며 열심히 일하는 모습이 인상적이었고, 필리핀 학교 공연에서 함께 영어로 사회를 보면서 타인을 섬길 줄 아는 그녀의 매력을 발견할 수 있었다. 관심이 호감으로, 호감이 연모로 바뀌는 데는 오랜 시간이 걸리지 않았다. 늘 배려하고 헌신하는 모습을 볼 때마다 좋아하는 마음이 깊어졌지만 봉사활동 중에는 연애를 할 수 없었기 때문에 감정을 드러내지 못했다.

2주가 쏜살같이 지나갔다. 필리핀 봉사활동을 마무리하고 한국으로 돌아가던 날, 나는 단원들의 여권을 걷어 단체 티케팅을 하겠다고 했다. 솔직히 말하면 그녀와 옆자리에 앉고 싶어서 꾀를 낸 것이었다.

나와 그녀만 옆자리에 앉도록 티켓을 끊고, 미안하지만 나머지 친구들은 자동배정으로 티케팅을 했다. 다니는 학교도 다르니 한국에 돌아가면 그녀와 만날 기회가 없다는 생각이 들었다. 비행기 안에서 결판을 내야겠다고 마음을 먹었다. 비행기가 이륙하고 상공을 날고 있을 때 고백하려고 했지만 비행기 소음 때문에 목소리가 잘 들리지 않았다. 그렇다고 소리를 지르면서 고백할 수는 없는 노릇이었다. 설상가상으로 그녀가 의자에 기대더니 이내 잠이 들었다. 어느덧 비행기는 인천공항과 가까워지고 있었고 내게 주어진 시간이 얼마 남지 않았다.

승무원에게 종이와 펜을 달라고 부탁했다. 하지만 펜밖에 없다고 했고, 나는 종이 대신 냅킨이라도 달라고 했다. 급한 마음에 말 대신 글로라도 고백하려고 했지만 막상 냅킨과 펜을 받고 나자 뭐라고 써야 할지 막막했다. "우리 사귀자"라고 쓰면 장난처럼 보일 것 같았고, "너를 좋아해"는 좀 유치한 것 같았다. 어떻게 마음을 전해야 할까 고민하면서 창밖을 바라봤다. 별들이 많았는데 그중에서 가장 빛나는 별을 발견했고 그 별을 모티브 삼아 글을 썼다. 그리고 그녀가 깨어나기만 기다렸다. 얼마 뒤 화장실을 가겠다며 일어났던 그녀가 다시 자리에 앉자마자 냅킨을 꺼냈다. 그녀는 가만히 글을 읽더니 냅킨을 접어서 주머니에 넣었다. 결과는 성공이었다. 영어는 나의 대학교 생활을 풍부하게 만들었을 뿐만 아니라 사랑하는 사람도 만날 수 있게 해 준 것이다.

• • •

살아오면서 영어를 통해 좋은 친구들과 사랑하는 사람을 만났다. 그리고 영어는 전혀 예상치 못한 만남을 주선하기도 했다. 필리핀 봉사활동으로부터 시간을 한참 건너뛰어 2017년 11월 3일 미국대사관으로부터 전화를 받았다. 도널드 트럼프 대통령 방한을 축하하기 위해 문재인 대통령이 마련한 국빈만찬에 미국 정부가 나를 초대하고 싶다는 내용이었다. 국빈만찬에 초대되었다는 사실에 놀랐고, 한국 정부가 아니라 미국 정부의 초대여서 더욱 놀랐다. 백악관이 나를 초대한 데는 분명한 이유가 있다고 생각했으나, 그 이유가 무엇인지는 알 수 없었다.

대사관 관계자와 전화를 끊자 만찬 행사를 준비하는 한국 정부 관계자에게서도 전화가 왔고, 행사 참석에 필요한 여러 질문을 받았다. 국빈만찬은 청와대 영빈관에서 11월 7일 일곱 시에 열릴 예정이었다. 문재인 대통령과 트럼프 대통령을 만나면 짧은 시간 안에 무슨 말을 해야 할까 고민했다. 고민은 만찬 당일까지 계속되었고 결국 복잡한 대북정책보다는 중국에 억류되어 있는 탈북민 문제를 이야기하기로 마음먹었다. 트럼프 대통령이 한국 방문을 마친 후 시진핑 주석을 만나러 중국으로 향할 예정이었기 때문이다. 만약 그가 시진핑 주석과 만나면서 탈북민들의 인권을 이야기하고 중국이 이들에게 가고 싶은 나라로 갈 수 있도록 허락한다면…… 꿈같은 이야기지만 정말 그렇게

만 될 수 있다면, 탈북민들이 북송되어 감옥과 수용소에서 고통받거나 심지어 사형에 처해지는 문제에서 자유로워질 수 있었다. 현실적으로 불가능한 꿈이더라도 시도는 해봐야 했다. 그리고 나는 포기하지 않고 노력하면 불가능도 얼마든지 가능으로 바꿀 수 있다는 사실을 여태껏 배워오지 않았던가.

만찬 당일 청와대 영빈관 1층에 도착해 주변을 둘러보았다. 모두 TV에서만 봤던 사람들이었고, 미국과 한국을 움직이는 리더들이 대부분이었다. 초대된 사람들 중에서 가장 나이가 어렸던 나는 한미 정상의 국빈만찬에 참석한 유일한 탈북민이었다. 뉴스에서 보던 고민정 부대변인과 통역관의 안내로, 한미 정재계 리더들이 한국과 미국 대통령을 만나기 위해 2층으로 올라갈 준비를 했다. 나도 2층에 올라가기 위해 줄을 서려는데 갑자기 경호원이 팔을 붙잡았다.

"어떤 분 보좌관이시죠? 만찬장에는 허락된 사람만 올라갈 수 있습니다."

나는 경호원에게 콜링카드를 보여주며 초대되었다고 말했다. 그러자 죄송하다며 급히 사과를 했다. 아마 다른 분들에 비해 한참 어려 보이는 내 모습에 초대된 사람이라고 생각하지 않았던 것 같다. 당연히 그렇게 생각할 법했기에 전혀 불쾌하지 않았다. 그는 자신의 일을 충실히 하고 있을 뿐이었다.

2층 만찬장 입구에서 문재인 대통령, 도널드 트럼프 대통령, 김정숙 영부인, 그리고 멜라니아 영부인이 초대된 손님들을 맞이하고 있었다. 내 차례가 되자 콜링카드를 받은 사람이 "북한인권시민연합 컨설턴트 이성주입니다"라고 말했다. 문재인 대통령과 먼저 악수를 나누며 "만나 뵙게 되어 영광입니다"라고 했고 대통령은 "환영합니다"라고 답하셨다. 그리고 도널드 트럼프 대통령 차례였다. 수없이 연습하고 또 연습했던 이야기를 꺼낼 시간인 것이다.

"안녕하세요. 저는 탈북민 출신 이성주입니다. 대통령께서 한국 방문을 마치고 베이징에서 시진핑 주석과 정상회담을 한다고 알고 있습니다. 대통령님, 중국에는 자유를 찾아 탈북하다 잡힌 많은 북한 주민들이 있습니다. 이들이 가고 싶은 곳으로 갈 수 있도록 시진핑 주석에게 도움을 요청해주십시오. 그리고 시진핑 주석에게 탈북민 북송을 중단해줄 것을 요청해주십시오. 대통령님, 초대해주셔서 감사합니다."

내 이야기를 들은 트럼프 대통령이 윙크를 하면서 말했다.

"알겠네, 젊은이."

다음으로 김정숙 여사와 멜라니아 트럼프 여사께 인사를 하고 정해진 자리에 앉았다. 같은 테이블에 앉은 분들과 명함을 교환했는데, 트럼프 대통령 수행단 일행이 내 명함을 보면서 어떤 일을 하냐고 물었다. 북한에서 왔고 지금은 중국에 있는 탈북민 구출을 위한 모금활동을 하고 있다고 설명했다. 그러자 그분이 예상치 못한 질문을 던졌다.

"만약 성주 씨가 트럼프 대통령이라면 내일 국회에서 어떤 연설을 하겠어요?"

당혹스러웠지만 곧 차분히 생각을 정리해 이야기했다.

"저라면 절대로 북한을 공격한다는 이야기는 하지 않을 겁니다. 북한에 대한 공격 발언을 한국 국민이 보게 되면 미국 대통령이 무책임하다고 비판할 것이고, 결국 한미관계에 도움이 되지 않으니까요. 대신 남한의 눈부신 발전과 북한의 현실을 비교하면서 북한의 잘못된 선택을 비판하는 것이 좋다고 생각합니다."

그분은 "아주 잘 알겠다"고 했고 "미국에서 박사과정을 할 예정이라고 들었는데 워싱턴 D.C.에 오면 보자"고 웃으며 이야기했다.

《Every Falling Star》 영어로 책을 쓴다는 것

2016년 5월 워릭대에서 석사논문을 준비하느라 바쁜 와중에 잠시 시간을 내어 올랜도 책박람회에 참석하게 되었다. 박람회에는 출간을 앞둔 책들을 선정해 소개하는 코너가 있었는데 내 책이 청소년 부문에 선정된 것이다. 그렇다. 그때 나는 영어 자서전 출간을 앞두고 있었다. 사건(?)의 시작은 캐나다에서 인턴 보좌관을 할 때로 거슬러 올라간다.

토론토대학교에서 강연을 할 때 뜻밖의 사람을 만났다. 강연이 끝나고 추가 질문을 하는 사람들과의 대화도 마무리될 무렵, 당시 한보이스 대표였던 랜달 의원이 중년 여성 한 명을 소개해주었다. 그녀는 채 마르지 않은 눈물을 연신 손수건으로 닦으며 내 이야기를 감명 깊게 잘 들었다고 했다. 그녀가 건네준 명함에는 'Author, Susan

Elizabeth McClelland'라고 적혀 있었다. 좀더 대화하고 싶다는 청에 커피를 사서 토론토대학교 캠퍼스 잔디밭에 앉았다.

"성주, 당신의 이야기를 책으로 써요. 강연에서만 듣기에는 너무 아까운 이야기예요."

나는 아무 말도 하지 않고 수전의 이야기를 듣기만 했다.

"성주의 이야기 속에는 희망을 잃은 사람들을 치유할 수 있는 힘이 있어요."

문득 나의 이야기를 듣고 새로운 삶을 살기로 결심했다던 친구가 생각났다. 애리조나주립대학교에서 공부하던 시절, 지역 청소년센터에서 봉사활동을 하다가 만난 친구였다. 그의 아버지는 멕시코 사람이고 어머니는 자메이카 출신이었는데, 아버지는 마약을 유통하다가 잡혀서 감옥에 갔고 어머니는 집을 나가서 행방불명되었다. 그래서 청소년센터에서 생활하게 되었고 많이 방황하던 친구였는데, 내가 살아온 이야기를 듣고 희망을 얻었다고 했고 꼭 책을 내달라고도 부탁했었다. 그때부터 북한에서의 삶을 더 열심히 기록하긴 했지만 정말 책을 낼 수 있을 거라곤 생각하지 못했는데, 이런 기회가 찾아오다니…… 믿을 수 없는 일이었다.

수전은 자신이 출판사를 알아보겠다고 했고, 나는 일단 고민해보겠다고 했다. 그러자 자신이 쓴 책《The Bite of the Mango》에 사인을 해서 주면서 읽어보라고 했다. 책의 내용은 시에라리온(Sierra Leone)

내전에서 살아남은 마리아투 카마라(Mariatu Kamara)의 이야기였다. 그녀는 열두 살에 강간을 당했고, 마을에 쳐들어온 RUF(Revolutionary United Front)에 의해 양손이 절단되었다. 그리고 절단된 손목을 치료받는 중에 임신했다는 사실을 알게 되었다. 아이는 태어난 지 10개월 만에 영양실조로 세상을 떠나고 말았다. 이 모든 좌절과 역경에도 그녀는 굴하지 않았고, 현재는 캐나다에 살면서 유니세프(UNICEF) 특사로 활동하며 시에라리온 내전의 참상을 대중들에게 알리는 일을 하고 있었다.

책을 읽으면서 수전이 어떤 사람인지 이해할 수 있었다. 그녀는 절망 속에 살고 있는 사람들에게 희망과 용기를 주는 책을 쓰고 싶어 했다. '이런 사람이 내게 책을 쓰라고 권하다니, 어쩌면 내 이야기가 정말 사람들에게 희망과 용기를 줄 수 있을지도 모른다'는 생각이 들었다. 한동안 수전을 만나지 못하다가 토론토에서 오타와로 가기 며칠 전, 그녀에게 전화를 했다. 우리는 커피를 사서 처음 이야기를 나누었던 토론토대학교 캠퍼스 잔디밭으로 갔다. 그녀가 긴장한 표정으로 나를 쳐다보고 있었다. 나는 '책을 쓴다면 책의 제목, 글 전개방식, 그리고 독자층은 내가 정하겠다'고 했고 수전에게는 에디팅을 부탁했다. 청소년들을 위한 책을 쓰고 싶었다. 북한에서의 경험에 초점을 맞춰 책을 쓰려고 했는데, 이 경험을 했던 때 내가 10대였기 때문이다. 그나마 성인들은 북한에 대해서 조금이라도 알지만 세계의 많은 청소년들은 북한이 어디에 있는지도 몰랐다. 그래서 더욱 청소년들에게 북한에서의 경험을 들려주고 싶었다.

수전은 나에게 출판사에 제출할 수 있도록 책의 개요를 영어로 열 장 정도 써달라고 했다. 개요에는 태어나서부터 한국에 와 아버지를 다시 만나기까지의 이야기를 썼다. 특히 꽃제비를 할 때의 경험과 감정들을 중점적으로 서술했다. 부족한 부분은 수전이 나와 전화 인터뷰를 하면서 보충하는 식으로 출판을 위한 프로포절이 완성되었다.

• • •

얼마의 시간이 흐른 후, 수전으로부터 전화를 받았다. 미국에 있는 에이브럼스 북스(Abrams Books)라는 출판사가 나의 이야기에 관심을 보였다고 신난 목소리로 이야기했다.

"출판사와 계약 관련 서류작업을 마치면 본격적으로 원고를 집필하면 돼요."

"수전, 사실 원고는 이미 준비되어 있어요."

영어 공부를 하면서 북한에서의 경험을 정리한 자료가 있고, 그 분량이 한 권의 책으로 나올 정도라고 말해주었다. 그리고 주한 영국대사관 정치과에서 인턴을 할 때 마침내 에이브럼스 북스와 계약을 맺고, 수전에게 전체 원고를 넘겼다. 그저 시간순으로 경험을 기록한 것이었기에, 수전이 문학적 요소를 더하고 문맥을 매끄럽게 만드는 등

재구성을 해서 출판사에 원고를 보냈다. 단, 없는 사실을 만들어내거나 내용을 과장하지는 않았다. 이후 나, 수전, 그리고 출판사가 함께 세 번의 에디팅 과정을 거치면서 책이 점점 완성되어갔다. 제목도 정해졌다.

'Every Falling Star.'

처음에 내가 '모든 별똥별'이라는 뜻의 제목을 말했을 때, 수전과 출판사는 별로 좋아하지 않았다. 그러나 의미를 설명해주자 다들 수긍했고, 나중에는 모두가 제목을 진심으로 좋아했다. '모든 별똥별'이라는 제목에는 두 가지 의미가 있다. 내가 어렸을 때 어머니는 떨어지는 별똥별에 소원을 빌면 이루어진다고 말해주었다. 아버지와 어머니를 모두 잃고 혼자 거리에 살던 시기에 그 별똥별 이야기는 내 희망이 되었다. 나와 친구들은 떨어지는 별똥별을 볼 때마다 간절히 빌곤 했다.

"제발 살아서 아버지와 어머니를 만날 수 있게 해주세요."

나는 살아만 있다면 언젠가는 아버지와 어머니를 다시 만날 수 있다는 희망을 가지고 있었다. 별똥별을 보고 빌었으니까 꼭 부모님을 다시 만날 수 있을 거라고 믿으며 버텼다. 별똥별은 나에게 희망이었고, 이 책을 통해 절망 속에서도 피어나는 희망을 말하고 싶었다. 두 번째 의미는 '사람이 죽으면 그 사람의 별이 하늘에서 떨어진다'는 북한의 속설과 관련이 있다. 비록 이 책은 나라는 개인의 이야기만을 담고 있지만 나는 이 책으로 굶어서, 얼어서, 병들어서 소리 없이 죽은 수많은 북한 사람들을 기리고 싶었다. 제목의 의미를 들은 수전과 출판사는 책의 내용을 가장 잘 담을 수 있는 최고의 제목이라고 했다. 그렇게 2015년 말《Every Falling Star》가 완성되었다. 출간일은 2016년 9월 13일로 잡혔다.

• • •

앞서 말했듯 정식출간도 되기 전에 내 책이 올랜도 책박람회에서 청소년 도서로 소개된 덕에 나는 독자들 앞에서 책에 대해 발표하고 저자 사인회도 하게 되었다. 수백 명이 넘는 사람들 앞에서 내가 쓴 책을 보자니 눈물이 핑 돌았다. 북한에서 겪었던 고생들이 머릿속에 스쳐지나갔고, 표지에 그려져 있는 별을 보니 어머니 생각이 났다. 어머니가 별똥별 이야기를 해주지 않았다면 길거리에서 희망 없이 죽었을 것이고, 내 손에 있는 책도 없었을 것이다. 책에 대해 설명할 시간이 5분밖에 없어서 디테일한 내용은 말하지 못했고, 'Hope, Courage, Love' 세 단어를 들어 이야기했다.

"모든 것을 다 잃고 길거리에서 살 때도 저는 희망을 포기하지 않았습니다. 그 희망은 살아 있으면 꼭 부모님을 다시 볼 수 있다는 것이었습니다. 별똥별이 소원을 이루어준다는 이야기를 믿고 길거리에서 별똥별을 볼 때마다 부모님을 다시 만나게 해달라고 빌었습니다. 그래서 책 제목이 '모든 별똥별'입니다. 저는 용기 또한 잃지 않았습니다.

용기는 스스로 만드는 것이 아니라, 주변 사람들로부터 나오는 것이었고 저에게 그들은 바로 등뒤에 있었던 친구들이었습니다. 마지막으로 사랑이 없었다면 우리는 모두 굶어죽었을 것입니다. 우리는 친구로서, 형제로서 서로를 사랑했습니다. 빵 한 조각이 생겨도 7등분해서 나눠 먹었습니다. 절망 속에서도 제가 살아남을 수 있었던 것은 희망, 용기, 사랑 덕분입니다. 이 책은 이것을 노래하고 있습니다."

마지막으로 이 책을 어머니께 바친다고 이야기하고 무대에서 내려왔다. 발표회장에 우레와 같은 박수소리가 오랫동안 울려 퍼졌다. 어머니가 보고 싶었다.

• • •

올랜도에서 내 책을 함께 만든 에디터 하워드 리브스를 처음 만났다. 메일을 주고받으면서 친분을 쌓았기 때문에 첫 만남이었는데도 어색하지 않았다. 하워드와 먼저 행사 일정을 조율하고 커피를 마시면서 개인적인 대화를 나누었다. 하워드는 프랑스어에 관심이 많은데 내가 영어를 공부한 시간보다 더 오래 공부했지만 좀처럼 늘지 않는다고 했다. 그러면서 영어 공부비법이 무엇이냐고 물었다.

"영어에 눈을 뜨게 해준 선생님은 〈니모를 찾아서〉였어요."

하워드가 놀란 듯 커피잔을 내려놓으며 물었다.

"그게 가능한가요?"

"물론이죠."

두 번째 선생님은 〈슈렉〉이라고 했더니 하워드가 웃으면서 정말 그렇게 해서 영어가 느냐고 물었다. 역시 "물론"이라고 답했다. 그래도 특별한 방법이 있지 않았냐고 물어오기에, 내가 공부했던 방법을 설명해줬고 가장 중요한 목표를 정한 뒤 포기하지 않고 매일 2시간씩 언어 공부를 꾸준히 해야 한다고 말했다. 하워드는 〈니모를 찾아서〉와 〈슈렉〉을 통해 영어를 공부한 사람이 영어로 책을 내고 영국에서 석사를 하고 있다는 사실이 놀랍다고 했다. 나는 언어를 습득하는 바른 방법과 중도에 포기하지 않는 마음가짐이 있다면 이 모든 것이 현실이 된다고 말했다. 그리고 그 증거가 바로 당신 앞에 있다고 했다.

북투어와 문학상 수상, 기적의 순간들

2016년 9월 13일 《Every Falling Star》가 미국, 캐나다, 그리고 영국을 비롯한 다른 영어권 나라들에 동시출간되었다. 영국 대표 언론사인 BBC와 〈가디언〉을 비롯해 많은 언론사들과 인터뷰도 하게 됐다. 저명한 언론사들과 인터뷰를 할 수 있는 것만으로도 영광이었는데, 이후 기적처럼 더 큰 영광들이 찾아왔다. 자서전이 미국과 캐나다에서 다양한 상을 수상한 것이다. 2016년 '미국 학부모협회 권장도서 은상' 수상, '시빌스상 청소년 논픽션 부문' 수상, '캐나다 온타리오 도서관협회 10대 우수 도서' 선정, '프리먼상 청소년 및 고교 문학 부문' 수상, 그리고 2017년 '미국 주목할 만한 도서 청소년 사회과학 부문' 선정…… 한국에는 2017년 6월 《거리 소년의 신발》이라는 제목으로 번역 출간되었고 대한출판문화협회와 한국출판문화진흥재단에서 2017년 올해의 청소년 교양도서로 선정되었다. 이외에도 일본에서 2018년 사쿠라 메달 중등 부문 후보로 선정되었고, 현재 일본과 체코에서 출판을 앞두고 있다.

하지만 이 모든 영광보다 더욱 보람되었던 것은 독자들의 반응이었다. 출간 당시 나는 석사 졸업논문을 쓰고 있었기 때문에 독자들을 직접 만나기 어려웠지만, 대신 온라인으로 많은 독자들을 만날 수 있었다. 감사하게도 수많은 독자들이 격려와 희망의 메시지를 보내주었다. 왜 제목이 'Every Falling Star'인지 궁금했는데 책을 다 읽고 나니 가장 좋아하는 제목이 되었다고 하는 독자들도 많았다. 나는 독자들에게 감사의 인사와 함께 항상 이 말을 했다.

"Hope is never lost. No one can take it away. Only you can give it. I refuse to ever give up hope to anyone."

이것은 북한에서의 경험을 통해 독자들에게 진정으로 전하고 싶던 말이었다. 사인을 할 때도 반드시 'Hope is never lost'를 사용했다. 빤한 이야기처럼 들릴 수 있지만 희망은 거리에서 나와 친구들이 삶을 포기하지 않도록 만든 힘이었다.

• • •

석사논문을 제출하고 영국에서의 학위과정을 정리하고 보니 통장에 조금의 돈이 남아 있었다. 이 돈으로 무엇을 할까 생각하다가 유럽 여행을 가기로 결정했다. 석사학위를 무사히 마친 나에게 주는 선물이었다.

평소 가보고 싶었던 폴란드 아우슈비츠 수용소와 오스카 쉰들러 공장을 찾았다. 아우슈비츠 수용소 정문에 독일어로 적혀 있는 'Arbeit macht Frei(노동이 너희를 자유케 하리라)'가 눈에 들어왔다. 수용소 내에 있는 가스실, 유대인들의 머리카락이 보관되어 있는 모습, 그리고 전시되어 있는 당시 사진들을 보면서 아무 말도 할 수 없었다. 쉰들러 공장을 둘러보면서는 독일인임에도 천 명이 넘는 유대인을 살린 오스카 쉰들러에게 경외감이 들었다. 가장 마음에 와닿았던 말은 "한 사람의 생명을 구한 사람은 온 세상을 구한 것이다"였다. 폴란드를 여행하면서 중국에 있는 탈북민들을 구출하는 일의 소중함을 더 깊이 깨닫게 되었다.

두 번째 행선지는 독일이었다. 동서독이 통일되고 25년이나 지나긴 했지만 분단의 아픔을 겪었던 현장에 가보고 싶었다. 베를린장벽이 세워져 있었던 곳을 따라 걸으며 언제쯤이면 남북의 38선이 무너질까를 고민했다. 이제는 분단의 역사가 박물관에만 전시돼 있는 독일의 상황이 부러웠다. 독일을 여행할 때 석사학위를 같이한 친구의 소개로 동독 출신의 정치인을 만났다. 그의 영어는 유창하지 않았지만 의사소통을 하는 데는 문제가 없었다. 그는 바쁜 와중에도 하루를 할애해서 우리에게 동독과 서독을 구경시켜주었다. 통일이 되고 오랜 시간이 흘렀는데도 건물에서 서독과 동독의 차이를 느낄 수 있었다. 나는 그에게 동독과 서독 사람들 사이에 갈등이 없냐고 물었다. 나이든 사람들 사이에는 갈등이 아직 남아 있지만 젊은이들 사이에는 갈등이 없다고 했다.

"통일 후 경제적 어려움이 있었지만 동서독의 노력으로 지금은 완전히 극복되었죠. 하지만 동서독 사람들 간의 오해로 인한 갈등은 극복하기 무척 힘든 것이었어요. 사회가 노력해서 어느 정도 해소할 수는 있었지만 완전히 극복할 수는 없었죠. 다만 시간이 지나 독일의 분단을 역사책에서나 배운 세대가 성년이 되면 동서독 사람들 사이의 갈등도 자연스럽게 사라지게 될 거예요."

역시 사람의 통일은 시간이 필요한 법이었다. 그는 남한과 북한의 통일을 준비할 때 어떻게 하면 사람의 통일을 앞당길 수 있을지 고민해보라고 조언했다.

• • •

이외에도 프랑스, 네덜란드, 덴마크, 체코, 오스트리아, 그리고 이탈리아를 여행했다. 폴란드와 독일에서 생각과 고민이 많아지는 무거운 여행을 했다면, 나머지 나라들에서는 문화를 체험하는 신나는 여행을 즐겼다.

유럽 여행을 마치고 돌아오는 중에 네덜란드 로이드 호텔에 하루

머물면서 첫 사인회를 했다. 그리고 이후 3주간 런던과 맨체스터 책박람회에 참여해 독자들을 만났고, 20개가 넘는 영국 고등학교들을 다니면서 북투어를 했다. 북투어를 통해 내가 북한에서 꽃제비를 할 때의 나이인 친구들을 만났고 그들의 나이일 때 어떤 경험을 했는지 들려주었다. 고등학생들을 만나면서 가장 많이 받았던 질문은 '함께 길에서 살았던 친구들은 어떻게 지내는지'와 '부모가 원망스럽지는 않은지'였다. 북한을 떠나고 친구들의 소식은 듣지 못했다고 솔직하게 털어놓았다. 친구들을 볼 수 있는 유일한 길은 남과 북이 서로 자유롭게 왕래하는 것이라는 설명도 덧붙였다.

"저는 지금 친구들을 만나는 길을 만들기 위해 열심히 공부하고 있답니다. 보고 싶은 사람이 있는데 '생각'만 하면 평생 보고 싶어만 할 뿐 만나지 못합니다. 하지만 만나러 가는 길을 만드는 '실천'을 하면 반드시 만나게 된다고 믿어요."

부모님에 대한 감정도 꾸밈없이 들려주었다.

"길에서 살 때 부모님이 많이 원망스러웠고 한국에 와서 아버지를 만났을 때도 원망은 사라지지 않았습니다. 하지만 아버지를 원망만 하다보면 결코 아버지를 이해할 수 없을 거라는 생각이 들었어요. 그래서 원망 대신 좋아하는 마음을 키우기 시작했습니다. 애정으로 원망을 덮으려고 노력했고, 결국 조금씩 원망이 사라졌죠. 그렇다고 원망하는 감정이 아예 없어진 것은 아닙니다. 다만 좋아하는 마음이 더 커서 원망이 안 보일 뿐이죠. 원망이 평생 함께할 수도 있습니다. 그러나 이 감정으로 미워만 하다보면 결국 자신이 상처를 받습니다. 원망하기보다 이해와 화해를 위해 노력한다면 여러분에게 큰 배움이 될 겁니다. 비로소 어른이 되어가는 것입니다."

10대들을 만나보니 부모와 관계가 좋지 않은 친구들이 많았다. 이 친구들에게 부모를 원망하기보다는 이해하려고 노력하고, 부모가 상처를 주었더라도 용서하려고 노력하라는 이야기를 하고 싶었다. '부모는 우리가 원해서 선택한 사람이 아니고 바꾸고 싶다고 해서 바꿀 수 있는 사람도 아니다. 어쩌면 부모님께 우리의 이해와 지지가 더 필요할 수 있다'는 사실을 알려주고 싶었다. 북투어는 책에 대한 이야기뿐 아니라 독자들의 고민을 듣고 나의 방식으로 답해줄 수 있는 귀중한 기회였다.

영어가 꿈의 날개가 되는 순간

영국에서 북투어를 하면서 논문이 좋은 성적(Distinction)으로 통과되었다는 소식을 들었다. 이제 박사과정을 준비할 차례였다. 영국에서 석사과정을 하면서 한반도의 문제가 무엇인지 찾을 수 있었다. 간단히 이야기하면 남한과 북한, 그리고 북한과 미국 사이의 오래된 갈등으로 인한 증오와 불신이 문제였다. 이 갈등과 불신은 해방 후 '좌우 간의 치열한 싸움'에서 '수백만의 목숨을 빼앗은 한국전쟁'으로 번졌다. 이 과정에서 북한은 미국을 '철천지원수'로, 남한을 '미국의 앞잡이'로 규정해, 독재정권을 구축하고 핵을 개발할 명분으로 악용했다. 지금까지 한반도의 갈등은 남한과 북한 그리고 주변 나라들의 이익에 따라 이용되었을 뿐 제대로 분석된 적이 없었다. 갈등이 분석조차 되지 않았는데 해결책을 만들려니 정권이 바뀔 때마다 임시방편이 나올 수밖에 없다. 한반도의 문제를 해결하기 위해서는 갈등을 체계적으로 분석할 필요가 있었고, 이것이 곧 통일을 준비하는 것임을 깨달았다. 그런데 어떻게 갈등을 분석하고 해결해야 하는지 몰랐다. 그래서 박사과정을 밟기로 마음먹었다.

석사 지도교수와 박사과정에 대한 고민을 나누는 중에 교수님이 '갈등분석해결' 관련 저널과 책을 소개해주었다. 자료를 읽으면서 분쟁 분석 및 해결학으로 잘 알려진 조지메이슨대학교를 알게 되었다. 조지메이슨대학교는 미국 버지니아 주에 위치해 있고 분쟁 분석 및 해결학 대학원은 워싱턴 D.C. 근처 알링턴에 있다. 워싱턴 D.C.는 워릭대에서 석사논문을 준비하고 있을 때 국제전략문제연구소(Center for Strategic and International Studies, CSIS)에서 '북한: 인권과 안보의 연계(North Korea: The Human Rights and Security Nexus)'를 주제로 하는 콘퍼런스에 패널로 초대돼 방문한 적이 있었다. 북한 인권과 안보에 관해 논의하기 위해 UN과 미국 정부 관료 그리고 학자들이 모인 콘퍼런스였다. 나는 북한의 인권을 개선하고 나아가 한반도에 평화를 안착시키기 위해 임시방편이 아닌 장기적인 정책이 필요하다고 강조했다. 남북한의 통일도 반드시 이루어야 하며 국제 사회가 이를 위해 적극 노력해줄 것을 호소했다. 그때는 일정이 짧아 도시를 제대로 보지 못했는데 다시 워싱턴 D.C.라니, 이곳과 인연이 깊다는 생각이 들었다.

• • •

학교는 선택했지만 문제는 학비였다. 방법을 모색하던 중 미국 국무성에서 수여하는 풀브라이트 장학금을 알게 되었고, 한국으로 돌아온 뒤 풀브라이트 장학금과 박사과정을 준비하기 시작했다.

그 와중에 연세대학교, 성균관대학교, 세종대학교, 그리고 송도에 있는 조지메이슨대 한국 분교에서 교환학생들과 대학원생들을 대상으로 북한의 인권과 북한 사회의 변화에 대해 영어로 특강을 하기도 했다. 특히 세종대학교에는 내가 보좌했던 캐나다 하원 부의장 배리 데볼린이 2015년부터 2017년까지 방문교수로 있었다. 배리는 정책대학원에서 비교정치를 비롯해 다양한 강의를 하고 있었다. 나는 배리의 수업시간에 초대되어 남북관계, 북미관계, 대북제재의 효과 등에 대해 특강을 했다. 대학원생들과 대학생들에게 특강을 하면서 영어를 포기하지 않고 끝까지 버티면서 실력을 쌓은 스스로가 자랑스러웠다.

얼마 후 풀브라이트 장학금 면접날이 찾아왔다. 앞으로 어떤 연구를 하고 싶은지에 대해 쉐브닝 장학금 면접을 볼 때보다 확실한 계획을 가지고 있었다. 석사과정을 통해 영어 발표와 토론을 훈련했기 때문에 긴장되지도 않았다. 면접관은 세 명의 교수님과 한미교육위원단 단장님이었고 옆에 인터뷰 내용을 기록하는 미국인이 한 명 있었다. 교수님들은 왜 갈등분석해결을 연구 주제로 선택했는지 물었다. 박사과정을 성장배경과 꿈으로 연결해서 설명했다. 한반도의 평화를 안착시키고 통일을 준비하기 위해서는 한반도의 갈등을 분석하고 해결해야 한다고 이야기했다.

한미교육위원단 단장님이 내가 자기소개서에서 언급한 한반도인의 정체성에 대해 물었다. 나는 정착 초기에 겪었던 어려움 중에서 정체성의 혼란이 가장 컸다고 이야기했다. 정체성을 고민하던 중 분단된 남과 북이 아니라 한반도 전체를 보았고, 북한과 남한을 모두 경험한 나는 한반도인이라는 정체성을 찾을 수 있었다고 했다. 이외에도 앞으로 연구할 분야에 대한 질문과 한미관계와 북미관계 등 현 사안에 대한 질문이 이어졌고, 나는 하나씩 차분하게 답했다.

면접을 보고 1개월 후 합격 발표가 났다. 그때부터 조지메이슨대학교 박사과정 서류를 준비했다. 조지메이슨대학교 솔런 시먼스(Solon Simmons) 교수와 수차례 이메일을 주고받고 스카이프로 인터뷰를 했다. 시먼스 교수는 나의 연구계획에 상당히 관심을 보였고 학교에 오면 자신이 지도해줄 수 있다고 이야기해주었다. 2018년 9월부터 나는 꿈을 현실로 이루는 길에 한 발짝 더 다가가기 위해 박사과정을 시작한다.

• • •

나는 열일곱에 영어 알파벳을 처음 접하고 중학교에서 어려운 문법 용어 때문에 영어를 포기했다. 그러다 열아홉 살에 고등학교에 입학해 에이미 선생님이 선물해준 〈슈렉〉과 〈니모를 찾아서〉를 보면서 나만의 영어 공부법을 터득했다. 처음 〈니모를 찾아서〉를 공부할 때는 이 방법이 맞는지에 대한 확신이 들지 않았다. 하지만 〈니모를 찾아서〉를 마스터하고 느낀 성취감으로 두 번째, 세 번째 영화를 마스터했고 이후에 찾아오는 나와의 싸움을 극복하면서 열두 편의 영화를 정복했다. 열심히 버티다보니 실력이 쌓였고 실력이 쌓이니 영어가 재미있어졌다.

영어 기초가 탄탄해지고 재미있어지니 실력은 놀라운 속도로 늘었다. 대학교에서 처음 접한 오바마 대통령 연설과 TED 강연, 영어 글쓰기 수업을 통해 학문적인 영어 실력을 쌓았다. TED는 최고의 영어 선생님이자 연설 코치였다. 그리고 캐나다 하원 부의장 보좌관을 하면서 설득에 필요한 적재적소의 표현들을 습득했다. 석사과정에서는 영어로 전문성을 키웠고 자서전을 영어로 출판하면서 북한의 현실을 더 많은 곳에 알리게 되었다.

영어는 나의 꿈을 현실로 만들어주고 있다. 꿈을 생각만 하는 사람은 평생 꿈을 꾸지만 꿈을 실행에 옮기는 사람은 반드시 이룬다. 세계화 시대에 영어는 꿈을 이루기 위한 필수적이고 좋은 도구이다. 그리고 좋은 도구를 잘 만들기 위해서는 바른 방법과 절대적인 시간이 필요하다. 좋은 도구를 만드는 방법을 모르면 아무리 많은 시간을 투자해도 온전한 도구를 만들지 못한다. 하지만 바른 방법으로는 적은 시간을 들여 좋은 도구를 만들 수 있다. 영상 공부법은 최소의 비용으로 영어 실력을 향상시킬 수 있는 효과적인 방법이다. 여러분이 꿈을 이루기 위한 영어 도구를 만드는 데 이 책이 기여하길 간절히 바란다.

영어와 함께 꿈을 펼친 시간들

1. Global Education and Skills Forum, GESF(2018)
2. Manchester Literature Festival(2016)
3. What the Book 사인회(2017)
4. 서강대학교 로욜라도서관에서의 다짐(2009)
5. 캐나다 의회(2014)

6. 연아 마틴 캐나다 상원의원과 보좌관들(2014)
7. 캐나다 국영방송 CBC와의 인터뷰(2014)
8. Chevening Scholar 장학증서 수여식(2015)
9. 스티븐 하퍼 캐나다 전 총리, 배리 데볼린 전 하원 부의장과 보좌관들(2014)
10. 영국 하원 인권위원회 강의(2016)
11. 트럼프 미국 대통령 방한 기념 청와대 국빈만찬(2017)

부록 1

1·2·3 영어 공부 실천편

이제부터 6단계 영어 공부법을 자세히 차근차근 따라해봅시다. 쉬우면서도 재미있는 영상을 준비하세요. 여러 번 봐도 질리지 않을 만큼 좋아하는 영상이어야 합니다. 저는 애니메이션으로 시작했어요.

준비물: 노트 한 권, 영상, 영상 스크립트, 펜, 스마트폰

앞서 말씀드린 것처럼 스크립트는 구글에서 영화 제목으로 검색하면 쉽게 찾을 수 있습니다. 〈니모를 찾아서〉를 본다면 'Finding Nemo script'로 검색해서 다운로드받아 출력해놓습니다.

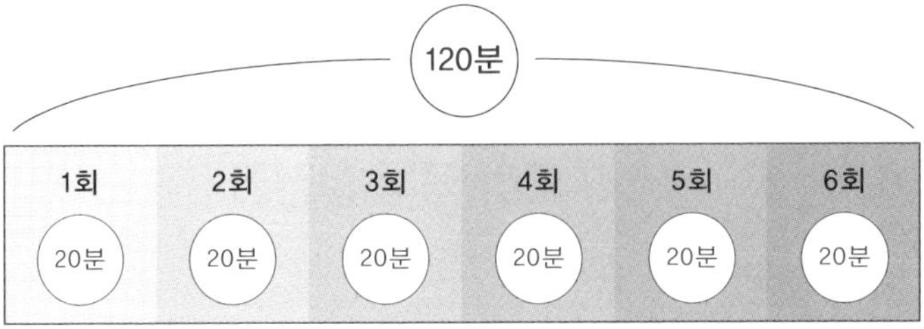

영상은 20분 단위로 나누어서 볼 거예요. 상영시간이 120분이라면 20분씩 총 6회가 됩니다. 각 회차마다 1~4단계를 실시합니다.

1단계: 노트 맨 위에 시작시간을 쓰고 첫 20분을 자막 없이 보면서 상황과 분위기를 파악합니다.

영상의 분위기를 파악하면서 자막 없이 얼마나 알아들을 수 있는지 보세요. 본격적으로 영어 표현을 따라 말하기 전에 한 번 봐두는 겁니다. 이 단계를 거치지 않고 3단계에 진입하면 영상의 속도나 표현에 익숙하지 않아서 따라 말하기 어려워요. 받아쓰고 읽지 않는다고 해서 공부가 안 되는 건 아니니, 이 단계에서는 일단 그냥 봅시다.

2단계: 한글자막으로 다시 보면서 내용을 파악합니다.

표현과 의미를 연결시키는 단계입니다. 내용과 상황을 알고 영어 표현을 익혀야 상황에 맞게 쓸 수 있겠죠? 한글자막으로 영상을 보면 자막과 내용에 집중하느라 영어 표현을 놓칠 수 있으니 주의하세요. 주어진 상황에서 영어로 어떻게 말하는지 꼭 들으면서 내용을 파악해야 합니다.

3단계: 다시 자막 없이 보면서 모르는 부분을 찾습니다.

세 번쯤 영상을 보면 어느 정도 따라 말할 수 있는 표현이 있을 거예요. 들리는 대로 따라 말해봅니다. 속도가 너무 빠르면 0.5배속으로 보세요. 잠깐씩 영상을 멈추어가며 따라 말해도 좋아요. 이때 영상 속 등장인물이 된 것처럼 실감나게 말해야 합니다. 인토네이션과 발음을 확실하게 익힐 수 있는 방법이거든요. 혹시 잘 들리지 않는 표현이 있으면 여러 번 돌려보면서 따라 말해봅니다. 세 번 이상 다시 봤는데도 들리지 않으면 영상을 멈추고 준비해둔 노트에 재생시간을 씁니다. 재생시간을 써두면 나중에 다시 보며 확인할 때 편합니다. 그리고 영어자막을 슬쩍 보세요. 잠깐만 보고 다시 자막 없이 봅니다. 영어자막을 봤기 때문에 좀더 잘 들릴 거예요. 노트의 면을 삼등분해서 넓은 면에 잘 들리지 않았던 표현을 쓰세요. 자연스럽게 입에서 나올 때까지 여러 번 반복해서 말해봅니다. 이 과정에서 모르는 단어가 있으면 비어 있는 좁은 면에 적읍시다. 뜻은 4단계에서 찾을 테니 일단 써두기만 하세요.

4단계: 스크립트를 공부합니다.

미리 출력해둔 스크립트를 소리 내어 읽으면서 노트의 넓은 면에 필사합니다. 스크립트를 읽을 때도 영상 속 인물처럼 실감나게 읽어야 합니다. 스크립트를 베껴 쓰면서 잘못 알고 있었던 표현을 익히게 됩니다. 노트의 좁은 면에는 몰랐던 단어를 정리합니다. 단어는 영영사전에서 찾아 정의와 예문을 쓰고 읽으세요. 혹시 가능하다면 찾은 단어를 사용해서 스스로 예문을 한번 만들어보세요.

스크립트를 쓸 때는 아는 표현이라도 전부 써야 합니다. 처음 스크립트를 읽으면 영상과 같은 속도로 읽기 어려울 수도 있어요. 입에 익을 때까지 반복해서 읽어봅니다. 스크립트 필사가 끝나면 3단계에서 잘 들리지 않았던 표현이나 발음하기 어려웠던 표현을 영상으로 다시 보면서 따라 말해보세요. 처음 들었을 때보다 훨씬 잘 들리고 수월하게 따라 말할 수 있을 거예요.

이렇게 하면 하루치 공부가 끝납니다. 듣기, 말하기, 읽기, 쓰기를 한번에 공부해야 효과적입니다. 가능하면 과정을 나누지 말고 하루에 끝내세요. 혹시 시간이 너무 오래 걸려서 한번에 끝내기 어렵다면, 좀 더 쉬운 영상을 보시는 편이 좋습니다. 다음날은 영상의 다음 20분을 보면서 1~4단계를 공부합니다. 6일이면 120분짜리 영상 한 편을 공부할 수 있어요.

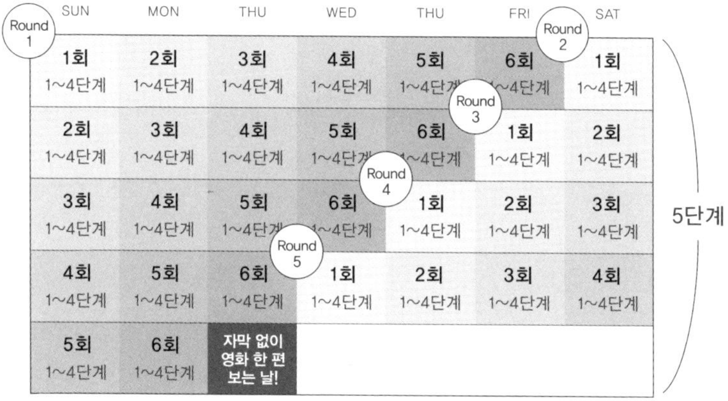

5단계: 1~4단계를 반복하면서 영상 한 편을 완전히 마스터합니다.

저는 한 달의 첫 6일 동안 영상을 20분씩 공부하고 24일간 반복했어요. 그리고 마지막날에는 자막 없이 편안하게 감상했습니다. 반복할수록 모르는 표현이 적어지니까 3단계에서 시간이 덜 듭니다. 그러면 공부가 조금씩 편해지는 보람을 느낄 수 있죠. 물론 영상을 완전히 마스터하는 데 드는 시간은 사람마다 다를 수 있습니다. 저보다 덜 걸려도, 더 걸려도 괜찮아요. 하지만 지겨운 마음에 충분히 공부하지 않고 넘어가면 영어 실력이 늘지 않습니다. 지겨움을 참고 해내면 첫날은 거의 알아듣지 못했던 영상을 마지막날엔 듣기만 해도 무슨 내용인지 알 수 있게 될 거예요. 딱 한 달의 노력으로 영상을 자막 없이 볼 수 있는 거예요! 그때의 성취감은 정말 대단합니다. 그러니 꼭 충분히 반복하세요.

6단계: 감상평을 씁니다.

노트를 보면서 그동안 공부했던 표현을 조금씩 바꾸어봐도 좋고 아주 쉬운 문장부터 직접 써봐도 좋습니다. 단어를 공부하면서 예문을 만드는 연습을 해왔다면 더 수월하게 할 수 있을 거예요. 감상문을 쓸 때는 단어를 찾고 문장을 수정하기 편하도록 컴퓨터로 쓰세요. 영문 타자속도가 느는 건 반가운 덤입니다. 여러 편의 영상으로 공부하고 나서 처음 썼던 감상문과 나중에 쓴 감상문을 비교해보면 그동안 실력이 얼마나 늘었는지 느껴질 거예요!

저는 애니메이션 세 편을 3개월 동안 보고 나서 영어로 일상적인 대화를 나눌 수 있었습니다. 1·2·3, 하루에 2시간씩 3개월이면 영어, 정말로 됩니다!

부록 2

풀브라이트 장학 프로그램 지원 에세이

장학 프로그램에 지원하고자 한다면 에세이가 가장 중요합니다. 에세이에서 심사위원들의 주목을 받아야 연구계획서와 CV로 관심이 옮겨갑니다. 에세이는 읽는 사람이 내 가능성에 투자하도록 광고하는 글이라 볼 수 있습니다. 그러므로 쉽게 써야 합니다. 광고에 어려운 말이 나오고 문장이 복잡하면 상품의 가치가 잘 보이지 않습니다. 게다가 끝까지 읽어주지도 않을 겁니다. 그러면 그 광고는 실패입니다. 중학교 3학년 학생에게 설명한다고 생각하고 작성해보세요. 하지만 너무 극적으로 쓰고자 하는 욕심에 없는 사실을 만들어내면 절대 안 됩니다. 사실을 과대 포장하는 것도 피하는 것이 좋겠습니다.

에세이에는 글자수 제한이 있습니다. 그러니 한꺼번에 너무 많이 전달하려고 하지 말아야 합니다. 선택과 집중이 중요합니다. 연구계획서나 CV에서 보여줘도 되는 내용이라면 굳이 에세이에 전부 나열하지 마세요. 단락마다 확실한 콘셉트를 잡아서 제한된 글자로 임팩트 있게 표현하세요.

제 에세이와 단락별 전략을 소개합니다.

PERSONAL STATEMENT

I was born in the Democratic People's Republic of Korea (DPRK) and lost contact with my parents at age 12. I became a beggar, and my dream was to have one proper meal per day. I buried two friends with my own hands due to street fights. I was unable to attend school due to a need for survival, but I learned not to abandon hope to be reunited with my parents. It was this last hope that led me to a reunion with my father at age 16 in the Republic of Korea (ROK).

에세이에서 첫 단락은 매우 중요합니다. 글의 얼굴일 뿐만 아니라 지원자에 대한 심사위원들의 첫인상을 결정하기 때문입니다. 첫인상이 좋으면 글을 끝까지 꼼꼼히 읽게 됩니다. 따라서 나를 가장 잘 표현할 수 있는 한 문장에 집중하는 것이 좋습니다. 제 에세이 첫 단락의 중심은 '절망 속에서도 희망을 포기하지 않았다'입니다. 이를 통해 저의 강인함과 끈기를 드러내려고 했습니다.

Although I was elated by this reunion, the disparity I experienced between the two contradictory societies disturbed me. I was no longer anxious about my meals; instead, I began to worry about satisfying a more fundamental question that was becoming ever more apparent: Who am I? Am I a South Korean or a North Korean? It was through three years of introspection that I finally found my identity as a Korean Peninsula Person(한반도인).

두 번째 단락에서는 '존재를 찾기 위해 끊임없이 질문을 하는 사람, 이성주'라는 콘셉트를 잡았습니다. 자기 자신을 잘 알아야 평생 포기하지 않고 할 수 있는 일이 무엇인지 알 수 있기 때문입니다.
저는 정체성을 고민하고 만들어나가면서 연구하고 싶은 분야를 찾았습니다. 이 단락에서는 정체성이라는 키워드를 강조하면서 저를 좀더 자세히 소개하고 다음 단락에서 자연스럽게 연구 주제에 대해 언급할 수 있도록 연결했습니다.

After realizing my identity as an individual that experienced both North and South Korea, I began to dream of becoming the bridge that pacifically connects these conflicting states. Not only is unification the single existing road back home for me personally, but also is an auspicious opportunity for national shared economic growth and denuclearization, effectively securing basic human rights in the region. I have concluded that an understanding of the relationship between North and South Korea as well as the interests of other powers involved is essential to achieve this dream. For this, I pursued Political Science as an undergraduate with an objective to comprehend the current political dilemma on the Korean peninsula. I learned that the parties involved (the ROK, the DPRK, the U.S., China, Russia, and Japan) all differ in their strategies for denuclearization in the region. However, the question remained as to why this political conflict, despite many negotiation attempts, is still unresolved. I progressed into a master's program focused on International Relations to inquire more deeply into this question.

세 번째 단락부터는 나의 꿈과 꿈을 이루기 위한 노력을 차근차근 보여주려 했습니다. 앞서 언급한 정체성이 어떻게 꿈으로 이어졌는지 서술하고 그 꿈이 개인뿐만 아니라 국제 사회에 어떤 가치가 있는지 설명했습니다. 그리고 그 꿈을 이루기 위해 학부 때 어떤 공부를 했고 어떤 질문을 얻어 대학원에 진학했는지 썼습니다.

I studied International Relations at the University of Warwick on the Chevening Scholarship. All courses were strategically chosen to study why denuclearization attempts—specifically U.S. coercive

네 번째 단락에서는 석사과정에서 어떤 연구를 했고 이를 바탕으로 박사과정에서는 어떤 연구를 하고 싶은지 설명했습니다. 이 부분에서는 전문성을 어필하는 것이 중요합니다.

diplomacy—were unable to repress the DPRK's nuclear armament. Throughout this process, I learned of various political theories, security issues, and relationships among countries involved in this dilemma. I developed a more in-depth International Relations perspective on evaluating the problem on the Korean Peninsula. This enabled me to come to a better understanding of its cause. The primary cause of this conflict was the DPRK's motive to maintain the status quo due to the existing regime's fears of collapse. Because of these fears, the DPRK persisted in retaining weapons of mass destruction. As long as these fears exist, the tension and conflict on the Korean Peninsula will not be alleviated and will negatively affect future ROK-U.S. attempts to deter the DPRK, possibly bringing nuclear disaster to the region. My master's dissertation, "The failure of U.S. coercive diplomacy towards the North Korean nuclear program" explores this topic in detail. In my doctoral program, I will focus my research on conflict resolution (CR) to provide a sustainable solution and to further develop the existing theoretical outline of CR so that it may be applicable to all disputed territories.

My efforts to connect North and South Korea extend beyond academics. I have spoken numerous times at international conferences and have authored

마지막으로 학문적 성과 외의 다양한 경험을 보여주면서 다시 한 번 박사과정에 임하는 각오와 열의를 강조했습니다. 먼저 책 출간, 직

a book, "Every Falling Star", to raise awareness about the alarming state of the DPRK. Furthermore, I have worked with various organizations and governments for the improvement of DPRK issues. In 2014, I interned at the Canadian House of Commons and contributed to the unanimous passing of the North Korean human rights resolution. In summer 2015, I interned at the political division of the British Embassy in Seoul and learned the process of reaching a compromise through negotiation. Since 2015, I have been working with Citizens' Alliance for North Korean Human Rights to rescue North Korean refugees suffering in China and have successfully rescued over 60 refugees. On all occasions, I faced diverse conflicts between individuals, NGOs and countries, and partook in solving many of those conflicts. Upon completion of the doctoral program in conflict resolution, it is my desire to utilize my unique experiences and knowledge to resolve conflicts in disputed territories, including the Korean Peninsula.

장 경험, NGO 활동 등 박사과정에서 연구하려는 주제와 관련한 다양한 경험을 구체적으로 서술했습니다. 다음으로 개인적 경험과 연구에서 얻은 지식을 결합해 어떤 일을 하고 싶은지 서술하며 글을 마무리했습니다.

부록 3

풀브라이트 장학 프로그램 지원 연구계획서

연구계획서로 심사위원들의 신뢰를 얻어야 합니다. 앞서 언급한 바와 같이 글자수에 제한이 있으니 중언부언하지 말고 질문에 정확하게 답하세요. 연구계획서에서는 앞으로 연구하고자 하는 주제를 학문적 전문성을 바탕으로 분명하게 드러내야 합니다. 연구 주제를 충분히 이해하고 있으며 향후 계획도 구체적으로 세워두었음을 보여주세요.

저는 석사과정을 마치고 박사과정을 밟기 위해 풀브라이트 장학 프로그램에 지원했습니다. 제 연구계획서와 단락별 전략을 소개합니다.

RESEARCH OBJECTIVES

During my master's program, I researched the relationship between the nuclear program of Democratic People's Republic of Korea (DPRK) and the U.S. coercive diplomacy employed for its repression. In the process, I realized that the fundamental cause of conflict on the Korean Peninsula stemmed from differences in identity. The most apparent identity difference comes from a structural and systematic discrepancy: the DPRK is governed by a socialist one-party totalitarian system whereas the U.S. and the Republic of Korea (ROK) are based on a liberal democratic system. Such contrastive identities have led to a deviation in perspectives, deepening misunderstandings and mistrust, and have consequently embroiled the involved parties in a political impasse.

첫 번째 단락에서는 석사과정에서 거둔 학문적 성과를 드러냈습니다. 전문성을 강조하기 위해 석사과정에서 어떤 연구를 했는지 설명하고 주제에 대한 이해도를 보여주었습니다.

Similar conflicts prompted by identity differences are not limited to a particular region but are rapidly emerging on all political and societal levels—between communities, organizations, and nations. They are taking place between immigrants and locals; between political parties (for instance, between the left and the right wings in the ROK); between genders and between religious groups. I possess a deep interest in understanding the

두 번째 단락에서는 박사과정 연구 주제를 언급했습니다. 석사과정에서 발견한 문제의식을 확장하면서 왜 이 주제를 박사과정에서 연구하고자 하는지 설명합니다.

different roles each identity group (communities, organizations, and nations) performs, and this is the principal reason why I have chosen to focus on conflict resolution (CR) for my doctoral program.

The objective of my doctoral study is to analyze the correlation between identity and conflict resolution. For this purpose, the characteristics of each identity group will first be examined. Second, the composing elements shaping each collective identity as well as their formation processes will be investigated. Third, an analysis will be conducted on the select characteristics that render conflict to become intractable and protracted. Last, a diagnosis will be completed on how these identities can be modified to resolve conflict. Through research, I will test my hypothesis that identity can both be the cause and the solution to a conflict. The results of this research can contribute to analysis of various disputes and conflicts regardless of their nature.

세 번째 단락에서는 구체적인 연구 목표와 세부 연구계획을 서술합니다. 연구 목표는 박사과정 필수과목을 들으면서 더 구체화될 수도 있고 바뀔 수도 있습니다. 하지만 연구계획서에는 현재 상태에서의 목적과 연구계획을 분명하게 씁시다. 이를 통해 심사위원들에게 연구 주제에 대한 나의 고민을 보여줄 수 있습니다.

Further research into conflict resolution can allow for identity conflicts to be intervened in prior to their occurrence through preventive policies, and their escalation moderated or even curbed through interruptive and transformative measures. Active participants in a conflict may be able to develop mutual respect and sources of common

내 연구의 가치를 설명합니다. 풀브라이트에서는 연구자가 박사과정에서 연구 성과를 내기 바라며 장학금을 줍니다. 연구할 가치가 있는 주제이며 성과를 낼 수 있을 만큼 주제에 대해 잘 이해하고 있음을 어필하세요.

ground via the process of compromise through negotiation, laying out a solid foundation for resolving diverse conflicts in a more peaceful and constructive manner.

Upon the completion of my doctoral program, I will be able to analyze both domestic and international conflicts by utilizing various theories and case studies. The preceding academic experiences have been a process to analyze and understand various types of conflict. During my undergraduate studies, I learned not only of the roles the government and media perform on a national level, but also how their failure to address the different interests of individual parties can instigate conflict. During my master's program, my perspective on conflict was expanded beyond national boundaries, and I learned how nations protect their interests amidst international conflict via negotiation. I also learned of the roles of international organizations such as the United Nations and the World Bank in disputed areas around the world. I then attempted to apply such knowledge to my experiences at Canadian parliament, NGOs, and embassies. This academic knowledge and my experiences have shaped my desire to pursue CR.

박사과정을 마친 후의 계획을 언급하며 연구에 임하는 각오를 드러냅니다. 앞서 언급한 것처럼 풀브라이트에서는 연구자가 박사과정에서 연구 성과를 내기를 바랄 것입니다. 따라서 성실하게 연구할 열의가 있음을 적극적으로 드러내고 심사위원들의 신뢰를 얻어야 합니다.

The subject of conflict resolution analyzes not only conflicts themselves, as in my previous

마지막으로 다시 한번 연구 목적을 강조합니다. 글을 마무리하면서 보다 장기적인 목표를 보여줄 필요

academic studies, but also their causes through on-site examination and the application of diverse existing theories. CR provides procedures of mediation among parties involved to pacifically resolve the conflict at hand.

As an individual that has experienced the negative effects of an identity conflict in the Korean Peninsula, I desire to use this knowledge to resolve the conflicts in the region and prompt the reunification of North and South Korea. Working to resolve this conflict will provide the momentum necessary to resolve other identity conflicts existent on an international level, ultimately promoting world peace.

가 있습니다. 저는 꿈과 연관 지어 서술했습니다. 개인적 경험과 전문적 지식을 통해 궁극적으로 무엇을 이루고 싶은지 말하며 글을 마무리합니다.

Hope
is
never
lost

나의 1·2·3 영어 공부

초판 1쇄 발행 2018년 5월 4일
초판 4쇄 발행 2022년 6월 24일

지은이 | 이성주

발행인 | 박재호
주간 | 김선경
편집팀 | 강혜진, 이복규
마케팅팀 | 김용범, 권유정
총무팀 | 김명숙

디자인 | 김윤남
종이 | 세종페이퍼
인쇄·제본 | 한영문화사

발행처 | 차이정원
출판신고 | 제25100-2016-000043호
주소 | 서울시 마포구 양화로 156(동교동) LG팰리스 814호
전화 | 02-334-7932 **팩스** | 02-334-7933
전자우편 | 3347932@gmail.com

ISBN 979-11-88388-34-9 03320

이 도서의 국립중앙도서관 출판예정도서목록(CIP)은 서지정보유통지원시스템 홈페이지(http://seoji.nl.go.kr)와 국가자료공동목록시스템(http://www.nl.go.kr/kolisnet)에서 이용하실 수 있습니다. (CIP제어번호: 2018012966)